ブルース・バーンスタイン
メンタルマジック
UNREAL

ブルース・バーンスタイン●著
寺澤俊成●訳
TON・おのさか●補纂

東京堂出版

ブルース・バーンスタイン
メンタルマジック

UNREAL

訳者
寺澤 俊成

編纂
TON・おのさか

東京堂出版

Copyright ©2012 by Gabe Fajuri.
All right reserved. No part of this publication may be reproduced or transmitted in any form of by any means, electronic or mechanical, including photocopy, recording or any information storage and retrieval system now known or to be invented, without permission in writing from the publisher.

本書はGabe Fajuriから翻訳の許可を得て出版したものである。

もくじ

序文　vi

考えはお見通し
見せかけのテレパシー　1
バリエーション1／ステージでの演技　2
別バージョンのステージ演技　7
バリエーション2　8
バリエーション3　9
バリエーション4　12
バリエーション5　13
代わりの手順・1　14
代わりの手順・2　サイコメトリーの演技　14
絵の複製・1　16
絵の複製・2　18
マガジンテスト　20
ジグソーパズル　21
二重の透視　23
即席のブック・テスト　24
言葉のテスト　26
丸で囲まれた言葉　28
ひとひねりしたブック・テスト　29
テレパシーと千里眼　30
ESPマークの複製　32
たくさんの中の1つ　34
オープナー　35
心理的フォース　38

　　　　緊急時のメンタリズム　　47

行間を読む　51
<small>エッセイ</small>

こうなることは分かっていました
　　　　スポーツの予言　　55
　　　　論理的な新聞記事の予言　　57
　　　　暗号による予言　　59
　　　　追加の予言　　62
　　　　表と裏　　64
　　　　良く振って　　67
　　　　３つの方法の予言　　72
　　　　場合によって　　75
　　　　シンボルの一致　　77
　　　　メンタリストの保険　　80
　　　　自分自身を前に進める　　82
　　　　ジョーで食事しよう　　84
　　　　４枚のカードの予言＆名前は？　　89
　　　　無限の中へ　　93
　　　　数の予言・１　　96
　　　　数の予言・２　バーンスタイン／ロンドンの方法　　97
　　　　導き出された数　　100
　　　　数の予言・３　　102
　　　　即席の数の予言　　106
　　　　実用的なメンタリズムの手順　　108

筋書きから外れる場合について　111
<small>エッセイ</small>

お金と第六感
　　　　バーンスタインのバンクナイト　　115
　　　　不可能なバンクナイト　　118
　　　　不思議な貯金箱　　120
　　　　ネイル・ライターを使う方法　　122
　　　　バーンスタインの賭け　　122

もくじ

　　　臨床超能力　　124
　　　Gと言われたとき　　125
　　　もう1回試してみよう　　127
　　　Win-Winの状況　　128

^{エッセイ}マジックとメンタリズム　　135

悪魔の絵本
　　　サイ・アウト　　140
　　　第1段　　144
　　　第2段　　144
　　　第3段　　146
　　　第4段　　147
　　　演技のコツ　　148
　　　追記　　151
　　　クレジット　　152
　　　あなたの番号が分かりました　　153
　　　愛のつながり　　157
　　　心理的なカードのフォース　　159
　　　恋人たち　　162
　　　個人的な付属品　　169
　　　変化する予言　　174
　　　怠け者の予言　　178
　　　8枚のカード　　181
　　　カット・ディーパー・ロケーション　　184
　　　メンタリスト版、テーブルを貫通するカード　　186
　　　借りてきたプリンセス　　187
　　　"あなたのカード"のバリエーション　　189
　　　2つを取る　　191
　　　言語化された思考　　193

^{エッセイ}演出で秘密を隠す　　198

・iii・

人々を読み取る
 クロイゼット現象　202
 予言の一例　204
 クロイゼット再び　205
 カード占い　206
 占いのためのマーク　208
 占いの心理面から考えた概要　210
 占いの台詞　211
 ネルソンの偉大な秘密　214

否定する人を否定する（エッセイ）　218

良い波動
 感情のフォース　222
 ハマーのサイコメトリー　224
 第三者のサイコメトリー　226
 究極のサイコメトリー　228
 21世紀のサイコメトリー　231

暴露する人たち（エッセイ）　236

マジック
 写真から語られる物語　241
 儀式　244
 マスケリンの指輪　250
 ペンジュラム　253
 愛の魔方陣　255
 1人で行う交霊術　258

情報を集める（エッセイ）　261

時間の問題
 バリエーション1　266
 バリエーション2　268

もくじ

    バリエーション3　　269
    バリエーション4　　270
    バリエーション5　　271
    バリエーション6　　271
    バリエーション7　　274
    バリエーション8　　275
    バリエーション9　　276
    バリエーション10　　277
    バリエーション11　　278
    バリエーション12　　280
    バリエーション13　　282

役に立つ技術

    1．情報を集めること　　288
    2．秘密の書き込み　　289
    3．人間の性質を理解する　　289
    4．提案　　289
    5．ボディー・ランゲージ　　290
    6．マインド・リーディング　　290
    7．筆跡鑑定、音声鑑定　　290
    8．マジシャンズ・チョイス　　290

練習について（エッセイ）　291

技術

    バーンスタイン／センター・ティア　　294
    テクニックの概要　　301
    異なる演出について　　302
    実用的なスワミ・ギミック　　305
    サムチップを利用したスイッチ　　307
    片手でのスイッチ　　308
    メモパッドを利用したスイッチ　　310

影響とハイライト　312

序文

秘密を守ることは難しいと思いませんか？

マジシャンは自分の商売道具に関して口が軽く、秘密を簡単に本に書いてしまうことは他の芸術に比べてあまりにも有名です。動画もあります。道具やトリックは、マジシャンの持つ、何でも出せる袋から出てくるのでしょうか？また、そこから出た道具を集めて山にすることで、山が高くなっていき、いずれその山に登って、見晴らしが良くなるということなのでしょうか。

限りなく秘密の道具が供給され、それを誰かが買う、それはまるで聖杯を探す旅、皆がまだ誰も見つけていない秘密を探しているかのようです。

それで実際のところ、それらの道具は、他の道具に比べて何が違うのでしょうか？　結局のところ、表面的に飾り立ててあるだけで、メンタリズムの本質をなす部分は変わりません。

あなたはメモ用紙、封筒、鉛筆などの道具と、ちょっとした秘密だけでこの本にある奇跡を演じることができます。あなたは観客が心の中で考えていることを見抜くカード・トリックを学び、その現象で素晴らしい反応を得られるでしょう。

しかし、同じように書いてある本は多くあります。実際、マインド・リーディングを説明した本では定型句のようになっているのです。それでは、この本では何が本当の秘密なのでしょう？

ここでは、ブルース・バーンスタインこそが秘密そのものです。頁をめくった先には彼のマインド・リーディングの説明があります。

序文

　30年以上の間、ブルースは実践的な考え方と演出を持ち込み、彼は不可能を可能にする方法を考えてきました。彼は私の知恵袋で、その秘密と解決法は、私の演技をより良くしてきました。彼は、私がテレビの演技を考えるときに組む、最初で最後の男で、彼は彼自身が優れていることを長い間証明してきています。

　シンプル、は彼の秘密の１つです。どのように行うか想像できても、実践的ではないトリックがどれほどあるか、ほとんどではないでしょうか？! しかしこの本にはそれがありません。この本には"もしこうできたら？"のメンタルマジックは存在しません。
　全て演技できるか、いずれできるようになるものばかりです。"技術"の章では、ブルースの行うシンプルな技術のほぼ全てが網羅されています。無茶な大胆さは必要ないが、自分の演技に適する形を見つける必要はあるだろう。

　古くから言われているように、過程は問題ではなく、結果が全てです。クラシックの現象は、またブルースの得意とするところです。彼は現象をより明確に、強くする新しい考え方を持っています。サイコメトリーのために１章を費やし、10カード・ポーカーディールや、サイ・アウトは多分、究極のバージョンでしょう。未来を予言したい？　そのとき、あなたはいくつもの方法を見つけられるでしょう。

　ただ、この本にまったく新しいマジックや宣伝になるような奇跡があるとは思わないでください。彼はその発明の才能を超能力演技者協会に認められ、その驚異的な創造力に対してレダーマン賞を与えられています（協会はまた、ブルースの大いなる貢献に対して、ブラックウッド賞を与えている）。これらの事例に関しての詳細を知りたければ、"ジョーで食事しよう（84頁）"を一度読んでみてください。そうすれば、私がしたようにブルースを讃える歌を大声で歌うようになるでしょう。

　私は、ブルースのアイデアの根幹は、異なる視点の集合、だと考えています。
　ブルースは多彩な才能と技能を持っています。彼はすぐれたミュージシャンであり、作曲家でもあります。彼が初めてレコーディングの契約をしたのは15歳の時です。彼はまた、マーシャルアーツの先生でもあり、優れた書家、弓道家でもあります。彼の作成したブーメランは世界中にファンを持っています。

おっと、そして彼のマインド・リーディングも。

　革新的な男、まさにそれが彼です。

　私はこの序文を秘密に関する話から始めました。マジシャンはたわいもない秘密を集めると。正直に言って、私自身がそのリストの上位に置かれます。そして今、最終的に私自身の秘密である男に関しての序文を書いています。彼のすぐれた作品こそ、手に入れるべきものです。

　目を開き、脳を活性化させて、他の秘密を見ることをやめましょう。
　この本を読み、実際に演技しましょう。
　そうすれば、あなたとその観客、どちらも幸せになれるでしょう。

　——Jon Stetson

親愛なる私の妻、リネーン・バーンスタインへ

　私の妻なくして、この本は完成しませんでした。彼女はその愛でこの変わり者で気まぐれな男を献身的にサポートしてくれました。
　彼女こそ、私にとっての本当の奇跡です。

ブルース・バーンスタイン
メンタルマジック

UNREAL

考えはお見通し

● 見せかけのテレパシー
　見せかけのテレパシーは、メンタリズムの本では頻繁に扱われていました。

　それ以前にも、"二重の事実"が議論に上がることはありました。これらの現象は、特定の限られた状況でのみ有効だと思われていますが、これから説明する方法は、多くの異なる状況や、演技の目的が違っても利用することができます。

　この方法は、我ながら自分が思いついたとは思えないほど良くできていて、時間とともに進化しています。

　あなたがこの項目を読み終えて、改めて現象を学ぼうと読み返したときには(そう期待しますが！)あなたの向上心に火がついて、あなたの演技がますます向上することでしょう。

　見せかけのテレパシーは単なる手順と言うわけではありません。これはテレパシーを再現する演技で、アンネマンの見せかけのテレパシーと同じ演出であり、サイコメトリーの再現となっています。一度この手順の基本を学べば、あなた自身の演技にその演じ方や方法を応用できます。

　第1の方法を以下に記しますが、これは最も芝居がかった演出の見せかけのテレパシーです。この方法はほとんど超能力者的演技に利用できるでしょう。

　ほぼあらゆる状況で、どんなタイプの観客にも応用できる別の方法も、そのあとに記します。

●バリエーション１／ステージでの演技

　複数人とテレパシーを交信してみようと言って、観客の中から４人の協力者を選び、それぞれに白い厚手のカードとペンを渡します。そして、そのカードにそれぞれイニシャル（または、分かりやすい何かのマークなどでもよい）を書いてもらいます。それらのカードを１人の協力者に集めてもらい、良くシャッフルしてから、演者に戻してもらいます。

　カードが戻ってきたところで、演者は、慣れ親しんだものや、よく知っているものほど、テレパシーで伝わりやすいと説明します。たとえば、ESPマークのような、一見マークの形状は異なっていますが、白い紙の上に黒い線で、単純に描かれていること自体は変わっていないものはこのテレパシーの実験には向いていないので、この実験では、もっと難しくして明らかに異なる分野の内容をそれぞれに思ってもらうことを説明します。

　４人の協力者たちに目を閉じてもらい、心を落ち着けてもらいます。

　演者は最初のカードを１枚取り上げて何か書きます。「このカードの持ち主には漫画のキャラクターを思ってもらいます」と言って、そのカードを観客のほうに向けて、"漫画のキャラクター"と書かれていることを示します。

　次のカードに何か走り書きします。「このイニシャルを書いた方には、どこかの都市を思ってもらいます」と言って、カードを観客のほうへ向けて、"都市"と書いてあることを示します。

　３枚目のカードにも何かを書いてから観客に示し、「このカードの持ち主には動物を思ってもらいます」と言って、カードを見せ"動物"と書いてあることを示します。

　最後のカードに何かを書きながら「名前を思ってもらいます」と言って、カードに"名前"と書いてあることを示します。

　そして、４人の協力者たちに目を開けてもらいます。１人の協力者に４枚のカードをまとめて渡し、それぞれの人に、先ほど彼らがカードに記入したイニシャル（またはマーク）に対応するカードを渡してもらいます。

ここで演者は次のようないくつかお願いをします。

- "名前"を思う人には、多くの人が知っている名前を思ってもらいます。

- "都市"を思う人には、有名な名所などがある都市を思ってもらいます。

- "動物"を思う人には、陸上や水中に居る動物を、自然の中に在る状態で思ってもらいます。

- 漫画のキャラクターの人には、"ディズニーか、ワーナーブラザーズのキャラクター"を思ってもらいます（ここは変えても良いかもしれません）。

演者は、協力者の反応が絶対に見えない場所に立ち、それから協力者たちの思い描いている内容を読み取り始め、それを観客に説明し始めます。

「高い建物が見えます……。激しく動いていて、強さや力を感じます。変わった色をしていますね。落ち着きがないようですね。変わった話し方ですね。暖かくて、魅力を感じます（などなど、この例の他にもいろいろな言い方ができるでしょう）」

それから、演者は各人の考えを理解した様子を見せます。

「あなたは人の名前を考えましたね。男女どちらでも良かったのですが、男性のイメージを強く感じます。あなたが考えたのは、クリスですね」

もちろん正解。その人には席に戻ってもらいます。

次に「いくつもの乱立するイメージ、しかし1つだけそれを支配するような……、高い建物ですね。非常に良く知られています、これは……エンパイヤーステートビル、この場所はニューヨークですね」

再び、正解。彼女には、万感の拍手の中、席に戻ってもらいます。

「次は、より難しいですね。似たようなイメージを2人から感じます。色はあ

まりわかりません。両方とも、黒、白、灰色のような色ですね。そして両方とも動物です。一方は3次元的で、もう一方は漫画のようで……あなたが考えたのは、動物の漫画のキャラクターですね」

　彼らは、あなたの言葉が正しいことを知っています。1人の協力者を指差し、「海の生き物ではないですね、陸上の動物でしょう？」

　もう一方の協力者の方を向き、「あなたは漫画のキャラクターを思って、しかし、あまり明確なイメージではないですね？　正しいですか？」

　彼女はあなたに同意します。

　「ドナルドダックですね？」と言うと、正解だと答えが返ってきます。

　「そしてあなたが思っているのはゾウですね、あっていますか？」再び、正解だと答えが返ってきます。

方法： 上述の演技は、無数に存在する演技のバリエーションに過ぎず、様々に応用できると思います。

　これは、感情のフォースを基に、演技の幅を広げるプレゼンテーションを加えて構成しています。また、特定の観客に対して影響を与えた言葉が、他の観客に対しての意味と異なっている、と言う技術も利用しています。そして、いくつかの技術は、バリー・リチャードソンのアイデアを基にしています。

　準備するものは、秘密の印しをつけた15×10cm位の白い厚手のカード4枚。
　秘密の印しによって、カードを協力者1人1人に手渡すときにどのカードがどの人のものか、知ることができるのです。

　カードは1枚ずつ順番に観客に渡され、それぞれの観客はカードにイニシャル（またはマークなど）を書き、集められ、シャッフルされたあとで演者に戻されます。

今回の例では、1番目の人には名前、2番目の人には都市、3番目の人には漫画のキャラクター、4番目の人には動物を思ってもらうことにします。

しかし、カードが混ぜられるので、カードが戻されたときには、並び順は変わっています。そこで、演者はカードの秘密の印しを見て、それに該当する分野を言って書いていきます（順番どおり分野を書いても良いですが、こうすれば'戦場の霧'の効果で、観客の記憶があいまいになります）。

それぞれの思ってもらう分野は、観客の立ち位置を見ればわかります。
たとえば、一番上のカードの秘密の印しが2番目を示す印しであれば、そのカードの持ち主に都市を考えてもらうことになります。

そこで、あなたは"Think of N.Y. City（ニューヨーク市を思い浮かべて）"と、カードに書きます。このとき、演者がカードを手に持って観客に見せるとき、"N.Y."の部分を指で隠して見せます（図1）。そのカードには何を思ってもらうかについての記載しかないように、見えています。

図1

先ほど"戦場の霧"の話をしましたが、観客は今、多くの情報を得ているため、いくつか怪しいことがあったにもかかわらず、それを見落とす傾向にあります。あなたが軽い感じで"N.Y."の文字を隠していたことや、文脈がおかしかったことを、怪しく感じたにしろ、誰も覚えていないでしょう（もしかしたら、「Think of City」と言ったことは誰かが気づくにしても）。ステージ上の演技ではそれが問題になることはありません。また、観客はあなたからある程度離れているので、カードを十分に観察できません。もし演者の行動が適切なら、観客は演者の指の位置などに目を向けないのです。

次のカードが4番目の印しのものだったとします。そのカードの持ち主は"動物"を考えますが、演者はカードに"Think of huge animal."（とても大きな動物を思って）と書きます。この"huge（巨大な）"を先ほどと同じよう

に指で隠しやすい場所に書いておきます。

　次のカードは3番目の印しで、"漫画のキャラクター"を考えることになります。カードには"Think of cartoon character duck"と書きます。もちろん"duck（アヒル）"を指で隠せる場所に書きます。

　最後のカードは1番目の印しのもので、名前を思ってもらいます。カードには"Think of name Chris."と書き、"Chris"を図2のように指で隠しやすいところに書いておきます（その答えが指で隠せるものなら、どのような分野の内容にも使用できます）。

図2

　カードにはそれぞれイニシャルが書いてあるので、そのイニシャルの主の手に戻ります。——このとき大切なことは、協力者は演者がどのカードが誰のものか知らないと思っていることです。しかし実際は、演者は1番目の人が"Chris"で、2番目の人が"N.Y. City"を考えることを知っています。そして、他の2つについても考えられる範囲はかなり限定されています。巨大な動物であれば、ゾウか、鯨だろうし、漫画のキャラクターduck（アヒル）であれば、ドナルドかダフィーがほとんどでしょう。

　観客にはこの筋書きに気づかれないように、台詞は注意深く選ぶ必要があります。

　4人の協力者は、そのほかの観客とは異なる情報を持っていますが、"名前"と"都市"を考える人は、両者ともに誰がどの分野を考えたのかを演者が当てる現象として認識することになります。これは原型の偽りのサイコメトリーの現象により近い形になります。残りの2つの答えも、自由に選択できるように見えて、実際には観客が想像するよりもはるかに限定された中で選ばれることになっています。

　台詞をもう一度読んでもらえれば、観客がどのように、自由な選択肢から選

んでいると信じさせられているか、その誘導がわかるでしょう。

　しかし、選ばれる言葉には、100％コントロールする力はありません。巨大な動物の場合、ある人はサイを考えるかも知れません。漫画のキャラクターでは、希にヒューイ、デューイ、ローイ（ディズニーのキャラクターでアヒルの三兄弟）を思うこともあるかもしれません。しかし、どのような状況でも、あなたは観客から望みの答えを聞きだすように演技を行うべきだろうし、それは可能です。私自身、この演技の最中にそのような目に遭ったことはありません。

　もし、言葉を隠している指の間から文字が観客に見えてしまうことが不安なら、赤いペンを使うと良いでしょう。赤い色は、より、見えにくくなります。

● **別バージョンのステージ演技**
　まず4枚のカードを観客に見せ、そのうちの1枚が"Think of a Name"次が"Think of a City"、3枚目が"Think of a Cartoon character" 4枚目には"Think of an Animal"と書いてあることを確認してもらいます。

　それからそれぞれのカードを1枚ずつ封筒に入れ、よく混ぜます。

　そして封筒に1〜4の番号を書きますが、どの番号がどのカードに対応しているかは誰にもわかりません。

　4人の協力者にそれぞれ好きな番号を言ってもらい、演者はその対応した人に封筒を渡します。各々封筒からカードを取り出してもらい、カードに書いてある事柄に集中してもらいます。

　あなたは観客の心を読み、もちろんそれらは当たっています！

方法：フラップの無い封筒を使って封筒のスリ換えをします。すり換える封筒には、前述と同様秘密の印しがあり、中に入れてあるカードも、例えば"Think of New York City"のように変えてあります。
（※封筒をすり換えるこの方法は、日本語表記に適しています）

　封筒に番号を書くとき、実際にはその段階では記入せず、後ほどネイル・ラ

イターで書きます(これはVolition Plusの演技を基にしています)。

　本当はネイル・ライターも必要ではありません。どの協力者がどの封筒を取るかを観察すればよいのです。しかし、ネイル・ライターを使うことで、特定の人物に特定の分野を思ってもらう演出ができます。あとで考えるとそのほうがより不思議でしょう。

　もちろんどのように技術を応用しようが問題ありませんが、たとえば何か具体的な情報を1人の協力者が想像するとわかっているとき、他の観客には心理的フォースを行い、特定の封筒をその人に渡します。

● バリエーション2
　この方法は前述のものほど劇的ではないかもしれません。しかし自由かつ応用の利く方法です。多くのマジシャンやメンタリストに、より質の高い演技の可能性を広げることでしょう。

　カードにイニシャルを書いてもらい、集めて、混ぜてもらってから演者に返してもらいます。これは以前と同じです。

　演者はカードの1枚に、"Think of a color (色を思ってください)" と書きます。

　次のカードには "Think of odd number between 1 and 50 (1から50の間の奇数を思ってください)" と書きます。

　3枚目のカードには "Think of even number 50 and 100 (50から100の間の偶数を思ってください)" と書きます。

　最後のカードには "Think of wild animal (野生の動物を思ってください)" と書きます。

　これから心理的フォースを行います。どのようにフォースの事実をうまくカバーするのか説明しましょう。

最初の方法は、カードが返されたあとに、説明を付け加えるところです。

「色を思い続けていてください。……青とか、緑とか。奇数を考える人は、1と10の位はどちらも奇数で異なる数にしてください。偶数を考える人は、1と10の位の数が、どちらも偶数で異なる数にしてください。そして、野生の動物は、ゾウやサイなど、何でも良いです」

少しの誘導と、演技によって、集団テレパシーの演技を行うことができるでしょう。

誘導は、演技の表現の中に論理的に隠されています。

誰が何を考えるかは、演者は知らないことになっており、そのことによって、より、答えを聞き出すときに不思議さを増すでしょう。

たとえば、選ばれた色を聞き出すときに、動物の色を示唆するのです。
「あなた方は2人とも色を思っていますね。あなたは鮮やかな色を思っていて(赤を聞き出そうとしています)、しかしあなたからは灰色を感じます。合っていますか?」

(このことによって、観客がどのような動物を考えたか、より正確に予想することができる)

「いくつかの直線を感じます。曲線はあまりありませんね」といえば、数を選ぶ2人の協力者がなんの番号を選んだか、聞き出しやすくなるでしょう。

こう言ったアプローチを使って、現実的な流れを構成できるでしょう。

● バリエーション3
このパターンは、より現場を意識したものになります。自由に作り上げて、より、現実味を持たせることができるでしょう。

前に説明したのと同じように、秘密の印しのあるカードとペンを渡し、イニシャルを書いてもらい、集めてシャッフルします(カードに秘密の印しを付け

る代わりに、渡すペンを異なるものにしておけば、どのペンを誰に渡したか覚えておくことで、カードの行き先もわかります)。

あなたは、各人に"思い描いて"もらう分野をカードに書きます(指で隠す内容は書きません)。

例えば"Think of four digits of your phone number (電話番号のうちの下4桁の数を思ってください)"とカードに書きます。

次のカードには"Think of an animal (動物を思ってください)"と書きます。
そして演者は「ペットでも、野生の動物でもなんでもいいです」と付け加えて言います。

3枚目のカードには"Think of Mother's name (母親の名前を思ってください)"と書きます。そして「誰(の母親)でも良いですが、彼女のファースト・ネームだけ思ってください」と言います。

4枚目には"Think of famous landmark (名所を思ってください)"と書きます。そして「実際に訪れたことのある場所の方が、より簡単にイメージを投射しやすいでしょう」と付け加えて言います。

カードはそれぞれイニシャルの持ち主に戻され、協力者は、それぞれ指示された事柄を考え、イメージをあなたに向けて投射します。

演者はそのイメージを受け取る演技をしますが、最初は受け取ったイメージが混同している様子にします。

「何かのイメージを感じます。4と7の数、LとYと言う文字、石のような……非常に硬いもののイメージを受け取っています」

それから4人の協力者の方を向き、「あなたは何か面白いものを想像しましたね、違いますか?」答えは肯定です。「ペットではないですね、そうは思えません。大きな、野生動物です。ライオンかトラか……、トラですね!すばらしい!」

「あなたは……数を考えましたね。違いますか？」肯定的な答えが返ってきます。

「4と7だけではなくて、5と3も感じます、正しいですか？」正解だと答えが返ってきます。

「あなたは金属ではないものを思っていますね？　大きな石の構造物でしょう。リンカーンの像 (Lincoln　Monument) ですね？」

それに対して「いいえ、ラッシュモア山 (Mount　Rushmore)です」とその人は答えます。

「惜しい！近かったですね」と言ってカバーします。

「今度はあなたです。私はLとYのイニシャルを感じることができました。母親の名前に集中してください。それはルーシーですね！」と言って演技を終えます。

これは先ほどのバリエーションと似ていますが、ここでは、演者は3つの基本的な情報を要求します。そして速やかに回答を得るための、心理的フォースを行いやすい分野を指定します。

動物や、カードがいい例でしょう。これらは"花"、"1～10の中の、好きな数を選んでもらう"フォースに比べたら、気づかれにくいが、ほとんどの人がごく限定した対象しか思い浮かべません。

例えば、カードでいえば、クラブの2、ハートの3、スペードの7、ハートのクイーンなどがイメージされやすいカードです。

動物の場合、ペットの犬、猫、もしくはライオン、トラ、ゾウがイメージされます。

"複数の人が思ったことが混ざってしまった"という演技も、答えを聞き出すときに使えるでしょう。

確実な情報、例えば電話番号やファースト・ネームなども使うことができます。演者はどの分野の質問を受け取るかを知っていますが、そのことは誰も知りません。

Q&A内の演技でも同様に使われています。もし演者が協力者たちのちょっとした情報を知ることができれば、それを応用することもできるだろうし、演者の、情報を引き出す能力が高ければ、それを様々な分野の情報に対して応用することができるでしょう。好きな俳優、好きな車、部屋の番号、お昼に何を食べたか、など、状況を都合よく利用するのです。

他には、あとから知った情報を最初から知っていたかのように見せる技術も、利用できます。例えば、1から100の間の数を思い浮かべてもらうときに、最初から知っていたかのように「20台の数ですね？」と訊きます。この質問のとき、統計的に20の台の数が選ばれる可能性は非常に高く、もし、相手が肯定すれば、そこから数を絞り込みます。一方、もし否定されたときには、今思っている数ではなく、新しく別の数を考えてもらいますが、「予めその数を予言しておきます」と言って、カードに数を書くふりをします。実際にはあとで数が言われたときに、ネイル・ライターを使って数を書き込みます。何でも自由に演じられるでしょう。ネイル・ライターや秘密の印など、何でもこの演技に使用できます。

●バリエーション４

もしあなたが信じやすい人達を相手に演技をしているか、大胆な挑戦を楽しむ余裕があるなら、周辺の情報を最大限に活用できるでしょう。どの分野を誰が考えるのか、あなたは知らないことになっているので、以下のように進めることができます。

１枚目には"Think of what color clothing you are wearing(あなたが着た服と似た色を思ってください)"と書きます。

２枚目には"Think of your name(あなたの名前を思ってください)"

それから次は"Think of your hometown(あなたの住んでいる町を思ってください)"かもしれません。

最後はたぶん"Think of your eye color(あなたの瞳の色を思ってください)"でしょう。

　以上の質問の答えは少しの会話か、もしくは目を開いて、耳を澄ましていればすぐに得ることができるでしょう。

●バリエーション5
　この演技の概念は非常に応用が利くようになっているので、マジックの技術を今から書くように組み合わせることもできます。

　協力者の１人に腕時計を示し、密かに竜頭を引き出してから、その人に時計を裏向きにして渡し、竜頭を回転させてから竜頭を押し戻し、時間を見てもらいます。他の協力者にも同じことを繰り返してもらいます。

　協力者の１人が腕時計を操作している間に、演者は次の人に１組のカードから１枚選んでもらいます。他の協力者にも同じことを行います。

　３人目の協力者には、透明な袋から物を取り出してもらいます。他の協力者にも、同じように行ってもらいます。それから、４人の協力者それぞれに本を１冊ずつ渡します。

　以上のようにしながら、時、物、言葉、情報などを特定の各人にフォースします。協力者たちに、それぞれ同じ分野で同じように行ってもらうことによって、フォースの臭いを消してしまうのです。

　例えば、最初の人に腕時計の時間のフォースを、２番目の人にはカードを、３番目の人には透明なチェンジング・バッグを使ったフォースを（ディック・ステイナーの優れた方法を使う）、そして４番目の人にはフォーシング・ブックを渡し、他の３人には普通の本を渡します。

　演者は誰に何をフォースしたのかを知っているので、それにあった質問をカードに書きます。

●代わりの手順・1

指示カードに、追加情報を書かないバリエーションです。今までと始まりが異なります。

名刺など、小さめのカードを手伝ってくれる人に渡し、名前またはマークを書いてもらいます。

1人の人がカードを集め、よく混ぜてから、演者に渡されます。このあと、指示カードは使わずに、代わりに集めたカードを見て、こう言います。「誰かわかりませんが、カードにBMと書いた方は、花を思ってください。小さなスマイルマークを描いた方は、50以下の奇数の数を思ってください。ACと書いた方は電話番号の下4桁を思ってください。Xを書いた方は50より大きい奇数を思ってください」

ここから、今までに説明した方法を応用して、心理的フォースを行います。

この演技では、カードを返してもらわなくても、観客はあなたのコントロール下にあります。そのこと自体もすぐ忘れられるでしょう。

●代わりの手順・2　サイコメトリーの演技

これはアンネマンのオリジナルの見せかけのテレパシーに含まれていたアイデアです。この本にあるほとんどは違いますが、このハンドリングの演出に関してはアンネマンのアイデアを基にしています。私はサイコメトリーの演技がとても好きなので、演出はほとんどオリジナルのままです。このアプローチはオリジナルの演技にも応用でき、さらに劇的で強烈な印象を与えることができるでしょう。

4人の女性に、それぞれ封筒を手渡します。演者は後ろを向き、彼女達に何か意味のある物を封筒に入れてフタをするように指示します。それから1人の女性が封筒を集めてよく混ぜて、どの封筒が誰のものか、誰にも分からないようにします。

封筒は演者の前のテーブルに置き、演者はそのうちの1つを開けます。その中には鍵の束が入っていたとします。演者はそれを手に取り、集中し、なんらかの波動を感じている演技をします。

「この道具の持ち主は、好奇心旺盛な方ですね。危険な目に合う可能性があっても、好奇心を満たしたいと思うような人です。この持ち主は、2つの幾何学的な形を思い浮かべてくれませんか？　四角形のような形で、一方がもう一方の中に入っている形を思ってください」

　次の封筒を開けます。再び、"波動"を感じる演技をしながら、読み取りのためのヒントを与えます。「これの持ち主はヒナギクやカーネーションのような、花を思ってください」

　次の封筒をあけて、中にあるものを見せます。それを上に持ち上げて、「誰かあなたに関係する人の名前を思い浮かべてください。もしその人が結婚していたらその夫を、もし独り身ならその父か兄弟の名前を」

　最後の封筒をあけて、中身を観客に見せます。いくつかの、持ち主に関する情報を話したあと、持ち主に動物を思ってもらいます。もし彼女がペットを飼っているなら、それを思ってもらいます。ペットを飼っていないなら、自分の好きな野生の動物を思って、集中してもらいます。

　ここで、演者は最初の品物を持ち上げて、より詳細な読み取りを始めます。まず、幾何学形状を思っている女性に、より集中してもらいます。そして、あなたは円の中に三角があるマークを、その女性が思い浮かべただろうと言います。それから、この鍵が誰のものか尋ねると、持ち主は自分から答えるでしょう。
　「読み取りは合っていたと思います。私はあなたの考えを受け取っていましたか？」
　答えは「はい」でしょう。

　同じことが2人目でも繰り返し、そして演者は薔薇のイメージを受け取ります。

　次に演者は残り2人の持ち物を両手に1つずつ持ちます（もし、余裕があるなら、どれが誰のものなのか、理解していることも演技に組み込みます）。今までに説明したほぼ全ての演技（フォースや、曖昧さの利用、入手した情報の利用など）を使うことができるでしょう。

本文の例では、特定の女性の夫の名前を前もって知ることができれば、その情報を利用できるように質問をフォースします。

もちろん、感情のフォースだけが分野の選択に使えるわけではありません。様々な方法が利用できるでしょう。

1つの方法だけで自分を縛り付けず、様々なバリエーションそれぞれを絡み合わせることでより多くの方法を使うことができます。想像の続く限り、広げていくことができます。

コメント： この本で紹介されているあらゆるマジックの中で、この見せかけのテレパシーにこそ、メンタリズムの演技に関しての考え方が最も現れています。
　最大の過ちは、可能性を狭めてしまうことでしょう。しかし、考えようによっては、その可能性は無限です。

●絵の複製・1

現象： 小型の封筒を観客に渡します。封筒の中には何か書いてある紙が入っていますが、書いてある内容は光にかざしても透けて見えないことを確認してもらいます。それから封筒を開けて中にあるものを見ると、それは演者の名刺です（もしくは"NO"と書いた紙を入れておいてジョークに使うか、他にどんな内容でも臨機応変に使えるでしょう）。

名刺大のカード、封筒ともに仕掛けは全くありません。

鉛筆を観客に渡し、名刺の何も書いていない面に、簡単な絵を書いてもらいます。そのとき演者は後ろを向いて、何が書かれたかわからないようにします。絵を描き終えたら、絵を下向きにしてもらってから、演者は前に向き直ります。

それからカードを封筒に戻してもらいます。演者は封筒のフラップを濡らして封を閉じます。そして、封筒をグシャッと丸めますが、その理由は2つあります。1つは「これで、波動を感じられるようになりました」と言うためであり、もう1つ、はこの状態にしたことで中を盗み見ることは不可能になったと観客に思わせるためです。

こうして丸めたにもかかわらず、演者は描かれた絵を言い当ててしまいます（もしくは描きます）。もちろん当たっています。

封筒を広げて中からカードを出します。封筒から透けてカードが見えていたわけではありません。カードを観客全体に見せて、当たっていることを証明してから、そのカードは観客にお土産として渡します。

方法：よく知られた様々な方法を合成して使っています。それによって、必要な情報を、疑われないように得ることができます。

ほとんどの封筒は、ある角度からなら内容物が透けて見える構造になっています。濃い色のペンで書けば、より見えやすいでしょう。しかし、封筒の真ん中の糊付けされた部分だけは透けません。このことが1つ目のタネとなっています。演技中、名刺の印刷部がこの糊付け部分の下になるようにしておきます（私の名刺は、名前と連絡先がここに来るように印刷してあります）。このことで観客は封筒の中を透かして見ることは不可能だと思うでしょう。そして絵が描かれたカードは、絵の面を下に向けて封筒に戻すので、やはり見えなくなります（図1）。

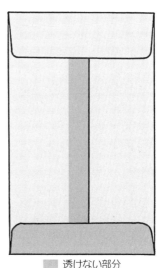

図1　透けない部分

しかし、何の絵が描かれているのかの確認は、封筒の封を閉じたあと、何か質問をしながら、封筒を上にあげときに透かして盗み見ます。封筒を少し弓なりに曲げることで、やりやすくなるでしょう。それからすぐに封筒をできるだけ小さく丸めてしまいます。

私の今までの経験からすると、封筒を小さく丸めることによって、封筒にしわができるので、封筒の中が見えないと言う印象をより強められます。そして観客が演技の最後で封筒を開けて中の絵を調べるときにも、中の絵が外から見

えなかったことを再確信するでしょう。

　この現象の歴史をたどることは困難です。しかし、コリンダ（Corinda）が封筒を透かして中を見る方法を発表していましたし、ボブ・キャシディーも彼の著書"White Dwarf variations"の中で、2枚の封筒を使う方法が説明されています。

コメント：私がこの演技を演じ始めたとき、観客がカードに絵を描いてから、それを封筒に入れたあとで、演者が封をする点が気になりました。私は何も怪しい動作をしていませんが、それでも、私自身が、この動作は全く論理的でないと感じてしまったのです。

　実際の状況では、観客が自分自身でカードを封筒に入れ、ふたを閉じるべきではないでしょうか？　どういった論理的な理由で、演者が封筒を手にするのでしょうか？　そう考えたとき、テレパシーではなくサイコメトリーの演出にしました。

　サイコメトリーをするためには、封筒に触れる必要があります。そして、触った直後にすぐに封筒を丸めてしまえば、中を見たと言う疑念も払うことができるでしょう。

　封筒を丸めることは、中身を判別しにくくなるためです。このハンドリングは今日でも改善し続けています。演じるたびにより、ダイレクトでシンプルな演技へと進化し続けています。

　さらにこの演技を繰り返し演じているうちに、より、道具は演じやすくなっていきます。私はこのマジックを繰り返し演じ続けて、進化させ続けています。

●絵の複製・2
効果：テレパシーの演技で行います。メモ帳を手伝ってくれる観客の前に置きます。それから演者は後ろを向きます。手伝ってくれる観客に、単純な絵（もしくは2桁の数、簡単な質問等でも良い）を書いてもらいます。そのとき演者はいろいろな線や曲線などに気を集中しているように振る舞っています。

書き終わったら、観客にそのメモ用紙を切り取って、それを灰皿の上で燃やしてもらいます。演者は再び集中します。そして、演者は彼らの書いた絵をほぼ完璧に再現します。

方法："ピエロの白粉"（コスチューム・ショップで購入できるでしょう）と、灰皿（借りることもできますが、最近では、灰皿をどこでも見ることができなくなっています）、そして無地のメモ帳を使います。メモ帳の1枚目をめくり、その裏、図1に示されている円の中に"ピエロの白粉"を塗均等に薄く塗っておきます。これで、メモの表にボールペンなどで絵または文字を書いたときに、次の頁に白粉の跡が残り、簡単に消えることもありません。

上記のように準備したメモ帳とボールペンか鉛筆（フェルトペンではありません！）を観客に渡し、絵を描いてもらいます。ボールペンの質がよければ完璧でしょう。

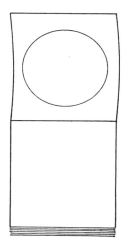

図1

メッセージまたは絵が描かれたあと、絵を描いたメモ用紙を切り取って丸めて灰皿の上で燃やす演出は、ドラマチックに見せる以外にもう1つの意味があります。まずメモ帳の上に残っている白粉跡を見つけ、そしてそれを認識するための時間を稼げるのです。

灰皿で紙を燃やす間、全ての観客の目は燃えている炎に向いています。その間に、メモ帳に残った白粉の跡を指でなぞり、絵を認識します。

"ピエロの白粉"と灰皿での燃焼は、この現象のために私が発案しました。
他に、ワックス、石鹸、タルク、消臭スプレーを使うアイデアもありますがどれも欠点があります。ワックスを塗ると、見た目に違和感があり、跡の残り方も良くありません。タルクと消臭スプレーは、扱うときに手袋が必要で、しかもこすると簡単に取れてしまいます。

石鹸は、良い方です。ペン跡の残り方もきれいで、簡単に取れてしまうこと

もありません。ただし、塗ったあとの見た目に若干の違和感があり、また、紙の燃焼を妨げることもあります。

　"ピエロの白粉"は紙の上でかろうじて見える程度であり、ペン跡も長く残り、紙が燃えるときにも違和感がありません。多く塗りすぎた場合はティッシュで軽くふきならすと良いでしょう。何度かテストをしてコツを掴んでください。

コメント：演者は、観客が同じ現象と認識する、いくつかの異なる複数の方法を知っておくべきでしょう。今回説明した方法は、"絵の複製・1"の現象の、異なるアプローチです。最初の方法に比べて応用が効きにくく、複数回繰り返すには適していませんが、1回のみの演技であれば、不可能現象に見えるでしょう。

●マガジンテスト

現象：4冊の異なる雑誌を見せたあと、4人の観客に4枚の名刺サイズの白いカードをそれぞれ渡します。カードに2桁の数を書いてもらい、中の数字が見えないように縦、横に1回ずつ折ってもらいます。1人の観客がそれを集めて、誰のものかわからないようによく混ぜ、そのカードを小さなテントのように立ててテーブル上、雑誌の左に置きます。

　もう1人の観客に、どのカードを使うか尋ね、それを演者の左手の上に開いて置きます。それは観客の目に晒し続け、怪しいことは何もできない状態にしておきます。観客にこれから使う、4冊のうちの好きな1冊の雑誌を取り上げてもらいます。

　右手で、左手のカードを取り、選ばれた雑誌の上に落とします。観客に、雑誌を持ったまま部屋の端に行ってもらい、カードに書かれた番号の頁を開き、そこにある絵に集中してもらいます。

　十分に集中したあとに、演者は観客が集中している絵と同じ絵を描きます。

方法：必要な道具は4冊の雑誌とサム・チップ、そして私の考えたサム・チップスイッチの技術だけです（巻末の"技術"の項294頁参照）。

　演技の前に、4冊の雑誌の同じ頁数で、1つの絵（または写真）が記載され

ている頁を見つけておき、その頁数を書いたカードを4つ折りにして右手のサム・チップの中に入れておきます。それから、それぞれの雑誌にある、4つの絵を覚えておけば準備OKです。

　演者の右側に雑誌、その左側に4つ折りにしたカードをテーブルに置くようにします。この位置関係が後ほど重要になります。

　カードを観客に渡し、好きな番号を書いてもらいます。その紙を4つ折りにしてもらいます。4つ折りにした紙のうちの1枚を選んでもらい、それを演者の手の平の上に置いてもらいます。それから、1冊の雑誌を選んでもらいます。

　雑誌が選ばれるときにサム・チップ・スイッチを行い、スイッチした紙を選ばれた雑誌の上に置きます。

　この動作には理由付けがしてあります。4つ折りのカードはテーブルの左側に置いてあり、雑誌は右にあります。左手の平の上にあるカードを右側の雑誌の上に置く動作の中で、サム・チップ・スイッチの動作を隠すことができます。

　あとは簡単です。折りたたんだ紙を観客に広げてもらい、そこに書いてある番号の頁を開いてもらいます。それから、その頁に、絵か、写真が載っているかとあなたは尋ねます。もちろん、そこには絵があり、あとは好きなようにその絵を当てるだけです。

コメント：似たような現象として、本の中の単語を当てる現象もありますが、お勧めしません。私はそれを楽しいと思ったことはありません。絵や写真を当てるほうが、より面白みがあり、論理的な演技だと思っています。また、私はカードが選ばれたあとに、雑誌を自由に選んでもらうことが好きです。観客から見ても公明正大だし、(スイッチの) タイミングも完璧になります。雑誌の中から、絵と、ちょうどいい頁を探すことは、思ったより簡単で、我ながら驚いたことがあります。

●ジグソーパズル
現象：観客に1枚の紙に簡単な絵を描いてもらい、それを、縦、横に1回ずつ折って、4つ折りにしてから、その紙を演者に渡してもらいます。演者は、4

つ折りにした紙を受け取り、それを千切りながら、観客に「ジグソーパズルは得意ですか？」と尋ねます。

　千切った紙をテーブルの上に落としたあと、演者はメモ帳とマーカーを取り上げます。

　「これは競争です……。今から、千切られた紙をジグソーパズルのように並べ、書いてある絵を元通りにしてください。皆さんお分かりだと思いますが、彼女は元の形を知っている分、有利です」

　それから演者は、千切れた紙片を見ながら、「これは曲線……、こっちは真っ白で、右側に来る……」などと言いながら、観客が何を描いたのかを推測しているような演技を行うのです。

　このあと、最も感動的な瞬間が訪れます。観客がまだ絵を揃え終えていないのに、演者は何かを描き終えてメモ帳を下ろします。そして、その観客に千切る前の紙に何の絵を描いたのかを尋ねます。演者はメモ帳を表に向けて、パズルが完成していないのに既に正しい絵が描かれていることを見せます。

方法：この演技は、センター・ティア（"技術の項294頁参照)の有効な利用法の1つです。論理的に組み立てられ、怪しいところがありません。

　もちろん、必要な情報が得られれば良いので、この現象のために必ずしもセンター・ティアを使う必要はありませんが、センター・ティアを使うのにちょうどよい現象なのは先ほど説明したとおりです。巻末に説明してある私のバーンスタイン・センター・ティアを使うのにちょうどよい演技だと思っていますが、どんなセンター・ティアでも演技を行うことはできるでしょう。

コメント：以前、エッセイでこの現象について書いたことがありますが、今になってこのことをここでまた書くとは予想していませんでした。この現象は最も実用的、論理的、そして面白い、絵を読み取る演技の1つでしょう。また、即席で行うことができ、100人の前でも演じることができます。なので、この演技は私のお気に入りと言うわけです。

●二重の透視

現象：複数の観客に、名刺に簡単な絵を描いてもらいます。そして絵を隠すように折ってもらい、集めて混ぜます。

　名刺は観客全員に見えるようにテーブル上に置いてもらいます。観客の１人にそのうちの１つを選んで取り上げ、それを演者の左手の平の上に置いてもらいます。ここで観客に、選択を変えるチャンスを与えます（実際、変えても変えなくても問題ありません）。最終的に１つを選んでもらったあとに、演者は右手でその名刺を左手から取り上げ、自分の右側に居る誰かに渡します。名刺を渡した相手に名刺を開いてもらって、中に書いてある情報を心に思ってもらいます。

　演者はメモ帳を手に取り、そこに絵を描きます。そして描いた絵と観客の手にある名刺の絵を比べると、ほぼ同じ絵となっています。

　しかし、演技はここで終わりではありません。演者は突然何か奇妙なことに気づいた表情をして、演技を懐疑的に見ていた観客のほうを向きます。そして、その観客に自分が名刺に描いた絵を思い浮かべてもらいます。演者は再びメモ帳に絵を描きあげます。やはり、その観客が思った絵とほぼ同じ絵が描かれています。

方法：スイッチを使って、観客が選んだ名刺を、演者が予め準備した名刺と交換してしまうのがこのマジックの種です。どんなスイッチを使っても良いですが、私はこの本に記載したサム・チップ・スイッチがこのマジックには向いていると思っています。

　最初の現象では、観客は、選ばれた名刺には観客の１人が描いた絵が描かれていると思っていますが、実際には、それは演者が準備した絵です。

　ここでワン・アヘッドの原理を使います。演者は最初の絵（準備した紙と同じ絵）を描いているとき、密かにスイッチした自由に選択された方の絵を盗み見ておくのです。例えば左のポケットのペンを取りに行くふりをしてポケットの中でサム・チップから名刺を出して持ち出し、それを、メモ帳の蔭で開けば、簡単に盗み見ることができるでしょう。そして、その絵と、それを誰が描いたかを覚えておきます（"見せかけのテレパシー"のときに使った方法——名刺に

密かに印しをつけておき、それが誰に渡ったかわかるようにしておきます)。

　ここから先は、見せ方が重要になります。最初の絵を見せたあとに、「疑り深い人が居るようですね」といって、先ほど盗み見た絵を描いた人物を示し、その絵を描きます。

　この方法は、名刺に触れることすらないので、非常に不思議に見えるでしょう。

コメント：この演技の第1段、ごく一般的な絵の複製の演技が終わったあとで、一部の観客がなんとなく疑り深い目で演技を見ていたことに気づくことがあると思います。たとえ、ランダムに紙が選ばれたことや、他の方法で公正さを証明しても、それは変わりません。しかしそのときに、演者が、意図的か無意識かわからないですが、演者自身も予定と異なることを行ったような様子で、疑っていた観客の描いた絵を、全く怪しい動きも無く、心を読んだ演技で複製すると、第1段の演技の公明正大さを証明する意味にもなります。

　本で読むだけだと、この手順はそれほど魅力的ではないかもしれません。しかし、実際に演じてみればいかに実践的であるかわかるでしょう。観客が頭で推測した内容をけん制する事にもなります。

　この演技は最初の現象で観客の興味を高めておいてから、タイミング良く2番目の現象を起こします。

●即席のブック・テスト

現象：演者は、何も書いていない紙とペンを借ります。その紙を3枚に切り分けます。それぞれの紙片の大きさは1辺が7センチほどで、ほぼ同じ大きさです。それらの紙片を観客に手渡し、観客は、2桁のそれぞれが異なる数字を紙に書いて、数字が内側になるように4つ折りにします。その4つ折りにした紙片は、見た目が同じようになっています。

　それから観客の手で3枚を混ぜてもらいます。これで誰にも、どの紙片に何が書いてあるか分からなくなります。演者は、1つだけ番号を使うと言い、使わない2枚の紙片を観客に選んでもらい、使わない紙片2枚のうち1枚は演者が破り、もう1枚を観客が破ります。これで、どの番号が選ばれたかは分から

なくなります。

　誰かに本か雑誌を持っている人に部屋の反対側まで行ってもらいます。ここで演者は、初めて最後に残った4つ折りの紙片を開いて、紙片に書かれている番号を読み上げ、本を持った観客に、その頁を開いてもらいます。演者はその頁に書いてある内容、絵や文章を、何も見ずに説明し始めます。

方法：3枚の紙片はその場で切り分けますが、これらはセンター・ティアの演技を使うので、紙に書かれる数字は紙の中央にくる必要があります。また、3枚の紙の見た目はできるだけ同じにします。その理由は後ほど述べます。

　3枚の紙片それぞれに数字が書かれたあと、観客に、どの紙片を使うか、どの2片を破ってしまうかを訊ねます。2人の人（観客と演者）が居て、2枚の紙片を破るとしたら、1枚は観客、もう1枚を演者が破るのは合理的です。このとき、演者はセンター・ティアを行います。これで、3枚の紙に書かれたうちの1つの番号を知ることができます。

　観客に雑誌か本を持ってきてもらいます。これから何が行われるかを説明し、適当な頁を開くふりをして、実際には先ほどセンター・ティアで盗み見た番号の頁を開きます。そして、必要な情報を覚えておきます。雑誌を観客に渡し、それを演者から遠ざけてもらいます。

　この動作の本当の目的は、選ばれた紙片を開いて、しかしそこにある番号ではなく、先ほど盗み見た番号をミスコールすることにあります。

　それからその紙片を客席に堂々と見せますが、番号は小さすぎて、実際には何が書いてあるか読めないでしょう。それからその紙片も破って、全ての証拠を隠滅します。番号を読むときに、紙片の上下を正すふりをするのも良いかもしれません。

　それから、先ほど覚えた情報をドラマチックに演出します。

コメント：これは完全に即席の演技です。有名なデビット・ホイの演技も現在は公開されています。私の方法は様々な演技に応用できるでしょう。この本の、あ

との章にあるテレパシーや、千里眼の演技などにも使えると思います。また、この本に後ほど出てくるダブル・エクスプロージャーも使うことができるでしょう。

● 言葉のテスト

現象：観客に、何でも良いので3文字の言葉を思ってもらい、誰にも言わないでもらいます。それから、3枚の紙を取り出し、先ほどの観客に、1文字ずつその紙に書いてもらいます。演者は後ろを向いています。3枚の紙に字を書き終えたら、その紙を、文字を内側にして4つ折りにしてもらいます。そしてそれらを混ぜてもらったところで、演者は向き直ります。

それから観客の誰かに3枚の紙片のうちの2枚を選んでもらい（この2枚は後ほど破られる紙です）、1枚の紙片を残します。その紙片に何が書いてあるかは、観客もわかりません。演者は破る紙片の1枚を自分で持ち、もう1枚は観客に持ってもらい、それぞれ破ります。最後に残った紙はそのままテーブルに置いておきます。

今、文字を書いた観客1人だけが、3文字の言葉が何かを知っています。しかし、彼もどの紙片にどの文字が書いてあるかは知りません。演者は、テーブルに残っている紙片に書かれた文字を推測すると言います。残った紙片に書かれた文字は誰にも分からないことを確認します。

演者は自分の感じた答えを別紙に書いてテーブルに置きます。それからテーブルの上にある紙片を持って広げ、その中に書いてある文字を読みます。そして観客に、この文字を含む言葉を選んだ理由があるかを訊ねます。その答えがあるにしろ無いにしろ、あなたが予言の3文字を読むと合っています。

方法：これは"即席のブック・テスト"の応用です。

観客が文字を書く3枚の紙はそれぞれ秘密の印がしてあり、どれが最初の文字、2番目の文字、3番目、とわかるようになっています。私はそれぞれの紙片に異なる形のアン

アンダー・ラインの違いに注意してください
1番目の文字：上側に湾曲
2番目の文字：真っすぐな線
3番目の文字：下側に湾曲

図1

ダー・ラインを描いておきます（図1）。これで、即席で演技ができます。文字が書かれ、紙片が混ぜ合わせられたあと、2枚の紙片を取り除いて、あなたがその1枚を持ち、今から何をするか見せるという名目でその紙を破ります。

　このときセンター・ティアを行い、紙片の中央部をパームします。

　観客にテーブルに残した紙片のことを言い、それに注意を向けている間に密かに文字を読み、予言として紙に書きます。それから、テーブルにある紙を開きます。そこには"O"（もちろん、実際の演技によって違います）と書いてあると言いますが、先ほどのセンター・ティアで見た文字をミスコールします。ここで大切なのは、観客に、"O"を選んだ理由を訊ねることです。それから予言の紙を開けて、演技を終えます。

　しかしどのように3文字の言葉全体を知るのでしょうか？

　これは100%確実な方法ではありません。しかし、センター・ティアと、テーブルに残された紙片の文字を見れば、それの2文字が3文字の何番目に当たるか想像できるでしょう。情報の種々選択で、残りの1文字を推測することは容易いでしょう。しかし、"HAT"のかわりに"HIT"、または"SAT"、の代わりに"BAT"などを推測することもあるかもしれません。しかし、多くの場合、最も一般的な言葉を選べば、ほとんどの場合目的を達成できます。

　もし、あなたが優れたセンター・ティアを知っていて（バーンスタイン・センター・ティアもそうだろう）選ばれなかった2枚の紙をどちらも破いて、センター・ティアを使い、中の文字を見たいと思うかもしれません。そうすれば、完全に3文字の言葉を知ることができます。しかし、その場合、見破られるリスクも2倍に増えることになるので、私はそのリスクは負わないほうが良いと思っています。

　また、テーブル上の紙片に書いてある文字をミスコールするときに、余計な心配をする必要はありません。

コメント：これをテレパシー、もしくは遠隔透視の実演だと言って行っても良いでしょう。

これを読心術だと言って演技したければ、クライマックスのときに観客に、書いた言葉に集中してもらい、それを読み取るのです。このプレゼンテーションであれば、第1段で言葉を完全に読み取れなくても、推測を正当化できるでしょう。

●丸で囲まれた言葉

現象：演者はペーパーバックの本を取り出し、頁をぱらぱらと指で弾いてめくっていき、観客に好きなところでストップと言ってもらいます。ストップされたところで本を開いて頁を示し、本を開いたままテーブルに置きます。演者はペンを観客の1人に渡し、目を閉じてもらい、演者が後ろを向いている間に、選ばれた頁のどこかに小さい丸をつけて、本を閉じてもらいます。それからゆっくりと目を開けてもらいます。

　このあとの進め方にはいくつかの方法があります。テレパシーの演技であれば、2人目の観客に開いた頁を見せ、丸のついた言葉に集中してもらいます。もしくは予言の演技であれば、あらかじめ観客の誰かに予言を書いた封書を送っておき、演技のときにその封を解き、中の言葉を明らかにすることもできます。

方法：2冊の同じ本が必要です。1冊はリフル・フォース用、フォースする場所は前から4分の3程度の位置にします。その本のフォースする頁のところで背を崩して段を作っておきます。

　もう一冊の同じ本の大体、真ん中ぐらいの頁を切り取って、それをフォース本の、フォースする場所に貼り付けておきます。そして、その切り貼りした頁と同じ頁のフォース本の頁のフォースしたい文字に丸をつけておきます。

演技：貼り付けた頁をリフル・フォースし、その頁数を読み上げ、広げた本をテーブルに置きます。ペンを観客に手渡し、その観客に目をつぶってもらい、広げてある頁（貼り付けた頁）に丸をつけてもらい、本を閉じてから目を開けてもらいます。

　本を別の観客に渡し、先ほど読み上げたフォースした頁を開けてもらって、丸で囲まれた言葉を確認してもらいます。その観客が開く頁は、もちろん演技前に丸をつけておいた頁です。このあとはあなた次第です。

この本の仕掛けは、アーサー・エマーソンのペガサス・頁とよく似ています。ただ、起きる現象は異なっています。

コメント：この手順はもともとの演技から、欠点を減らし、適正化した手順だと思っています。

● **ひとひねりしたブック・テスト**
　2冊の本を借ります。3人の観客にそれぞれ紙片を渡し、2桁の数字を書いてもらいます。それから紙片を縦横に4つ折りにして、中の数字が見えず、かつ同じ見た目になるようにします。
　紙は集められ、混ぜられ、テーブルに置かれます。

　観客の1人に、必要のない2枚の紙片を選んでもらい、1枚は観客に破ってもらい、もう1枚は、演者自身が破ります。結果、1枚の紙片がテーブルに残ります。これには誰も触っておらず、中に何が書いてあるかは分かりません。演者は本をもう一度見せ、観客に1冊を選んでもらい、部屋の端の、誰にも見られないところに本とともに行ってもらいます。そこで始めて演者は残った1枚の紙片を開き、そこに書かれた番号を言います。本を持った観客はその頁を開き、そこに書いてある内容に集中します。演者はそれを明らかにします。
　演技が終わったあと、もう1人の観客が演者に疑いを持っていることを感じ取り、思い付いたように、その観客に別の本を持ってもらい、その観客が紙片に書いてあった番号の頁を開いてもらいます。演者はその内容を見事に読み取ります。

方法：これは、"即席のブック・テスト（24頁）"に、ひとひねりを加えたバージョンです。演者自身で紙片の1枚を破るときに、センター・ティアを行い、本を観客に示しているときにその番号の頁の特徴を盗み見ておきます。

　本を手渡し、残っている紙片を開けて番号を見せるときに、先ほどセンター・ティアした番号をミスコールします。そして、その頁を開いてもらいます。そのとき、3メートル以上離れていても、紙片に書かれた小さな文字が読める人物がいるかのように！堂々と、紙片の中身を観客に見せてもよいでしょう。

　同時に演者は持っている紙片に書いてある実際の番号を覚えていなくてはな

りません。これらの紙片には、事前に秘密の印しを付けておき、どの紙片にだれが数字を書いたか、覚えておく必要があります。そして、最初の演技が成功したときに、紙片の持ち主のうちの１人（初めの演技でミスコールしたときの本当番号の持ち主）が疑っていることに"気づいて"即興でもう一方の本を手に取り、本を見せる演技をしながら、その番号の頁の特徴を記憶してしまうのです。

コメント：私はこの誰かの疑いに"偶然気づいた！"という演出が好みです。皆さんが、この複合的な策略を好きになってくれたら幸いです。

● テレパシーと千里眼

現象：３人の観客にメンタリストの協力者になってもらいます。それぞれの協力者に紙片が渡され、そこに２桁の数字を書いてもらい、見た目が同じになるように２つ折りしてもらいます。その紙片は集められ、混ぜられたあとに、１人の協力者に、２枚の紙片を取り除いてもらいます。演者は、その２枚のうちの１枚を破り、協力者にも、取り除いたもう１枚を破ってもらいます。

次に演者は厚紙を取り出し、「これは千里眼の実験です」と言って、そこに予言を書きます。残っている紙片を開き、「54と書いたのは誰ですか？」と聴きます。協力者の１人がその番号は自分が書いたと言います。その人に予言の書かれた厚紙を持ってもらいますが、まだ予言は明らかにしません。

「これから、テレパシーの実験を行います。２枚の紙は既に破いてしまったので、あなた方の助けも必要です」と言って、54が自分の番号だといった以外の、２人の協力者を呼び、「あなた方の書いた番号に集中してください」と言います。

次に、演者は２枚目の厚紙を手に取り、協力者の１人に、自分の書いた番号に集中してもらいます。演者はそれを"テレパシー"で受け取り、厚紙に書き、テーブルに置きます。そしてその番号を聞きます。３枚目の厚紙を取り上げ、３人目の協力者に、書いた２桁の数に集中してもらいます。演者はそれを受け取って、厚紙に書きます。その厚紙を皆に見えるようにテーブルの上に置きます。それから、３人目の協力者に、何の番号を書いたかを尋ねます。

テーブル上にある２枚の厚紙を持ち上げて、書いてあった数字を見せると、

2人の協力者がテレパシーで送った番号と合っています。

　最初に協力者に持ってもらっている千里眼の実験で書いた予言の厚紙も表にすると、それも当たっています！

方法：これはワン・アヘッド原理を使った改案です（この方法は何人かの有名なマジシャンが利用してくれていて、これを新しい方法だと言ってくれていますが、実際はプレゼンテーションの改案にすぎません）。

　協力者に渡す紙には秘密の印しが付けてあります。つまり、どの紙片が誰の書いたものか分かるようになっています。協力者に紙片を手渡し、2桁の番号をそれぞれの紙片の真ん中に書いてもらいます。紙片を縦横に4つ折りにしてもらい、集め、混ぜてもらいます。それから2枚の紙片を選んでもらい1人の協力者が1枚を破り、もう1枚を演者が破り、センター・ティアを行います。

　演者は1枚の厚紙を取り上げ、その裏でセンター・ティアした紙を開き、書いてある番号を予言として厚紙に書きます（もちろん、どのセンター・ティアを使ってもかまいません。例えば私のバーンスタイン・センター・ティアであれば、いくつかの方法があります）。予言を書いた厚紙を伏せて置き、残した紙片を取り上げて広げ、「誰が〇〇（番号）と書きましたか？」と訊きますが、厚紙に実際書いた番号を言うのではなく、先ほどセンター・ティアした番号を言います。そして、その番号に対応する協力者に、先ほど書いた予言の厚紙を持ってもらいます。

　紙片には秘密の印しがあるので、今開いた紙片の番号がどの協力者のものか分かりますから、2枚目の紙片には、その番号を書くのですが、その前に、その番号を書いた人ではないもう1人の協力者に自分の書いた番号（この番号は、観客の手によって紙が破かれた紙片で、演者が知ることのできない番号です）に集中し、イメージを送ってもらいます。

　ここで2枚目の厚紙に数字（先ほどわかった2人目の番号）を書いて伏せます。そして、その協力者に番号を言ってもらいます。にっこりと笑ってから、3枚目の厚紙を取り出し、最後の協力者に、自分の番号に集中してもらいます。そして番号を書きます（2番目の協力者が言った、演者が知らなかった番号

です)。これで、作業は全て終わりです。

　手に持っている２枚の厚紙を見せて、２人の協力者がそれぞれ集中した番号と合致していることを見せます。それから最初に書いた予言の番号も見せ、全てが合致して、終わります。

コメント：このトリックも、前述の"即席のブック・テスト(24頁)"の原理を発展させたものですが、観客への印象は大きく異なっています。２つの異なる超能力の再現となっており、印象はより強くなります。

　この現象は、演出によって様々に変化させることもできるでしょう。

　ワンポイント：このトリックに使われている技術は、あなた自身の演技にも応用できるでしょう。

●ESPマークの複製
現象：４人の観客に、ESPカードを使った、テレパシーの実験を手伝う協力者になってもらいます。

　それぞれの協力者に厚紙を１枚ずつ手渡し、各々が持った厚紙に自分のイニシャルをペンで書いてもらいます。それをしてもらっている間、演者は後ろを向いています。全てのカードにイニシャルを書き終えたあとに、１人の協力者に厚紙を集めて、混ぜて、誰の厚紙がどれか分からないようにしてもらいます。

　次に、ESPカードのデックを取り出し、シャッフルします。協力者の１人に、そのデックを何度か、好きなだけカットしてもらい、最後にそのトップカードを取ってもらいます。次の協力者にも次のカード(当初から数えて２枚目)を、その次の協力者にその次のカード(３枚目)、４人目にも同様に次のカードを取ってもらいます。４人にそれぞれカードを持ってもらい、このとき、演者は後ろ向きになっていて、どの協力者がどのカードを取ったのか、演者にはわかりません。

　前に向き直り、演者はイニシャルを書いてもらった厚紙のうちの１枚を持って、イニシャルを読み、このイニシャルを書いた人に、選んだESPカードの

マークについて集中してもらいます。

　精神集中を行ったあとに、演者はイニシャルのある厚紙に何かを描き、それを協力者の１人に手渡します。次の厚紙に書いてあるイニシャルを読み、先ほどと同様に、そのイニシャルを書いた人に持っているESPカードのマークに集中し、そのマークをテレパシーで送ってもらいます。演者はイニシャルのある厚紙に何かを描き、それを協力者の１人に手渡します。

　最後の２枚の厚紙を手に取り、残った２人の協力者に、他の事は考えず、自分のイニシャルとESPマーク両方に集中してもらいます。これで、ESPマークを読み取るだけではなく、２人の協力者のうち、誰がそれを思っているかも当てることになります。２枚の厚紙にそれぞれマークを書き、それらの厚紙を手の空いている２人の協力者に手渡します。

　この実験がどれだけ難しいかを説明したあとに、厚紙がそれぞれイニシャルを書いたその人に返されたかどうかを訊ねると、それぞれ正しい相手に返されています。それぞれの人が自分の持っているESPカードと、演者が書いた厚紙を同時に上げると、全てのマークが一致しています。

方法：どの厚紙がどの協力者のものかを知るための、秘密の印しを付けた４枚の厚紙と、裏面から読み取れる印しを付けたESPカードを準備します（ESPカードはトップから、○、＋、〜、□、☆、○、＋……☆の順番でセットしておきます）。

　印しの付いた厚紙を順番に手渡していって、誰にどの厚紙が渡ったのかを記憶します。つまり、あとで混ぜられたあとでも、印しを見て誰のものか分かるようにします。

　準備したESPデックをフォールス・シャッフルしたあと、何回かカットしてもらいます（順番は変わりません）。印しを付けた厚紙を協力者にそれぞれ手渡します。同じ順番で、協力者にトップから１枚ずつカードを取ってもらったあと、残ったESPデックのトップカードのマークを秘密の印しによって知ることで、そのマークの次に来るマークが１人目の協力者に渡ったと分かり、このことによって、あと３人の協力者が取ったカードのマークも同様に分かります。

厚紙の内の1枚のイニシャルを読み上げ、そのイニシャルの人に自分の持っているESPのマークに集中してもらいます。そのとき演者は厚紙の印しを見て、そのイニシャルの主が持っているESPのマークを推察します。1人分かれば、あとは順番に他の協力者にどのESPのマークが渡ったかも知ることができます。ESPマークを対応する厚紙に書き、持ち主に返却し、それをあと3回繰り返します。
　あとは、それをドラマチックに演出し、全てのマークが一致していることを見せるだけです。

コメント：私はこの原理をこの本の中のいくつもの演技に応用しています。
　"見せかけのテレパシー（1頁）"での感情のフォースやそのほかの演目も読んでみると良いでしょう。

　はじめてこのフォースを作り上げてから、長年使用し続けていますが、期待通りの効果を上げています。

　もし、あなたが今までこの類のマジックを試したことが無いのであれば、これは、それをはじめるのに適しています。直接的で、簡単、分かりやすく、このESPカードを当てるマジックはあらゆるタイプの観客に受け入れられやすいでしょう。

●たくさんの中の1つ
現象：5人の観客を参加者として呼び、5枚の紙片（名刺か同じような紙片など、その場での調達が可能なもの）を調達してテーブルに置きます。演者が後ろを向いている間に、5人はそれぞれ好きな紙を取ります。誰がどれを取ったかは演者には分かりません。

　それから、それぞれの紙に簡単な事柄を書いてもらうのですが、4人には真実を、1人だけ嘘を書いてもらいます。公平を期すため、嘘を書く人を観客に自由に決めてもらいます。

　全ての紙に、同じペンで同じように書いてもらうために、まず、最初の参加者にペンを手渡し、彼が書き終わったら次の人にペンを渡し、そのペンで書き込みをしてもらいます。このようにして5人全員が同じペンで紙に書くように

します。

　紙は集められ、混ぜられて、誰がどの紙に書き込みを行ったかわからないようにします。そうして、その紙が演者に手渡されたあとに、演者は次々にどれが真実でどれが嘘かを簡単に判別してしまいます。

方法と演技：この演技に必要なものは、2色ペンだけです。つまり、軸を回すと異なる色のペン先に変わるようなペンを使います。黒と、濃い青の2色ペンがあれば準備完了です。

　この演技を遂行するには、演技の中で、演者自身がペンを手渡す必要があります。そのため、それぞれの参加者の席をある程度離しておきます。そして、嘘を書くと決められた参加者にペンを渡すときに軸を回し、その参加者の文字だけ異なる色で書かせるのです。その人からさらに別の人にペンを渡すときに、またペンの軸を回して、元の色に戻しておきます。あとは演技の仕方が全てです。

　もう1つの演じ方は、即席のサクラを使う方法です。紙片を調達したあと、参加者に渡すときに、嘘を書く人物に、印象の異なる紙を選んでもらうよう指示をしておくのです。彼が即席のサクラになってくれて指示通りに行ってくれていれば、2色ペンは必要ありません。ざっと見ただけで嘘の書かれた紙を選ぶことができます。

コメント：もし読者が、参加者をうまくコントロールできるタイプの人なら、この演技は馬鹿馬鹿しいほどに簡単に、しかもきわめて効果的に行えるでしょう。少し想像力を働かせるだけで、この方法を様々なバリエーションに応用できます。

●オープナー
現象：「紳士淑女の皆様、こんばんは。皆様の多くはお互いをご存知でしょう。あなた方は既に数時間をともに同じ環境、すなわちこの部屋で同じ理由で過ごしました。また、ここにいる理由は同じです。同じものを見て同じ音を聞き、同じものを食べ、飲み、同じ気温と光で同じ状態にありました。そこには様々な要素があり、どのように私たちに影響を与えているか理解できないものもあります」

「私が到着してから、私は、私たちが同じ波長の中にあるかテストをしていました。私がこのショーのために到着したとき、ここの雰囲気を感じ取り、波動の渦を感じていました」「私はあなた方の調和を感じ始めています。あなた方に、この実験に興味を持ってもらえたらと思います」

「皆さん、目を閉じてください。数分間、心を清めてリラックスしてください」

「簡単な図形、三角や丸を心に思い浮かべてください……今です！」

「正方形や長方形を思い浮かべたのは誰ですか？　思い浮かべた方は手を上げてください」

「ほとんどの方がそうですか、興味深いですね。もしあなた方が部屋を見渡したら、窓や、机など、部屋の基本形が長方形だと気づくでしょう。私たちの囲まれている環境が私たちの潜在意識、そして選択に影響を与えているのです。今からあなた方がそういった影響下にあることを改めて確認してみたいと思います」

「もう少し難しいことを試してみましょう。もう一度目を閉じてください。そしてゆっくりと呼吸して、心を鎮めてください」

「最初に浮かんだ色を強く思ってください。……黄色とか、赤など。……今です！」

「青を思ったのは誰ですか？──こんなに多いとは！」

「この部屋には多くの青いものが存在しています。カーテンや、壁の色など。そして、多くの方が青系の服を着ています」

「もう一度テストしてみましょう。もう一度目を閉じてください。次はもう少し難しいでしょう。頭を空っぽにして下さい。１から１０の間の数を思い浮かべて下さい。２や６など……しかし、７は止めてください、多分、多くの人が７を思い浮かべますから。……今です！」

「3を思い浮かべたのはどなたですか？　えっそう？　ますます鋭くなっていますね。この部屋には3つ組になっているものがいくつかあります。柱が3本あり、扉も3つありますね」

「今私がいったものと同じ3つのものを思い浮かべた方はいますか？」

「どうぞ立ち上がってください。皆さん、拍手をお願いします」（もし3つのものを選んだ観客が誰もいなければ、2つのものでも良いでしょう）

「もし、あなたがみんなのようにうまく同調していないとしても、気にすることはありません。次のときにはきっと同調できます。異なる場所、異なる時間、誰か他の人かもしれませんが」

「今回は、同じ波長をもつ人々に演技を続けていきますので、協力してください」
そう言ってショーが始まります。

方法：明らかに、これらは心理的フォースを利用しています。しかし多くの演技者が行うような推測ゲーム的なやり方とは異なります。この演技は論理的で、「みんな同じように言うだろう」などといわれることはありません。観客はすぐに同調することに論理性を見出し、演者に反応するでしょう。

ときには、私はあえてベストの答えを選ばず、状況によって、信憑性の増す答えを選んでいます。例えば、7を多くの人が選ぶと分かっていたとしても、私はあえて3を使います。3つのものなら見つけやすく、その場に応じて答えはより理由付けしやすいものに変えられるからです。

これで、観客が統計的な結果とは異なる行動を示したときや、予想外の物を挙げられたときにも対応できるでしょう。例えば、少数の観客が青を選んだとします。これは、観客がその環境の中で影響されなかっただけで、決してあなたのマインド読み取りや予言が失敗したわけではない、と演出します。

また、一連の「環境による影響」はショーの前説的に、あなたに対して応答させ、観客を静かにさせる効果もあります。ショーの前に観客は普通、彼ら同

士で、これからの技のことや好きなことなどを話し合っています。これはロス・ジョンソンが最初に指摘してくれたことです。

　この心理フォースは、これらの選択を行ったのは、あなた方が同調しつつあるからだと伝えることで、観客同士を協力させ、反応を良くする効果もあり、観客が、考えを同一方向に向けて率直に反応する効果をもたらします。これがこのマジックの非常に重要な点です。

コメント：ずいぶん前になりますが、観客から協力者を選ぶときに、ただ単にお願いするだけではないほうが良いことを学びました。観客が熱心にショーに参加するように仕向け、彼らが楽しい時間を過ごし、あなたのほうを見るように仕向けるには、集中力を喚起する必要があります。

　この章の心理フォースは30年近くの間、私が実際にショーの中で演じているもので、台詞もそのまま使っています。そして、ショーの中で重要な役割を果たしています。1つの現象として働くだけでなく、観客に、彼らが今どのような環境にいるかを意識させる効果もあります。

●**心理的フォース**
現象1：観客に、集団テレパシーの実験に参加したことがあるかと尋ねます。
　　（説明の中では、1人の観客に訪ねた形になっていますが、大勢の人間に聞く形にもできます）

　演者は、2つ折りにされた白、赤、青、黄色の紙片が混ざり合って沢山入っている大きな透明なビニール製の袋を持ち出します。白い紙には色の名前、赤い紙には番号、青い紙には花の名前、黄色い紙には動物の名前が書かれていることを説明します。何枚かの紙片を実際に取り出して開け、言ったことが本当であると証明します。

　この透明な袋の中から女性に色の異なる紙片を1枚ずつ選んでもらい、それぞれの紙片に書かれている内容を、観客全体に向かって強く投映してもらうように頼みます。そして、「まず白い紙を開いてそこに書いてある内容を読んでください。そして私が"今です！"と言ったら、その内容を観客全体に向けて力強く投映してください」と言います。

観客に対しては、「皆さんは心をクリアにして、彼女の思いを受け取りやすくしてください。最初に彼女が送るのは、色です。心をクリアにして、青や黄色といった、単純な色のイメージが送られます。……今です！　それを忘れないようにしてください」

　「では次に赤い紙を開いて読んでください。そしてその映像を観客に送る準備をしてください」

　ここでもう一度、観客に対して「心をクリアにしてください。今から彼女が3や、5のような1桁の番号を送ります。……今です！」

　次に青の紙片を女性に読んでもらって投映を行い、観客にはその花のイメージを受け取る準備をしてもらいます。「例えばカーネーションとか菊などです……。今です！」

　最後に黄色の紙片を開いて読んでもらい、そこに書いてある動物を観客に投映してもらいます。

　そして観客に向かって「動物園をイメージして、そこにいる野生の動物たちを思い浮かべてください。……ライオンとか象などです。……今です！」

　演者は投映者の女性に向かって、「すばらしく上手に映像を送れたようですね。……実は私自身、あなたが何を投映したかは分からないのですが、どんな結果になるのか楽しみです」

　「まず、あなたが初めに投映した色は何色ですか？」女性は「赤です」と答えます。

　あなたは観客のほうを向き、「赤を受け取った人はどれだけ居ますか？」ほとんどの観客が手を挙げています。「皆さんすばらしいですね！」

　「どの番号を送りましたか？」

　「7です」

「7を受け取った方は？　……すばらしい！」

「何の花を送りましたか？」

「薔薇です」

「本当に？　そうですか……何名の方が薔薇を受け取りましたか？　……非常にすばらしい！」

「そして最後に、あなたが送った動物は何でしたか？」

「トラです」

「それは難しいですね……、何名の方がトラのイメージを受け取りましたか？　信じられない！すばらしい！」

方法：読者の皆さんには、もしかしたら、私が説明しようとしていることが既に予想できているかもしれません。しかし、私は、多くのマジシャンたちが弄んでいるこの古い心理フォースの新しい表現方法の利点を見つけてほしいと思っています。

　この演技の中では、紙片を選ぶところから、演者の操作の余地をより減らしています。心理フォースを行うとき、私はいつも、知的な観客のほとんどが過程を理解していると感じていました。演者が選択肢を提示すると、観客のほうで何が答えかを推測する、と言う状況です。実際、読者の多くも同じものを思い浮かべたでしょう。

　私の手順では、演者が選択に全くかかわっていないように演じ、異論を最小限に抑えています。

　加えて、条件に制限を加える古典的な方法（「青や黄色のような……」）を、観客から疑われにくい形で行っています。

　観客が紙片を選ぶときには、透明なフォーシング・バッグを使用しています。

このバッグは2つに仕切られていて、一方の空間に入っている紙片には全て同じ内容が書いてありもう一方の空間には異なる内容が書いてある紙片が入っています。そして、異なる分野の質問に異なる色の紙片を使用することで選びやすくしています。

　もちろん心理フォースはあなたの好きな方法を使用して良いでしょう。ショーの前にフォースしておくとか、他にもネイル・ライターなど様々な方法があります。

　一度お気に入りの方法を学べば、演技は簡単になるでしょう。また、この方法は普段のマジックの演技だけでなく、ビジネス・セミナーなどでも利用できるでしょう。個人でも、グループに対してでも、あなたは簡単にその超能力の証明を行うことができます。

　次に、古典的なフォースの代わりにトランプを使用したバリエーションを説明します。異なる現象のように見えますが、同様のコンセプトが使用されています。

現象2：1組のカードを取り出し、よく混ぜてからデックに輪ゴムをかけます。そして、2人の観客にそれぞれデックの好きなところでカードをピーク（のぞき見）してもらいます。つまり2人だけが選ばれたカードを知っている状況です。

　「これからこのお2人に、まず、選んだカードの色を投影してもらいますが、皆さんは、心を開いて待っていてください。私が、合図するまでは、考えないようお願いします」

　「私が3つ数え、"今です" と言ったら、カードを選んだお2人は、選んだカードの色を思い浮かべてください。他の皆さんは頭を澄まして、最初に浮かんできた色を記憶してください」

　「1、2、3、今です！」

　「何人の方が赤を受け取りましたか？　そして黒は？　ほとんどの方が赤、

少数の方が黒を受け取ったようですね。あなたからは特に強い力を感じます（思いを投映した１人を示して）あなたは赤のカードのイメージをお持ちですか？」

「はい」

「そして、黒を受け取った方も何人かいます。弱いですが、黒のイメージを感じます（もう１人の人を指し）。あなたがそうでしょう？」

「はい」

「次にイメージするときは、もっと強く思ってください」

「最初にしては上できです。次のステップに進みましょう。絵のカード（J、Q、K）か、数のカード（A〜10）、自分の選んだカードを思い浮かべてください。他の皆さんは先ほどと同じように心を澄まして私が、"今です"と言ってから浮かんできた最初の映像を覚えていてください」

「１、２、３、今です！」

「どれだけの方が数のカードの映像を受け取りましたか？　多くの方が受け取っているようですね、興味深いです。絵のカードを受け取った方は？　少数いますね。あなたは、数のカードの映像を送りましたね？」

「はい」

「そしてあなたは絵のカードですね？」

「はい」

「すばらしい。さらに次のステップに進みましょう。あなたは黒い数のカードを思っていますね？　私が３つ数えたら、あなたのカードの数値を強く思ってください。そのとき他の方々は心を澄まして、最初に心に浮かんでくる数、A〜10の間の数を忘れないようにしてください」

「1、2、3、今です！」

「今、どれだけの人が黒の7を受け取りましたか？ あなたはそのカードを思い浮かべましたよね？」

多くの人が手を上げ、カードを思った人はそれが正しいと知っています。

「そして、あなたは、赤い絵のカードを思っていますね。私が3つ数えたら、ジャック、クイーン、キングの何れかの絵になると思いますが、あなたのカードの絵をできる限り強く思ってください。他の方々は心を開いて、最初に心に浮かんでくる絵柄を忘れないようにしてください」

「1、2、3、今です！」

「どれだけの方が赤いクイーンを思い浮かべましたか？ あなたはそのカードを思い浮かべましたよね？」

再び、多くの人が手を挙げて、それが正しいと分かります。

「すばらしい！ それでは最後に、お2人には憶えたカード全体を思い浮かべてもらいましょう」

「1、2、3、今です！」

「私はハートのクイーンとクラブの7を思い浮かべました。皆さんはどうでしたか？ 同じでしたら手を挙げてください」（ほとんどの方は手をあげるでしょう）

「ハートのクイーンとクラブの7で正解でしたか？」

「はい！」

「すばらしいです！多くの方が映像を受け取ることに成功しました。お手伝いをしてくれた2人の方と、あなた方自身に大きな拍手を送ってください」

拍手が終わったあとにあなたはこう続けます。「あなた方は、直感が特別優れているようです。今行ったことよりも難しいことに挑戦してみませんか？」

　演者はデックを取り上げます。心の中で1枚のカードを選び、そして、その映像を観客全体に送ると説明します。

　「しかし、私がそれを行う前に、誰が今日の私と同じ波長を持っているか、見てみたいと思います。皆さん心を澄ましてください。そして私が"今です"と言うまでは心の中でカードを決めないでください。私が合図したら、皆さんにはカードを思い浮かべてもらいますが、Aや7やクイーンと言った、分かりやすいカードは避けてください。それらは先ほども選ばれました。それら以外のカードで私のカードを推測するわけではなく、あなたの心に浮かんできたカードをキャッチしてください」

　「1、2、3、今です！」

　「何名の方が黒の2、例えばスペードの2を受け取りましたか？　何名か居ますね、すばらしい！予想していたよりも多いです」

　演者はスペードの2のイメージを受け取った観客に立ってもらいます。そして、今からカードを1枚ずつ配っていくので、好きなところでストップと言ってもらうように説明します。

　「実際には、私の方からあなたに、ストップと言うべきタイミングのイメージを送ります」

　輪ゴムをデックから取りはずし、カードを1枚ずつ配り始めます。観客がストップと言ったところで、

　「私が送ったカードが何だったか覚えていますか？」と観客に訊くと、スペードの2と答えが返ってくるでしょう。そこで、ゆっくりとカードを表にすると、そのカードがスペードの2です。

　拍手が鳴りやんだあとでこう聞きます。「この場所でストップということを、

どれだけの人が受け取りましたか？　皆さん素晴らしいですね！あなた方自身にも拍手をしてあげてください！」

方法：このマジックは、私のサイ・デックを使用した方法です。私がデザインしたこのデックは、心理フォースのときに非常にうまく働いてくれます。

　イメージを投映する２人の観客のカード、ハートのクイーンとクラブの７はフォースによって選ばれています（スペードの７でも良いが、私のサイ・デックではクラブの７を使っています）。もちろん、演技の中で選ばれる３枚のカードをフォースする方法は色々ありえますので、特定のフォースにこだわらずに、お好みのフォースを使ってください。ただし、全体の流れを崩さないよう、気をつけます。

　前述の演技の流れでは、最初にカードの色のイメージを投映してもらいます。このときの反応は大きく分けて３つあります。

　１．観客が黒と赤、半々で受け取る場合。このとき演者は、黒と赤のカードが１枚ずつ選ばれたと解釈したという演技で「赤と黒、両方の色を感じます。あなたは黒、あなたは赤のカードを投映しましたね。合っていますか？」

　２．ほとんどの観客が赤を受け取っている場合。演者は、間違いなく１枚は赤いカードだが、もう１枚の方は、黒いカードのようで、投映する力が弱かったという「強い赤のイメージを受け取りました。あなたからそれを感じます。そうですね？　そして弱いですが黒のイメージをあなたから感じます。合っていますか？　次からはもっと強く投映してください」

　３．ほとんどの観客が黒を受け取った場合。演者は、最低でも１枚の黒いカードが存在し、赤い受信者の集中力が弱く赤が受け取りにくかったという解釈で、「あなたから黒いイメージを強く感じます。そうですね？　そして弱い赤いイメージをあなたから感じます。合っていますか？　次からもっと強く投映してください」

　演者は次の段階に向かいます。

カードが絵か、数かを投映してもらいます。先ほどと同じように、観客の反応は３つのパターンです。

１．観客が絵と数、半々で受け取った場合。演者は、絵のカードと数のカードが１枚ずつ投映されたという解釈で、「絵と数の両方を受け取ったようです。あなたは絵のカード、あなたは数のカードを投映しましたね？」

２．観客の多くが数のカードを受け取った場合。間違いなく１枚は数のカードです。投映力が弱かったのですが、絵札もあるようだという解釈で、「あなたは数のカードをイメージしましたね？　はっきりと受け取りましたよ。そしてあなたは絵のカードですね？　合っていますか？」

３．観客の多くが絵のカードを受け取った場合。演者、間違いなく１枚は絵のカードで、多分、数のカードの投映が弱かったという解釈で、「絵のカードをあなたから強く感じます。合っていますか？　また、あなたは数のカードをイメージしましたね？　次はさらに強くイメージしてください」

　次に、カードの数値を投映してもらいます。観客に、A～10の間のどの数を思ったかを聞くと、大抵の場合、答えは７です。次に、ジャック、クイーン、キングのうちどれかと訊けば、大抵は、クイーンです。

　そこで演者は、１枚のカードが、黒の７、もう１枚が赤いクイーンだと受け取ります。ここは印象的な箇所となります。

　演者はステージの中央に来て、クラブの７とハートのクイーンのイメージを受け取った人がいますか？　と訊きます。ここで最初の演技が終わります。

　最後にスペードの２をフォースします。またはサイ・デックを利用してクラブの２をフォースしても良いでしょう。

　ここで行われる心理フォースは、159頁の「心理的なカードのフォース」のマイナー・バージョンです。慎重に言葉を選ぶ必要があります。また黒の２が選ばれる可能性は通常、とても低いことが分かるでしょう。

ここでもいくつかの可能性が存在します。

１．多くの人が黒の２を受け取っている場合……一番良いパターンです。演者は観客に、スペードの２のイメージを受け取った人がいるかを尋ねます。最低でも１人はいるでしょう。その観客に立ってもらい、現象のところで書いたとおり、カードを配りながら、ストップと言ってもらいます。このとき、あなたのイメージを多くの人が受け取っているので、プラスアルファの演技を加えて、盛り上げても良いでしょう。あなたがストップと言ったタイミングを、多くの観客が受け取っている、という演出です。

２．少数の観客が黒の２を受け取っている場合。これが一番多いケースでしょう。この場合、観客の１人に立ってもらい、あなたがどのようにスペードの２のイメージを送ったか説明します。そして、その観客とあなたが同じ波長を持っていると説明します。

３．だれも黒の２を受け取っていなかった場合。50人以上の人に演じている場合は、このケースはほとんど起こりません。だがもし起きてしまった場合、あなたは一番近くの人に、イメージの投映がいかに難しいかを証明する題材として行ったと説明します。

　私としてはサイ・デックを使うのが好きですが、そこは演技の重要な部分ではありません。３枚のカードを選ぶのには、どんなフォースを使っても良いです。その方法に合ったプレゼンテーションを設定すればよいでしょう。

コメント：心理的フォースは観客全体を巻き込むのにすばらしい効果を発揮します。オープニングでは、こういった演技が良いと思います。

　私は、このフォースを伝えられてうれしく思います。この言葉の使い方によって、観客は超能力を感じることができます。ぜひ演じて、その実践性と、面白さを感じてほしいです。

●緊急時のメンタリズム
現象：この現象は単に演技と言うだけでなく、演技者のレベルに応じては応用の効くものであり、また簡単に演じられます。さらに、全く準備がなくとも、

数分で演技の準備ができます。誇張しているかどうかは読んでみて判断してください。

演技の前に、観客に、名刺、もしくは名刺サイズの白い紙片を渡します。彼らには、イニシャルと、それと一緒に簡単な絵や、質問、1～1000の間の好きな数、好きな料理、などなんでも演技者のスタイルに合わせた内容を書いてもらいます。それから誰かに手伝ってもらい、その紙片を集めて、よく混ぜてもらいます。そして、別の信頼できる誰かにその紙片をしっかり保管してもらいます。

演技が始めるときがきたら、紙片の束をステージに持ってきてもらってテーブルの上に置いてもらいます。

以下の現象は、いろいろな例です。

手伝いを頼んだ観客に、紙片の束の一番上の紙片を取ってもらい、その紙片に書いてあるイニシャルを読み上げてもらい、その人物（例えば女性）に立ってもらいます。彼女に本を手渡して、その紙片に書いてある番号の頁を開いてもらいます。演者は彼女の心を読み、本の頁にあるその内容を読み取ります。

もしくは演者が紙片の束から紙片を1枚抜き出し、その内容を読んだあとに、観客の中に入っていって、それを書いた人を当てます。

または、観客の1人に封筒を渡し、その人に紙片の束から3枚を選んでもらいます。その3枚の紙片に書かれている数の合計が、封筒の中に入っている紙に予言されています。

または、観客に、自分の紙片に書いた絵のイメージを思い浮かべ、集中してもらいます。演者はその絵を描いて見せます。

または、古典的なQ&Aの演技を行うこともできます。

方法：このマジックは、技術的には非常に簡単ですが、演技の手腕が必要になります。

必要なのは、名刺の束、又は白い紙片の束、あるいはその類のカードの束。

ハサミかカッターを使って、次のようなストリッパー・デックを作ります。まず、10枚位の紙片を図1の左側で示したように、長いほうの縁をほんの少し切断します。

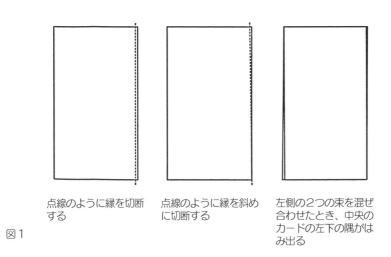

点線のように縁を切断する　点線のように縁を斜めに切断する　左側の2つの束を混ぜ合わせたとき、中央のカードの左下の隅がはみ出る

図1

次に、別の10枚位の紙片の長いほうの縁を、図1中央のように斜めに切断します。こうすることでシャッフルの最中にストリッパー・デックのように特定のカードを抜き出すことができるようになります。そして、斜めに切ったカード群をトップに持ってきて、見せかけのテレパシーのときのようにペンシル・ドットか爪で傷をつけて、秘密の印しを付けておきます。

演技の前に、観客に紙片を渡すとき、印しのある紙片を観客に渡しますが、誰に渡したかを覚えておきます。紙片が集められ、戻されたあとに、紙片を混ぜているように見せかけて、それらの紙片を抜き出してトップに移動させ、それらの紙片をパームして隠し持ちます。

演技が始まる直前で（洗面所に行ったりして）、パームしている紙片を見て、どの情報を利用するか考えておきます。

例えば、3枚目の紙片に子犬の絵が書いてあった場合、誰がこの紙片の持ち主か、秘密の印しで分かりますから、あとで絵の透視の演技に利用できるでしょう。

　演技の開始前に、何らかの方法でカードを元の束に戻しておきます。

　もっと慎重に事を運びたいなら、印しのあるストリップ・カードを束のトップに置いておき、それらをお手伝いの人に渡して、配ってもらっても良いでしょう。それが誰に渡ったかを覚えておきます。

コメント：この演技は簡単に準備でき、実用的で、不思議な印象を与えられます。自分としては非常に満足しています。

　私は多くのマジシャンがこの現象を発表しているのを目にしたことがありますが、多くの場合改悪されていました。幸運なことに、多くの作者がこの現象を自分の名前をつけて発表しています。彼らは努力と練習量を減らして演じられるように変更して、倫理にもとる考えの下、発表しています。あるマジシャンにいたっては、印刷済みの（名刺など）のカードを使用することを1つの新しいアイデアだとして高価なレクチャーDVDに載せて販売しています。
　しかもそのマジシャンは、私に、DVDに載せるようアドバイスされたと吹聴していたようです。彼によると、彼が一度も私に使用の許可について打診したことがないにもかかわらず。私は彼がこの現象を彼の名前で発表することをいつの間にか了解をしていたようです。

　私は、この現象を他人が発表することを許可した憶えは一度もないのですが、それでも彼は止まらなかったようです。

―― エッセイ ――
行間を読む

　私の作品に興味を持ってくれてありがとうございます。世界中の演技者が、観客の大小にかかわらず、私の作品を演じてくれることを私は本当に光栄に思います。

　私は、演技と指導も楽しみながら行い、それがまた私の創造性を刺激します。新しい現象や技術、改案、またはちょっとした方法の違いによって演技が大きく変わります。しかし、演技者が実際に演技する中で重要なことは、"現実の世界"で何が求められ、必要であるかを認識することです。

　クリエイターはしばしばその創造性と賢さゆえにビジネス全体を俯瞰する視点を忘れてしまうことがあります。大切なのは、お金を払ってくれる観客の前で起こす現象です。

　ロス・ジョンソンは優れたメンタルマジックの演技者です。ステージ上で、彼は優雅に演技を行いますが、それだけでなく彼はビジネスの面で"細かい"ことに気づく人物でもあります。以前私がトニー・アンドルジーのInvocationalsで演技をしたあと、ロスとその演技に関して会話したことがあり、そのことが私の演技をより良くしてくれました。そのとき、ステージ上で私は"過去、現在、未来"をテーマに演技しました。
　（時間の問題を過去、論理的な新聞紙の予言を未来、そして、観客の持っていたものを当てるサイコメトリー・リーディングを現在のテーマとして演じました）

　その後、ロスは時間の問題が好みだと言ってくれたので、私はその秘密を教えようかと言いました。それに対して、彼は、それはポケットに入れておけるようなものか？　と訊いてきました。私はなぜそんなことを訊いてくるのかと、

混乱したものの、そのあとすぐに、彼が私の方法をより良くしようとしていることに気づきました。彼がマジックを演じるときは、スーツの外見が崩れない限り、道具をポケットに入れて舞台に上がります。

　私はそれに気づいて衝撃を受けました。現象はその方法だけで成り立つのではなく、さまざまな要素が取り入れられて成り立つことを、彼がわかっていたためです。

　作者の視点から、あなたにいくつかアドバイスすることを許してください。これは、またもロス・ジョンソンに関する話を例にとろうと思います。

　もしあなたが新たに技術や現象を学ぶとき、もしその作者が思ったこと、その利便をすべて学びたいと思うのなら、行間を読む必要があります。しかし詳細は簡単には読み取れません。

　あるマジシャンやクリエイターは、存在する現象にちょっとしたやり方を付け加えただけで、見た目は違っていないのに、違う現象として、自分の名前で発表したりします。しかし、本来の発案者にしても、いくつものバリエーションを考えていた上で、その一部を発表しているにすぎないのです。

　あるコンベンションで、有名なマジシャンがメンタリズムのレクチャーを行っていました。そのうちの１つの現象は、スポーツの予言で、私が考案したものでした。しかし、私へ承認が打診されたことはありませんでした。彼は方法の一部を少しだけ変更したにすぎなかったし、変更と言っても、予言をサム・チップ（フィンガー・チップ）から取り出す代わりに、予言をパームしておき、封筒の後ろから（中から出した様子で）取り出すという違いに過ぎません。

　これが本当に改善と呼べるのでしょうか？

　"スポーツの予言（55頁）"を読んだ人ならだれでも、仔細を変更できる可能性があることには気づくでしょう。筆者も、思いついたバリエーションのすべてを書くわけではありません。予言の紙の取り出し方が変わったと言って、それが新しいマジックだと言えるのでしょうか。個人的に演じ方を変えたに過ぎないでしょう。

逆にいえば、ここがあなたの成長するポイントとなります。もしあなたがトリックの説明を読んだ時に、先ほど書いた、予言の取り出し方のような代替案をすぐに考えることは難しいでしょう。しかし本に書かれていない方法を自分で考え出すことが重要なのです。

　これこそ、行間を読むということです。本に書かれていない部分を読み解くことです。私は自分の本を書いたときに、方法の詳細が異なっても、最終的な現象が完成するように説明しているつもりです。

　私は、過去にこれを、身をもって学びました。自分の仕事が大きくなるにつれ、私のエゴも膨らみ、自分が人より何倍も知識があるという態度を取り始めたのですが、それは単に自分が行間を読むことを知らないだけでした。

　事件は、私がまだマジック・ショップで働いていた時に起きました。そのとき、店の中にはロス・ジョンソンを含む数名がいました。私達は最近出版された雑誌に発表されているいくつかの超能力演技の話をしていました。私はそのとき、雑誌に載っている題材全てが、種の質も、量も貧しいもので、特にその中の１つは特にひどいものだったと言ってしまったのですが、それはロス・ジョンソンの友人が考えたものでした。

　ロスは横目で私を見ながら、どこが気に入らないのかを訊ねてきました。私は正直に、本来この作品は掲載に値しないもので、雑誌の頁を埋める類のものなのではと答えました。

　それに対してロスは「行間を読むことを学びなさい」と言いました。つまり文章の中には表現されていない部分を読み取るという意味です。それから彼は、自分がどのようにその現象を理解し、利用しているのかを細かく教えてくれました。

　私自身、そのときまで自分が近視的な考え方、木を見て森を見ていなかったことを理解していませんでした。素晴らしい考えがそこにあったにもかかわらず、私にはそれが見えていませんでした。私の間違えは、最高の知恵が、すべて手の届く範囲で目に見えると思っていたことです。

素晴らしい秘密は、現象や方法ではありません。より深いところに存在します。この章では、私が学んだ知恵の１つを教えようと思いました。

　あなたには、この本の重要なところだけを取り出したり、石の表面の曲線を見るように、方法やアプローチだけを見ることは止めてください。もしあなたが、この本を単にトリックが書いてある本だと思って、方法を少し見たあとに、あなたの他のトリックと共に棚に置くつもりなら、それはやめた方がよいでしょう。考え直して、行間を読んでください。

こうなることは分かっていました

●スポーツの予言

現象：重要なスポーツのイベント(あるいは選挙)が行われる前に、あなたは大きな封筒をそのイベントの警備員に郵送して、その人物にすり替えができないように封筒にサインしてもらいます。あるいはどこか人の手の届かない場所に保管してもらってもよいでしょう。

　そしてショーの当日に、その警備員に封筒を持ってきてもらいます。彼に、その封筒が今日まで誰にも触れられなかったと確認します。

　その警備員に封筒を開けてもらい、中にある物をテーブル上に取り出してもらいます。中から2つの小さな封筒が出てきます。中には他に何もありません。大きい封筒の方は捨ててしまいます。

　彼に小さい封筒のうちの1つを開けてもらいます。そして中に入っていた予言を大きな声で読み上げてもらうと、そこには本日の試合で勝ったチームの名前が書かれています。

　大きな拍手が終わったあとに、演者は、手が空なのを見せた上でもう一方の小さい封筒を開け、中の予言を取り出し、それを警備員に手渡し、読み上げてもらいます。そこには、ホームランの数、最優秀選手、あるいはその状況にあった重要な事柄が詳細まで予言されています。

　すべての用具は特別な仕掛けなしで演じることができます。もしご希望なら、借りた紙を使ってでも演じることができます。さらに言えば、警備員が持っていた封筒に、あなたは全く近づく必要もありません。

方法：この現象を作ってから数年経ちますが、私はいまだにこの２つの予言のマジックとして非常に実践的であると信じています。

　準備として、２つの可能性のみが答えとして存在するゲームの、予言のひとつの答えを小さい封筒の１つに入れておきます。そして、もう一方の可能性の答えをもう一方の小さい封筒に入れておきます。例えば封筒の１つに「ドジャースの勝ち」もう１つに「ドジャースの負け」のメモを入れておくのです。

　演者は、どちらの封筒にどの答えが入っているのかわかるように、秘密の印しとか爪で傷をつけておきます。そして、この予言の紙は、サム・チップかフィンガー・チップに入れても問題ないサイズにします。２枚の紙は同じサイズで同じ色の物を使用して、それぞれが同じ見た目になるようにしておきます。茶色の紙に鉛筆で予言を書き、もう一方には白いペンで書いたりはしないように！

　ショーの夜、演技の前にその日の"興味深い情報"（スポーツの試合であればその日のMVP、点数、選挙であれば投票数など）を予言として紙に書いてサム・チップに入れて準備しておきます。その紙は郵送した方の予言の紙と同じサイズです。

　予言を見せるときになったら、その結果に適した方の封筒を警備員に開けてもらい、中の予言を読み上げてもらいます。そのあと、手に予言の紙を持っている警備員の代わりに、"手伝う"名目で、演者自身でもう一方の封筒を開け、中に入っている第２の予言を取り出します。このときに演者は、正しい予言が書いてある紙が入っているサム・チップを封筒の中に入れて、あたかも封筒の中からその予言の紙を取り出したかのように見せます。そして、何気ないそぶりで封筒（サム・チップを中に入れたまま）をくしゃくしゃにしてステージの脇に捨てるか、ポケットに入れるなど、状況に適した方法で、サム・チップともう一方の予言の紙を処分してしまいます。

　このマジックの中では、観客がトリックに気づかないような手順と方法を使っています。実際のところ、予言は１枚の紙で済み、それを２つに分けて書き、別々の封筒に入れておく必要はないのですが（例えば、"カブスがワールド・シリーズで勝ち、最後のゲームで放たれたホームランは合計６本"と１枚の紙に書く）、観客から見た場合、２つの封筒に２つの異なる予言が入っているこ

とに違和感はありません。小さな封筒を使うことで、その中に小さな予言の紙が入っていることにも違和感がなくなり、潜在意識的にそれが論理的だと納得します。

（念のために言っておくと、カブスがワールドシリーズで勝つと予言しないことです。ほぼ外れるでしょう）

もしあなたが、予言をより違和感なく見せたいと思うなら、いろいろなカードのスイッチ技法を応用することをすすめます。必要のない予言の入った封筒ごと、正しい予言の入った封筒と交換してもかまいません。例えば、ドン・アランのビッグ・ディールなどが利用できます。新聞を手に持って、予言されたことが事実だと証明しますが、このときに新聞の蔭でスイッチを行うのです。もし新聞が使えなくとも、他の方法は色々あると思います。

コメント：この手順は、長年に渡ってあらゆる環境で演じてきましたが、クライアントに大変評価を受けてきました。テレビで演じたこともあります。

"行間を読む"の章で述べた通り、紙をすり替えて取り出す方法については、他に優れた方法が存在すれば、それを使って良いと考えています。この、スポーツの予言は、元々は有名人の名前を使ったニュースの予言でした。これも、非常によい演出だと考えています。

●論理的な新聞記事の予言

現象：演目が終盤に近づいたとき、演者は、1人の観客に、数週間前に予言を送っておいたと言います。その観客にステージに出てきてもらい、予言を持っているか、今までそれを誰にもさわらせていないかと訊ねます。別の観客に、予言の内容の書かれた新聞のコピーを持ってきてもらうよう伝え、その観客にもステージに上がってもらいます。観客2人はサクラではないことを明確にしておきます。

演者は、イベントのある本日のニュースについて夢を見たと言います。たまにそういった夢を見ることがあり、その夢は自分ではコントロールできず、時には奇妙な内容であったことを説明します。あるいは、飛行機墜落のような、悲劇の夢だったりしたこともあります。

例えば、20年前に投函された手紙を今日受け取った男の夢等といったものもあります。そう言いながら演者は新聞を開き、そのでき事の書かれた記事を見せます。また、空き缶を集め続けている男の夢を見たと言って、そのことが書かれている記事を見せます。あるいは、ニシンの缶詰だけを食べてダイエットに成功した男の記事を見たと言って、その記事を指差します。

　演者は予言の封筒を開けます。そして、その"奇妙だが現実にあったでき事"の予言が、数週間前に既に他人に送られていた封筒の中に入っていて、それが当たっていることが示されます。

方法：これはU.F.グラントの古典を簡略化した手順です。ユーモアの要素を取り入れ、同時にこういったときにいつも観客から訊かれる質問「それが分かっていたのなら、なぜ何もしなかったのですか？」への答えにもなっています。

　このマジックの準備は非常に簡単です。まず新聞を買い、その異なる頁から、話題にできそうな記事を3つ見つけます。そして、その頁にはその記事以外に日時を示すことが書かれていないことを確認します。予言を書き、それをその会の主催者に送っておきます。そして、ショーの当日に、その日の新聞を購入し、予言に使用した新聞の頁を差し替えておきます。

　ここで、ドクター・スタンレー・ジャックスが考案した、新聞紙への疑念を晴らす方法を利用します。ショーが行われる前に、観客の1人に、「新聞を買ってきてもらったのですが、その人は帰らなくてはいけないので、替わりにこの新聞を持っていてもらえませんか？　そして、ショーの途中で合図したらそれをステージまで持ってきてください」とお願いしておきます。これで、演技の最中に持ってきてもらう新聞に仕掛けがあることを知っているのはあなた1人になります。

　もしドクター・ジャックスの考案した方法を使わずとも、堂々と新聞を取り出せば、疑念を持つ人は居ないでしょう。この、新聞記事の予言では、怪しい行動をする必要はありません。何かを秘密に交換することもないし、予言の紙も全く普通です。演出も利にかなっています。

コメント：たいていの場合、私は、この演技をスポーツの予言のあとに演じま

す。方法も演出も異なっていますが、観客は、これらの現象が関係していると感じるためです。

　私がこの現象を好む理由のひとつとして、予言の中に様々な要素を取り込むことができる点があります。私は、予言の中に奇妙な話を入れるのが好みです。予言の力はあっても、それをコントロールできず、予測できない、という演出にします。

●暗号による予言
現象：演者はイベントがある日より前に予言を紙に書いておきます。場合によっては観客の眼前で行ってもよいでしょう。それは数字の羅列で、暗号なのだと説明します。この予言は、イベントの時まで観客の目の届くところに置いておきます。

　次に演者は封のされた封筒を取り出します。ここには、暗号を解く鍵、解読表が入っていると説明します。この封筒は信頼できる観客に手渡し、演者が指示するまで開けないように、と伝えて、保管してもらいます。イベントの当日、その観客に、ステージまでその封筒を持ってきてもらい、今日までその封筒が開けられなかったことを確認します。その観客に封筒を開けてもらうと、中には暗号解読表が入っています。暗号を解読すると、今日のでき事を、ほぼ完璧な形で予言していたことがわかります。

方法：最初の予言の紙には、数字の羅列を書きますが、その数字が正確であるかどうかは重要ではありません。なぜなら後ほど、その暗号解読表を作ってすり替えてしまうためです。大体１０～２０個の番号をその紙に書きます。ニュースの記事や、スポーツの結果など。その番号と、暗号の回答は、同じ文字数にします。また、単語が極めて限られてしまうのを避けるために、同じ番号を２つ連続では使用しないようにします。もしあなたが希望するなら、暗号の回答の入った封筒に、"あなたがこの封筒を開けることを知っていました"と書いて入れておいても良いでしょう。

　ショーの時に、用意した暗号を解く鍵をサム・チップかフィンガー・チップに隠しておきます。または、「新聞記事の予言」で使用したカード・スイッチの方法も利用できます。今回のケースでは、演者が予言の紙そのものには触ること

はありません。公明正大に予言の数字に観客の視線が集中することを利用して、暗号解読表をする替えしてしまいます。

　図1に暗号の例を記しておきます。この暗号で例えば脱線事故の予言をする場合を例にすると、暗号には、同じ番号が2つ続くことなく、12個の番号が羅列しています。そこで、Train（電車）は5文字で、Derailed（脱線）とすると、8文字になり、これでは合計13文字になってしまうため、予言の回答には使えません。この場合であればTragedy（惨事）7文字が適当でしょう。つまり、"Train Tragedy"で12文字とするのがこの場合の回答として適当ということになります。

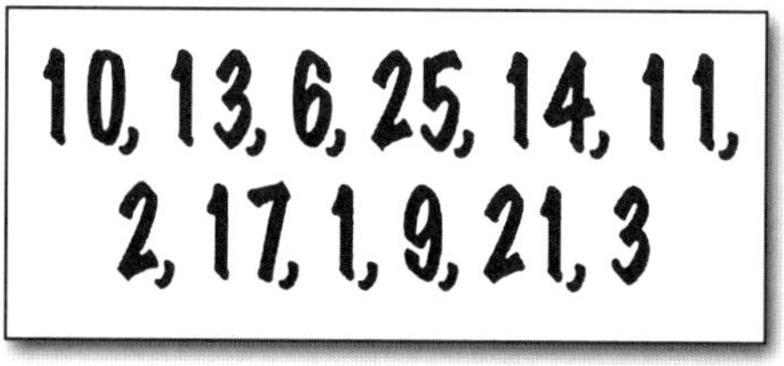

```
10, 13, 6, 25, 14, 11,
2, 17, 1, 9, 21, 3
```

図1

　暗号解読表の作り方は、まず、紙に1から50の番号を書いておきます。そこに、アルファベットを1つずつ当てはめていきますが、数字が50ということで、1つのアルファベットを複数の番号に当てはめることができます。場合によっては1から100の番号を使用してもよいでしょう。

　そしてその番号表に予言の番号にあったアルファベットを当て暗号の解読表を作るのです。今回の例では、次のようになります。

　10＝T、13＝R、6＝A、25＝I、14＝N、11＝T、2＝R、17＝A、1＝G、9＝E、21＝D、3＝Y

　まずこれを数字の表に当てはめてから、残りの番号にランダムにアルファベットを当てはめるのです（図2）。こうして事前に暗号の解読表を準備し、それをサム・チップの中に隠しておきます。

　これで、未来を予言する準備ができました。あとは適当なタイミングで、解

1 = G	18 = F	35 = J
2 = R	19 = Y	36 = C
3 = Y	20 = U	37 = C
4 = C	21 = D	38 = V
5 = H	22 = Q	39 = O
6 = A	23 = V	40 = W
7 = Z	24 = L	41 = N
8 = X	25 = I	42 = P
9 = E	26 = B	43 = K
10 = T	27 = K	44 = Z
11 = T	28 = G	45 = H
12 = P	29 = X	46 = M
13 = R	30 = K	47 = U
14 = N	31 = L	48 = Q
15 = M	32 = O	49 = L
16 = F	33 = N	50 = B
17 = A	34 = P	

図2

読表をすり替えて取り出すだけです。

　この手順は論理的で無理がないと私は考えています。あなたも同様に感じてくれれば嬉しいと思います。

コメント：アル・コーランの最も優れたアイデアのひとつに、コード・ブックがあります。これは、予言を暗号で書いておき、後ほど暗号を解読するとそれがあっていたことがわかるというものです。これの利点は、予言を公衆の面前で作成できることです。私の"暗号の予言"は、このコーランの古典の、本を使うという部分をより準備しやすく、手間を減らすよう改案したものです。そしてまた、本はきれいに印刷されていますが、その分怪しいと思われる危険もあるでしょう。

　観客の目の前で予言を作成するというのは、新聞記事の予言に似ている部分もあり、そのユニークさは人の注意を引くでしょう。技術的な部分での負担が少ないので、あなたは演出に力をいれることができます。

●追加の予言

現象：観客の１人が選ばれ、その人にステージに上がってもらいます。演者は予言を書くと言って、ポケットからメモ帳を取り出します。

　演者は少しの間観客を観察したあと、なにかをメモ帳に書き、それを破り取って２つに折ってから観客に手渡し、封筒に入れてのり付けしてもらいます。

　演者はメモ帳を片付け、今度は財布を取り出します。さらにその財布の中から小さな封筒を取り出します。この中には、演技の前に書いた予言が入っていると説明します。

　そしてその封筒を観客が持っている封筒と交換します。つまり、観客が以前書かれた予言を持ち、演者は今書かれたばかりの予言を持ちます。

　演者はここで１から１００のうちの数字をひとつ、この封筒に書きます。
　それから、ステージに上がってもらった観客に、客席にいる何人かの観客をランダムに選んでもらいます。そして、選ばれた人、１人１人に１～１００の範囲から好きな数字を言ってもらいます。

　ステージ上の観客が順に観客を選び、彼らがそれぞれ番号を選びます。こうして４人続いたとします。しかし、演者は、選択を続けさせます。そして５番目に金髪の女性が選ばれ、その女性が"４３"を選んだときに、演者は興奮した様子を見せます。そしてステージ上の観客に、持っている封筒に書いてある番号を読んでもらうと、それが４３だったことがわかります。

　さらにその金髪の女性にステージに上がってきてもらいます。彼女の外見が他の観客に見えるようになった状態で、あなたは自分の持っている封筒を彼女に手渡し、中の予言を読んでもらうと、そこには"最初に予言の番号を選ぶのは金髪の女性である"と書いてあります。演者は勝ち誇ったような笑みを浮かべ、それから、この演技の前に書いておいた予言が当っていればますます嬉しいと言います。

　一旦、間を置いたあと、演者は、最初にステージに上がってもらった観客に、手に持っている封筒を開け、中の予言を読んでもらいます。そこには、例えば"男性、茶色の髪、ＦＳ"と書いてあります。もちろんそれを読んだ観客は男性

で、茶色の髪で、名前はフランクリン・スミス（頭文字がFS）です。

方法：このマジックはワン・アヘッドの原理を使用しつつ、それを発展させています。

またアラン・シャクストンのConfabulation walletを基にしています。この説明はこの本の目的に外れているので行いませんが、よい道具です。

メモ帳の1枚目には、多くの人に当てはまる外見の特徴（例の場合は、金髪、女性）を書いておきます。予言の数は、後ほど封筒に書くので（予言に書かれた外見に当てはまる観客が選ばれ、番号を言ったときにネイル・ライターで記入します）、ここでは予言の数は重要ではありません。

最初に選ばれた観客にステージに上がってもらった時に、その人物を紹介するために名前を聞いておきます。そして、メモ帳に予言を書き込むふりをしますが、そのとき、今聞いた観客の名前と特徴を、先端を接着剤で留めた鉛筆（あるいは、インクを使いきったペンを使用してもいいでしょう）を使って書きます（図1）。その内容は封筒の中のカーボン紙を通して、封筒の中の紙に転写さ

図1

れるのです。あなたはメモ帳の1枚目を切り取り、2つ折りにして観客に手渡します。観客はそれを封筒に入れて封をします。

演者はメモ帳を片付け、封筒を取り出し、この封筒にはショーの前に書いた予言が入っていると説明します（註：原文には明確に書いてありませんが、この、カーボン紙付き封筒はメモ帳の2枚目に最初からセットしておき、メモ帳を片づけるときに封筒だけ取り出すものと思われます）。

演者と観客は手に持っている封筒を交換し、あとはその時機が来たときに言われた数字をネイル・ライターで書き込めば良いのです。

他の方法としては、2つの封筒を持っておく方法もあります。まず最初の予言を書き、それを1つ目の封筒に入れ、観客に手渡します。あなたの手もとには封のされたもう1つの封筒が残っています。ここには、はじめに選ばれた観客の外見が記されています。それを2人目の観客に手渡します。

　実際は、フラップレス・チェンジを行います（註：フラップレス・チェンジは、"3つの方法の予言（72頁）"の項目に説明があります）。2つの封筒のうち、"最初に開ける"予言が入った封筒を下側に置いておきます。こうすればステージに上がった1人目の観客について、より詳細な予言の内容を書くこともできます。また、"書けないペン"の準備も必要ありません。1人目の観客の外見についての予言を上の封筒に入れ、封筒を渡すときに、最初から準備してある下側の封筒と密かに交換して渡します。その封筒にはあとで予言の番号も書きます。

　もちろん、この演技には様々なバリエーションを考え、アイデアを加えることができるでしょう。演技のスタイルに合わせて変更して問題ありません。

　また、ネイル・ライターの替わりに、様々なフォースの方法を応用することもできますが、私は、ここに書いた方法が自然だと考えています。

コメント：この現象は直接的で、オープニングとして相応しい、素晴らしい現象だと考えています。この現象に限らず、この本で説明している技法は、その場で最適なものを採用していると思っていますが、方法そのものよりも、どのようなアプローチを行い、どう表現しているのかを見てください。

　ワン・アヘッドの原理は過剰に使用され、世間一般にも有名になってしまっていますが、それでもトリックを隠すには良い方法です。

●表と裏
現象：演者は観客に、あなた方のポケットの中にあるもので予言をしてみようと言って、観客には見せずに紙になにかを書いているときに、観客の1人には、ポケットの中にある小銭をテーブル上に出してもらいます。

　演者は出された小銭の近くに予言の紙を置きます。その紙には、小銭と、その持ち主に関することが書いてあると言います。観客に、手をお碗のようにして

小銭を全て持って貰い、手をよく振って、コインを混ぜてもらいます。それからテーブル上にその小銭を全て落として、表になったコインをテーブルの端に寄せてもらいます。それが終わったら、観客に、裏向きのコインを全て手に持って、先ほどのように手の中で振ってからまたテーブルに落としてもらいます。そして表向きになったコインは先ほど分けた表向きのコインの所に移動させます。それを何度も繰り返し、最後に裏向きのコインが1枚残るまで続けます。最後に残ったコインの、表を観客に見てもらい、そこに書いてある製造年を大きい声で発表してもらいます。それを聞いた演者は満足そうな表情を浮かべます。

　そのあと、観客にコインを全てまとめてもらい、また先ほどと同じようにコインを手に持ち、振ってから、テーブルに落としてもらいますが、今度は裏向きのコインを横に分けてもらい、残った表向きのコインをもう一度手に持って振ってもらいます。そしてそれをテーブルに落として、裏向きのコインを横に分けて、を繰り返し、最後に表向きのコインが1枚残ったら、その製造年を先ほどと同じように、大きな声で発表してもらいます。全ての観客に、コインの製造年が発表されたことになります。

　それから、ステージ上の観客に、予言を読んでもらうと、最後に残った裏向きと表向きのコインの種類と製造年が全て予言されていたことがわかります。

方法：両面が同じ表で、同じ製造年のコイン、これがこのマジックに必要な道具の全てです。観客にコインを出してもらうときに、もしその観客があまり小銭をたくさん持っていない場合は、他の、小銭を多く持っている観客を選ぶ必要があります。

　最初にコインを振って、混ぜてもらうときに、演者は最初の予言を書きますが、そこには"最後に残る表向きのコインは、××××（両面表のコインの種類を書く）であり、その製造年は〇〇〇〇年（両面表のコインの製造年を書く）です"と準備した両面表のコインの情報を書きます。その予言の紙は観客の見えるところに裏向きで置きます。これで、密かに紙を交換できないと証明することとなります。それから、観客に最初のコインの選別を行ってもらいます。そして、観客に最後に残った裏向きのコインを表にして、そこに書いてある日付を大きい声で読んでもらいます。あなたはそれを聞いて満足そうに笑顔を浮かべたあと、表向きの、分けられたコインを観客の方に押し出すが、このとき

に両面表のコインを密かに加えます。

　観客に、もう１回コインの選別を行ってもらいますが、このときに２つ目の予言を書きますが、１回目で選択した裏向きのコインの選別の結果を次のように書きます。"最後に裏向きになったコインは××××（先ほど観客が読み上げたコインの種類を書く）で、製造年は○○○○年（先ほど読み上げたた年を書く）です。"と書きます。古い、ワン・アヘッドの方法に感謝したいところです！最後に残る表向きのコインは、必ず、あなたが密かに加えた両面表のコインになります。

　そのあと、予言の内容が読まれているときに、あなたはコインを集めて持ち主に返しますが、そのとき、密かに両面表のコインを回収します。

　この演技では、最後に残った１枚の裏向きのコインの製造年が読み上げられるときが、もっとも興味深い瞬間だと考えています。そのとき「最後に残った裏向きのコインを取り上げて、表にしてその製造年を読んでください」と言われて、観客がコインをひっくり返すことで、次の手順で両面表のコインが最後に残ったときに、観客はこれも当然裏の有る普通のコインだと思い込むことになります。

コメント：この演技はほぼあらゆる環境の中で演じることができます。道具も一般的で、違和感を引き起こすことはないでしょう。

　両面が同じ表のコインの使い方を紹介したもっとも古い文献は、マルセロ・トルージ（Marcello Truzzi）によって書かれたものですが、作者はサーカスの名もない演技者だと記録されています。

　このマジックを演技するとき、最初にマジシャンズ・チョイスを利用しても良いでしょう。すなわち、観客にコインの表か裏を選んで貰い、もし表と言われたら、コインの選択の時に観客には表向きのコインを取り除いて貰い、もし裏と言われたら、裏向きのコインを残すように指示して、表向きのコインを取り除いてもらうようにします。

●良く振って

現象:観客の中から完全に自由に1人の人を選び、その人に、手に一杯のコインを持ってステージに来てもらいます。その人がコインを持っていなければ、他の観客に借りてもらいます。

　演者は、テーブルに置いてある封筒と2枚のカードを使って、実験をしてみようと言います。

　ステージに来た観客に持っているコインを両手の中でよく振ってもらいます。演者はこれから予言を行うと言って、カードに何かを書き込みます。そして、予言の面が内向きになるように、そのカードをテント状に半分に折り曲げます。

　演者は観客に、手の中の小銭を全てテーブルに落としてもらい、表向きのコインだけをテーブルの端の方に押し出してもらいます。残りの裏向きのコインを再び持ってもらい、手の中で振り混ぜてから、コインをテーブルに落とし、また表向きのコインだけを端の方に除けます。これを繰り返して、最後に1枚の裏向きのコインを残します。そして、最後に残ったそのコインの種類と製造年を大きな声で発表してもらいます。例えば、5セント硬貨で、1990年の製造だとします。

　演者はテーブルの端に寄せてあったコイン全てを観客の方に押し戻し、観客には再びコインを持ってよく振り混ぜてもらいます。そして演者は2回目の予言を2枚目のカードに書き、先ほどと同様に予言を書いた面を内側にしてテント状に2つ折りにします。

　観客に、手の中のコインをテーブル上に落としてもらい、今度は裏向きになったコインだけを横に除けてもらいます。そして表向きで残ったコインを再び手に持ち、振り混ぜてテーブルに落とし、裏向きのコインだけを除けることを繰り返して、最後に表向きのコイン1枚を残します。

　観客にそのコインの種類と、製造年を発表してもらいます。例えば1セント硬貨で、製造年は1989年だったとしましょう。

今まで行ったことを繰り返し説明し、公明正大だったことを改めて強調します。そして予言のカードを取り上げ、観客に手渡してから、あなたは裏向きのニッケルコイン（5セント硬貨）が1990年製造だったと言います。

　それから、予言を観客に読んでもらうと、「最後に残る裏向きのコインは、1990年製造の5セント」と書いてあります。次に、演者は最後に残った表向きのコインが1989年製造のペニー（1セント硬貨）だったと言います。そして予言を読んでもらうと、「最後に残る表向きのコインは1989年製造の1セント」と書いてあります。

　観客は、予言が当たっていたことに感銘を受けるでしょう。しかし、演者は観客の感動を一旦止めます。皆さんの中には、この実験の結果が意図的に操作されたと思っている方もいるかもしれませんが、しかしこの結果は、選ばれた人が全く自由に行った作業の結果なのです。と説明してから、演技の最初から観客の前に置かれていた封筒を示し、中に入っていた予言を読んでもらいます。そこには、この実験のために自由に選ばれた人の名前が書いてあります！

方法：前項の演技と同様に、この"よく振り混ぜて"の演技も、説明を読むと長くて難解に見えますが、実際の演技はスムーズで、難しくはありません。前項の"追加の予言（62頁）"と"表と裏（64頁）"の説明を読んだあとであればより理解しやすいでしょう。

　2つのメインとなる部分を、段階を追って説明しましょう。最初は、良く振り混ぜたコインの予言です。この演技は"表か裏か"と同じで両面が同じ表で、製造年も同じコインが必要で（この説明の中では、1989年製造の1セント硬貨が両面表のコインです）。

　両手に一杯の小銭を観客に持ってきてもらい、それを振り混ぜてもらいます。そして、演者は「最後に残った表向きのコインは、1989年製造の1セント硬貨」と準備した両面表のコインの情報を書きます。この予言の紙を半分に折ってテーブルに置きます。観客には、手にあるコインをテーブルに落として、表向きのコインを横に分けてもらいますが、このとき、あなたは観客を手伝うふりをして両面表のコインを密かに横に分けたコインに加えてしまいます。このときには技法は必要ありません。観客の注意は他に向いているので、気づかれ

ることは無いでしょう。

　観客にコインを振り混ぜてから落として、表向きのコインを横に分けるという作業を繰り返してもらい、最後に１枚の裏向きのコインを残します。観客に、そのコインの製造年を読んでもらいます。

　あなたは笑みを浮かべ、全てのコインを観客に取り上げてもらいます。そして２回目の予言を行うと言います。

　２回目の予言は、１回目で最後に残った裏向きのコインの情報を書きます。そうです、古いワン・アヘッドの原理を利用するのです。そこで予言には「最後に残った裏向きのコインは１９９０年製の５セント硬貨」と先ほど明らかになった情報を書きます。そして予言のカードを折り曲げ、最初の予言のカードの上に被せます。これで技術面の仕事は終わりました。

　最後に残る表向きのコインは必ず両面表のコインとなり、予言は当たります。

　私は、予言を書くカードとして両面空白のカードを使用しています。最初の予言を書いたあとに、カードをテントのように半分に折り、テーブルに置きます。２回目の予言でも同様に折って、最初の予言の上に置きます（図１）。こうすることで、このあとそれを取り上げて左右２つに分ける動作はとても自然に見えます。その上、観客にはどちらのカードにどの予言が書かれていたかが判

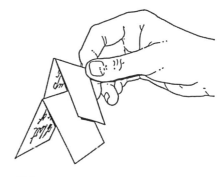

図１

然としない利点があります。こうして取り上げたカードは、適したタイミングで観客に渡します。以上が手順の全てです。

　この演技は単体でも、良い現象だと思います。マイク・キャビニーは、観客に小銭を持ってきてもらい、裏向きのコインを押し出し、最後に残った表向きのコインが予言と合うという演技を行っていますが、彼は両面表のコインを最

初に観客のコインに加えてから裏向きのコインを押し出します。賢い方法ですが、いくつか欠点があります。両面表のコインを最初に加えるというのは若干タイミングに問題があります。そして、コインには両面があるので、2つの予言がある方が論理的ではないでしょうか？ その点の変更を私の演技での目標としています。

次に、自由に選ばれた観客の名前を予言してある段を説明しましょう。

ここで使用している予言の封筒は、元々は他のマジシャンのために発展させた方法です。

ノック式のボールペン（またはシャープペン）と、通常の白い封筒が必要です。その封筒の内側（住所を書く面の裏側）にカーボン紙をテープで張り付けておきます。その手前に予言を書くカードを入れて（図2）封筒に封をします。これで、封筒の上に書いた文字が、中のカードに写し取られる準備ができました。

この他に2枚の白いカードが必要です。そのうちの1枚には、演技のときに使用するものと同じペンで、両面表のコインの種類と製造年を書いておきます。例えば「最後に残る表向きのコインは、1989年製造の1セント硬貨」と書いておきます。

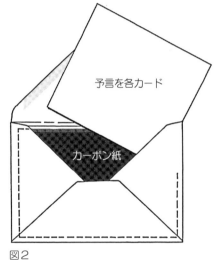

図2

封筒をテーブルに置き、住所を書く側を上に向けておきます。その上になにも書いていないカードを置き、その上に、予言を書いたカードを、予言の面を下向きにして置いておきます。

演技を始めるときに上記のセットを左手に持ち、「この封筒と……（そう言いながら、2枚のカードを右手に取り、左手に残った封筒を軽く振って観客に示

します）……この２枚のカードを使って実験をしようと思います」（そう言いながら、上にある、予言を書いたカードを封筒の上に引いて取り、両方のカードを観客に見せます）

　そして左手を自然な感じで下ろして持っている封筒とカードをテーブルに置きます。そして、右手に持っているカードをその右に置きます。
　予言が書いてあるカードは、予言のある面を下にして住所を書く面が上になっている封筒の上に載っています。この状態に違和感を覚える観客は居ないでしょう。

　１人の観客を自由に選び、その人物に、手に一杯の小銭を持ってステージに上がってもらいます。

　演者は、今から予言を行うと言って、先端を出していないボール・ペンで、予言を書くふりで実際には小銭を持ってきた観客の特徴を封筒の上のカードに書きます。そのとき、ペン自体では何も書けないのですが、ペン先を押し付けて書くことで、封筒にセットしてあるカーボン紙によって封筒内のカードに文字が転写されます。

　カードをテーブルから取り、事前に予言を書いてあった面が内側になるように半分に折って、テーブルの横に置きます。封筒と離して置くことで、誰も封筒とカードが近くにあったことを思い出せなくなります。

　最後の裏向きのコインが分かった時点で、２回目の予言を書きますが、このときにワン・アヘッドの原理を利用します。すなわち、ここで例えば"最後に残ったコインは１９９０年製の５セント硬貨"と書きます。予言を書いた面を内側にしてカードを半分に折り、最初の予言の上に被せて置きます。最初の予言が下、２回目の予言が上にあります。そして、２枚の予言のカードは少しずらしておきます。

　両面表のコインが最後の１枚として残りますから、その日付を読み上げてもらってから、２枚の予言のカードを持ち上げ、上に重なっているカードを右手で引いて観客に手渡し、読んでもらいます。そして、同様に２枚目の予言のカードも手渡し、読んでもらいます。

最後の予言では、誰が選ばれようと問題ありません。あなたは封筒の上端を切り取り、中のカードを滑り出させます。そしてそれを大声で読んでもらい、大喝采にこたえて深くおじぎをします。

コメント：この現象の前に説明した２つの現象が組合わさることにより相乗効果を産み、より印象深い現象になっていると思います。これらの現象をこの本にある順番に載せたのも、これらの現象の組み合わせを分かりやすくするためです。

●３つの方法の予言

現象：観客の中から、３人の協力者を選びます。最初の協力者はテーブル上で広げた裏向きの１組のカードの中から自由に１枚を選びます。他の観客にもそのカードを見てもらいます。演者は複数の封筒を手に持ち、一番上の封筒にそのカードを裏向きのまま入れて横に置きます。

２人目の協力者に２桁の番号を思い浮かべ、その番号を名刺の裏に書いてもらいます。演者は、残っている封筒の一番上の封筒に、その名刺を入れて傍らに置きます。

３人目の協力者には、別の名刺の裏に、誰でも良いので最初に思い浮かべた人の名前を書いてもらいます。前と同じように、その名刺も封筒に入れ、封をして傍らに置いておきます。

演者の手には封をした封筒がもう１つ残っています。ここで、観客の中から４人目の協力者を選んでこの超能力実験に参加してもらいます。演者は手元の封筒の上端を切り、その中から２枚の名刺と１枚のカードを取り出して、４人目の協力者に渡します。

演者は最初の協力者が選んだカードが入った封筒を開けて、中のカードを取り出します。「あなたはハートの９を選びましたね？」と１人目の協力者に訊ねると、その人は「はい」と答えます。ここで、４人目の協力者が持っているカードを表にすると、そのカードがハートの９です。

演者は次に２人目の協力者の答えの入った封筒を開けます。「あなたは２桁の

数字を自由に選びましたね?」と演者が尋ねると、2人目の助手は「はい」と答えます。そして、演者によって予言されていたカードの数字と、2人目の協力者の答えは完全に一致しています。

最後の封筒が開けられ、中のカードに書いてある自由に選ばれた名前を4人目の協力者が読み上げ、3人目の協力者にそれが先ほど書かれた名前と一致しているかと尋ねると、完全に一致していると答えが返ってきます！

方法：このマジックは、ジンクスに発表されているオーヴェル・メイヤー(Orville Meyer)の素晴らしい現象、"ターヴィル (Tervil)"を基にしています。基本はフラップの無い封筒の交換の手順です。必要な道具は、4枚の封筒と、好きなフォーシング・デックと、手元にある、裏面が空白の名刺です。

名刺を1枚ずつ、2枚の封筒にそれぞれ入れ、フラップのある面を下にして置きます。これらの封筒のフラップは出しっぱなしにしておきます。3枚目の封筒は、フラップを封筒の内側に折り込んで糊付けしておきます。そしてフォースするカードと同じカードを中に入れておきます。そして先ほどの2枚の封筒の上に置きます。4枚目の封筒にはなんの準備も要りません。フラップも出しっぱなしで、他の3枚の封筒の上に置きます。これで準備は終わりです（図1）。

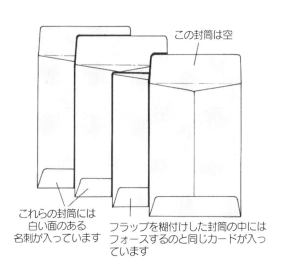

図1

協力者の1人は"自由"にカードを選ばせているように見せて特定のカードをフォースします。準備した封筒の束を取り上げて左手に持ち（図2）、一番上の封筒の中にフォースしたカードを入れて傍らに置きます。

次は2桁の番号です。番号を書いた名刺を封筒の束の一番上にある、フラップを折り込んだ封筒の中に入れます。そして、その封筒を傍らに置くように見せて、3枚の封筒のうちの真ん中の封筒のフラップを掴んで引き出して傍らに置いてしまいます。見た目は、一番上の封筒を取ったように見せます。実際は、白い名刺が入った封筒に交換してテーブルに置いています。

3番目の予言"名前"を書いた名刺も、上記と同様にして一番上にあるフラップを折り込んだ封筒に入れ、テーブルに置くときには、その下の封筒のフラップを引き出してテーブルに置きます。

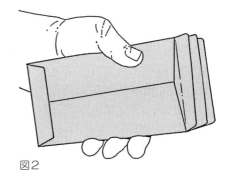

図2

今まで行ったことを見返してみよう。フォースしたカードは一番上の封筒に入れて傍らに置きます。2桁の番号を書いた名刺はフラップを折り込んだ封筒に入れて、その下の、裏白の名刺の入った封筒とすり替えて傍らに置きます。名前を書いた名刺も、フラップを折り込んだ封筒に入れ、その下の封筒とすり替えます。結果、演者の手には封をされた（ように見えている）封筒が1枚残りますが、この中にはフォースしたカードと同じ表のカードと、他の2人の協力者が書き込んだ名刺がその中に入っています。

4人目の協力者にステージに上がってもらい、演者は残っている封筒にあたかも封がしてあった様子でその上部を切り取り、中に入っているカードを取り出し、それらを観客に手渡すときに、2枚の名刺に書いてある2桁の番号と密かに見て名前を覚えてしまいます。

演者は1人目の協力者が選んだカードを入れた封筒を開けて、中のカードを見せます。4人目の協力者にも、手にあるカードを見せてもらいます。それら

は同じカードです。次に、2人目の協力者の名刺を入れたことになっている封筒から、名刺を取り出し、演者はその名刺に書いてある番号を読んでいるようなフリで先ほど覚えた番号を言います。

それから4人目の協力者に、手にある名刺に書いてある2桁の番号を読んでもらいます。もちろん合っています。

演者は最後の封筒を開け、同じように名刺を取り出し、そこに書いてある名前を読むフリで、先ほどおぼえた名前を読み上げます。それから4人目の協力者に残っている名刺に書いてある名前を読んでもらうと、それも合っています。

コメント：この現象は、基本的には3枚の封筒の予言ですが、いくつかの捻りを加えています。私はターヴィルの概念を気に入っていますが、いくつかの点は、より巧妙にできたと思っています。フォースされたカードがあとで封筒から取り出されて見せられた部分が、より不思議になっていると思います。

● 場合によって
現象：演技の途中または、ある重要なタイミングで、ある観客からヤジが飛んできて、演者に挑戦して、「俺の心を読んでみろ」等と言ってきたとき、もっとも遠慮したい状況ではありますが、この状況を上手に扱うこともできます。

どうやって扱うのでしょうか。その野次ってきた観客に立ち上がってもらいます。それから、演者は「すばらしい質問を〇〇〇〇（その観客の名前を言う、例えばジョンとする）さんからいただきました」

つづけて、「今までのショーのなかで、私の方からあなたに、自分の心が読めるか試してみろ、と言ってくれと頼んではいないですよね？」と訊ねます。彼の答えは、もちろん「ノー」です。

ここで演者はポケットから封筒を取り出します。この中には、こんな状況が起きると予想していたので、それに関しての情報が入っていると言って、その封筒の中から紙を取り出し、誰かに読んでもらいます。

そこには「昨晩、8時43分に、わたしは、ショーの中で誰かが立ち上がり、

自分の心を読んでみろと言うだろうと、言う予感を感じました。その人物の名前は、ジョンです」と書いてあります。

　この啓示によって、ヤジを言った人物は黙りこむでしょう。そして演者は賞賛を受けます。問題を解決してより良い方向に持っていく方法です。

方法：この現象を行う方法はいくつもあるでしょう。私の解決法は、封筒の一部を切り取って窓を開けておく方法です。予言の紙を折りたたみ封筒の中に入れ、窓の部分に、人の名前を書くスペースが来るようにしておきます。そしてネイル・ライターで秘密の仕事を行います。そこに、ヤジをいってきた人物の名前を書き込むのです。

　名前を書く方法は、なんでも良いでしょう。ポケットの中で書くなど、状況に合ったどんな方法でも使えます。

　もちろん、1枚を男性用、1枚を女性用として2枚の封筒を準備しても良いでしょう。ただ、私はそこまでは必要ないと感じています。この現象はただの名前の予言であり、ヤジを飛ばした人物に対しての牽制に過ぎません。私は、稀にこの演技を行います（そしていつも、この演技を行わずにすめば良いと思っています）。しかし、この災難をあなたの能力の証明に転用できれば、非常に力強い演技となります。

コメント：この"場合によって"は演技としてはあまり良いものでは無いかもしれませんが、予期していない能力の証明としては、優れています。観客から見ると、ヤジを飛ばした人物が驚いていることから、あなたの能力が推測できます。

　ほとんどの人間は、もし本当に超能力をもった人物がいるなら、その人は将来どんな良いことや、悪いことが起きるかを知っていて、それを利用できるはずだと考えます。あなたはそれに答える形でヤジの問題を解決するわけです。

　私はこの"場合によって"を普段から演じているわけではありませんが、いつも緊急事態に備えて準備はしています。最悪の状況を回避するのに使えます。

後ほど、"メンタリストの保険（80頁）"という手順も説明しましょう。これはよりユーモア仕立てになっています。

●シンボルの一致

2組のESPカードを取り出します。シンボル・マークの順序はバラバラに並んでいます。

演者は1組のESPカードを手に取り、2人の観客に、以下に説明する手順でカードの位置を入れ換えてもらいます。まず演者はカードを1枚ずつゆっくり配ります。そして、観客が「交換」といったら、手にあるカードとその次に配られるカードを交換します。これは何回でも、観客の好きなだけ交換できると説明します。

完全に理解してもらったら、あなたはどのように交換を行うのか、実演して見せます。

「交換」と言うための観客が1人選ばれ、演者はカードを1枚ずつ配っていきます。そして、観客が言っただけ、カードの交換を行い1組のカードを全部を配ります。もう一度同じことを行って、1組のカードを全部配ります。これでESPのシンボルの順序は新しい順序に変わっています。

別の観客にも参加してもらいます。演者は他の1組を手に取り、先ほどと同様に、「交換」と言ってもらって、カードを交換するという手順を2回行います。

このように混ぜてもらったにも関わらず、2つのデックの一番上のカードのシンボルが一致しています。さらにカードをめくっていくと、1組全てのシンボルの順序が確実に一致しています！

方法：この現象と、この本にある他の似た現象は、ポール・カリーの最初に出版された本、ポール・カリー・プレゼンツに載っているスウィンドル・スイッチを使っています。マジシャンやメンタリストは、ほとんどこれを知らないようです。便利な技術です（バリエーションを載せた私の最初の出版物のせいで有名になりつつあるようですが）。

この原理を説明しましょう。Aから9までの同じスートのカードをデックから取り出します。それを上から順に裏向きで、A、2、3、4、5、6、7、8、9と並べます。

● 準備したパケットを裏向きのまま左手にディーリング・ポジションに持ちます。

● トップカードを左親指で右の方に押し出し、裏向きのまま右手に取ります。

● 一瞬間を置いたあとに、そのカードを表向きにしてテーブルに置きます。

● 左手の親指で次のカードを右に押し出し、右手で持ちます。

● 左手の親指でその次のカードを右に押し出します。右手に持っているカードを、左手のカードの下に持ってきます。

● そして、ずれて重なっている左手のトップの2枚を右手で持ち、表向きに返して、先ほど表向きにして置いたカードの上に置きます。すると、2枚目と3枚目のカードの順番が入れ替わっていることが分かります。

　残りのカードで以上の手順を繰り返しますと、4枚目は元々の位置に残りますが、5、6枚目の位置が入れ替わります。

　さらに7枚目をそのまま、8、9枚目をスイッチする操作をもう1回繰り返します。7は本来の位置に来ますが、8、9の順番が入れ替わります。

　今、カードは全てテーブルに表向きで置かれ、その順番は上から8、9、7、5、6、4、2、3、Aとなっています。

　交換を3回行ったことで、順番はこのように変わってしまいます。この順番をもとのAから9に戻します。

　ここで観客に言います。

こうなることは分かっていました

「まず、あなた方を催眠で深いトランス状態にしておきましょう。そして、あなた方には、最後まで結果を見てほしくないのでカードを裏向きにしてテーブルの上に置いていってください。カードを1枚ずつ配りながら、もし、交換をしたいと思ったら、好きなだけ交換してください」

「カード全体を配ったら、あと2回行ってください。もう一度言いますが途中で好きなだけ交換して下さい」

カードを表に向ける前に考えてみてください。今、カードの順番がどうなっているかわかりますか？　わからないですよね？　でも、私にはわかります。カードを表にすれば、その意味が分かります。表向きにしてみましょう。

順番は全く変わっていません！

面白いでしょう？　もしカードを表向きにしながら配った場合、順番は変わりますが、裏向きのまま配ると順番は全く変わらないのです。

以上がカリーのアイデアです。私はこのアイデアを自分の演技に応用しています。

ESPカードが2組必要となります。または、Aから9での2種類のスートを準備しても良いでしょう。

それぞれのデックは同じ順番にしておきます。1組を取り上げ、これからやってもらう"交換しない、交換する"を説明するために実演をして見せます。このとき、裏向きで右手に取ったカードを表向きに配り、カードの順番がバラバラに混ざってしまうことを見せてからデックを揃えて傍らに置きます。

これで観客は、カードを交換することで順番が変わるものだと確信するでしょう。

残っているもう一方のデックで、上記と全く同じことを行います。

現在、2組のカードの順番は同じになっています。何回交換しようが、全く

同じことをやっている限り、2組は同じ状態になります。

　これで説明は終わりです。もし、表向きでの実演の演出を変えたいなら、前もって一方のデックで交換手順を行っておき、観客の前でもう一方のデックで全く同じことを行えば良いでしょう。

　もし、ESPカードを使うのなら、一方のデックをシャッフルしておき、もう一方のデックをそれと同じ順番にして準備しておきます。そして、実演を行い、あとは上述した通りです。

コメント：これは厳密には予言ではありませんが、その類いの現象として見せることができます。後述する"ジョーで食事しよう（84頁）"の現象とも同じ括りです。あちらの方はより直接的な予言になっています。

　私はカリーのスウィンドル・スイッチをこの本の中のいくつかの現象に採用しています。説明のなかでの繰り返しに関しては、許してください。しかし私は元々の現象の重要な部分をそのままに残したかったのです。

●メンタリストの保険
現象：演者は観客の1人に一般的な単語（例えば"家"）を思い浮かべてもらいます。それから演者は自分が考えたのは"コーヒー"だったと発表します。観客は間違っていると言ってくるでしょう。

　あなたは、「でも近い言葉ではないですか？」と訊ねますが、観客からは否定的な反応が返ってきます。あなたはもう一度トライしますが、再び失敗してしまいます。あなたは、観客が考えた言葉を訊ねます。

　「こういったことが稀に起きます」とあなたは言います。「しかしこういったお恥ずかしい状況を助けるために、私は、ある保険を用意しています」といって"保険"と書かれた封筒を取り出します。

　演者は、ある状況のために保険を掛けておいたと説明します。観客に、そこに書いてある内容を大声で読んでもらいます。「サイコダイナミック保険会社の発行したこの保険証の持ち主は、ブルース・バーンスタインです。バーンスタイ

ン氏の言葉の保険として我々は、"家"という単語を返還します。

方法：保険証は、古典的な窓のある封筒のなかにいれておき、ネイル・ライターで適した位置に答えを書き込みます（図1）。あとはプレゼンテーションだけです。

単体で説明しましたが、保険証は、実際の緊急事態のときのために使うことができます。例えば、ブック・テストで言葉を間違えたときなどです。

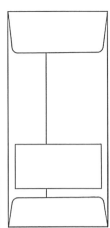

図1

また、ヤジを飛ばす人物を止めることもできます。そのときは文章を「自分の心を読んでみろ、と私に挑戦してくるのは〇〇〇〇です」と書いておきます。もし誰かが、あなたに対して厳しい状況を作り出したとき、その人物に立ち上がってもらい、軽い感じで名前を聞き、あなたはポケットから封筒を取り出し、ネイル・ライターでその名前を〇〇〇〇のところに書きます。これで、厳しい状況を一転させて素晴らしい現象に変換できます。

この保険証は、"もう1回試してみましょう"と言った演出で使用することもできます。単なる予言ではなく、3つめの番号が封筒に書かれるという形で活用します。最初に封筒の外側を読み、結末として封筒の中身を読んでもらいます。

「この保険証はバーンスタイン氏に帰属します。氏はランダムに選ばれた3番目の番号を正確に予言します」

コメント：確かにこれは有名な"マジシャンの保険"と似ています。同じジョークを使っています。しかし、最後の効果は強力でしょう。

もしあなたが演技の中に笑いを取り入れたいなら、シンプルにこの演技を行えば良いでしょう。あなたが正しい言葉を知っていた上でユーモアを足したと観客は理解してくれるでしょう。

●自分自身を前に進める

現象：3人の観客に対して、3つの予言をします。6つのスペースに分けられた黒板を取り出します。上段の3ヶ所にはフラップがかかり、その下が見えないようになっています。

演者は1つ目のフラップで隠してあるスペースに、予言を書いて隠します。それから観客の1人に（例えば）動物を選んで言ってもらいます。それを先ほどの予言の下段のスペースに書きます。

次に演者は真ん中のフラップの下に次の予言を書きます。それから先ほどと別の観客に、例えば食べ物を選んで言ってもらいます。それを、2つ目の予言の下段のスペースに書きます。

それから演者は3つめの予言を行います。しかし、このときあなたはその内容に確信がない様子です。この予言はうまくいかない気がするといった素振りで予言を書きます。

3人目の観客には、ビリーやジョーといった、一般的な名前を言ってもらいます。観客がそれを言ったとき、演者は、それが自分の予言と違っているという様子を示しますが、その名前を最後のスペースに書き込みます。

予言を明らかにすると、最初と2番目の予言は当たっていますが、3番目の予言はサムとなっていて間違っていることがわかります。演者は予言が間違っていたことを謝りますが、しかし、最低限、予言が間違うことが予言されていると説明します。

演者は"保険証"と書かれた封筒をポケットから取り出し、この状況のために保険を掛けておいたと説明します。あなたは封筒から保険証を取り出し、ボブは保険の担当者の名前だと言います。

1人の観客に出てきてもらい、保険を大きい声で読み上げてもらいます。

「これは、あなたを担当しているボブが書きました。バーンスタイン氏はサムと予言したはずです」

方法：読者はすでに方法には推測がついていることだろうと思います。優れているのは、ワン・アヘッドで通常行う必要のあるフォースをしないで、代わりに保険証を使ってユーモアのある表現にしている点です。

　最初の2つの題材では完全に自由に選んでもらい、予言は古典的なワン・アヘッドで行います。

　3番目に予言する名前は、あなたの"保険担当者"です。観客には"一般的な名前"を選んでもらいますが、このとき、もしビリーやジョーといったシンプルな名前を選んでください、と言えば、多くの人がボブを選ぶでしょう。そうなれば演技をそこで終わらせれば良いでしょう。

　一方で、異なる名前が選ばれることも頻繁にあります。そのとき観客は、結果が間違っていたと不平を言うでしょうから、演者は保険証を持っていると説明して、先ほどの予言は間違いで、この保険の担当者の名前だったと言います。そして観客に結果を見せます。

　この演技のなかで、あなたはネイル・ライターで予言を書き込む大きな機会は、観客にステージに上がってきてもらうときです。観客の移動で時間が稼げ、ミスディレクションにもなります。

　あなたが保険証を取り出したときには笑いを得ることができるし、予言が読まれたあとには大きな拍手がもらえるでしょう。

コメント：私は、この"保険証"がワン・アヘッドに利用できることに気づきました。どのような演技に組み込めば利用できるか熟慮し、演技の枠組みが大きな問題になることに気づきました。

　私は、この解決法が好きです。つまり、演技を失敗するところが愉快な息抜きになり、言い訳が自然に受け入れられます。

　ほとんど全てのマジシャンが、ヘン・フィッチのメンタル・エピックを知っているでしょう。私は手順のなかでその概要を説明しています。しかし、これに限らずあらゆるワン・アヘッドのマジックにこのアイデアは応用できるでしょう。

●ジョーで食事しよう

現象：レストラン"ジョー"での演技の依頼を受けたとしましょう。協力者として9名の観客が選ばれます。ステージの奥の方に一列に並んでもらいます。

　演者はステージの中央に立ち、9枚の封がしてある大きな封筒を示します。それぞれの封筒には1から9の番号が書いてあります。まずはじめに、この封筒をどうやって混ぜるのかを、下記のように実演しながら説明します。

　ジャンボ・カードを保持するときのように左手で封筒を持ち、一番上にある1と書いてある封筒を左手親指で右の方に押し出してから、右手でその封筒を取り、ちょっと間を取ります。そして、次の2と書いてある封筒を左手の親指で右の方に押し出します。ここで交換するか、しないかを観客に尋ねます。もし、なにも言われなければ、右手の1の封筒をそのままテーブルに落としますと説明し、封筒を裏返しながらテーブルに落とします。

　右に押し出されている2の封筒を右手で取り、その次の3の封筒を左手の親指で右に押します。ここで、もし観客に「交換」と言われたら、右手に持っている2の封筒を、右に押し出してある3の封筒の下にいれると説明しながら実際にそれを行い、右手に2枚の封筒を持って、それを裏向きにしてテーブル上に落とします。このとき、観客には2枚目と3枚目の封筒にそれぞれ、2、3と番号が書いてあり、交換して場所を替えるとその順番が逆になることが見えます。以上の操作（4、5と6を入れ替え、7、8と9を入れ替える）を9枚の封筒がテーブルに置かれるまで行います。

　演者は裏向きの封筒の束を取り上げてカットし、どこにどの封筒が位置するのか、誰にもわからない状態にします。ここで、1人の観客を選んで、交換するかしないかを言ってもらうよう頼みます。

　演者は1枚目の封筒を手に取り、観客が交換と言うかどうかを待ちます。もしなにも言わなければ、裏向きのまま封筒をテーブルに落とします。そして次の封筒を右手に持ち、再び待ちます。これを、9枚の封筒を全て配り終えるまで行います。観客は直感で「交換」と数回、言うでしょう。演者は封筒の束を取り上げます。

以上のようにしてよく混ぜた封筒を9人の観客に端から順に渡していきます。封筒に書いてある番号を見ると、封筒が完全に混ざっていたことがわかります。

　それぞれの観客に、封筒を開けて中のカードを出してもらいますが、書いてある内容は見せないようにしてもらいます。

　「特別なメッセージは何でしょうか？　カードを表向きにして皆に見せてください」各カードに1文字ずつ書いてあり、それをつなげて読むと"ジョーで食事しよう"となります（図1）。

図1

方法：この手順は宣伝に良いと思いませんか？　シンプルでとても効果的なポール・カリーの方法から思い付いた手順です。彼のスウィンドル・スイッチは、本当に素晴らしい発明です。私はこの原理をこの本の中の多くの現象で採用しています。

　この方法に詳しくない方のために、もう一度簡単に説明しておきましょう。
　Aから9までのカードをデックから取り出します。それを上から順に裏向きで、Aから9の順で並べます。一番上がAです。このカードを裏向きで左手にディーリング・ポジションで持ちます。

　トップカード（A）を左手親指で右の方に押し出し、それを右手に取ります。次のカードを左手親指で少し右に押し出します。右手のカードを表向きにしてテーブルに置きます。

　ここで右に押し出してあるカード（2）を右手で取ります。左手の親指でその次のカード（3）を右の方に押し出し、右手に持っているカード（2）をそのカード（3）の下に持ってきます。それらの2枚のカードを右手に取り、表向

きにして、順番が入れ替わっていることを見せ、表向きのままテーブルにカードを置きます。

　この"交換しない、交換する"の操作をあと２回繰り返して、９枚全てのカードを配ります。今、カードはよく混ざっています。どのように混ざっているか、自分自身で確かめてください。

　ここからがカリーの頭の良いところです。まずカードの順番をもとのＡから９に戻してください。

　再び"交換しない、交換する"の操作を繰り返しますが、今回はカードを表向きに返さずに、裏向きのままテーブルに置いていきます。まず最初の１枚を裏向きのままテーブルに置き、次の２枚は入れ換えて裏向きのままテーブルに置く、を繰り返します。全てのカードを置き終えたところで、もう１回、この操作を繰り返します。

　公明正大にカードが混ぜられたように見えます。しかし、カードを見てみると、不思議なことにカードの順番はなにも変わっていないのです。

　違いは、カードを表向きに返すかどうかです。カードをテーブルに置く前に表向きに返すと、順番は逆になります。しかしカードを裏向きのままテーブルに置くと、何回交換しても順番は変わらず、最初の順番が保持されます。

　私は、最初の実演のときにこのスウィンドル・スイッチの技法で９枚の封筒を最後に必要な順番に置き換えるために利用しています。

　方法は以下に説明しますが、何文字のメッセージを作るかによって、封筒の順番を変える必要があります。また、もしあなたが希望するなら、実演を数回行っても良いでしょう。

　本文の例では、私は９文字を使っています。そこで、まず"交換しない、交換する"の実演を表向きで行ないます。結果、封筒の順番は、ボトムから１、３、２、４、６、５、７、９、８となります。それから４の封筒がボトムになるようにカットします。次に裏向きのまま、観客の意図で"交換しない、交換する"

を行ないます。

　その結果、封筒の順番は、裏向きでトップから、4、6、5、7、9、8、1、3、2となります。

　メッセージを作り上げるために、この順番で文字を当てはめる必要があります。今回の例では、"4"＝E（ジ）、"6"＝A（ョ）、"5"＝T（ー）、"7"＝A（で）、"9"＝T（食）、"8"＝J（事）、"1"＝O（し）、"3"＝E（よ）、"2"＝'S（う）、となります（図2）。

　封筒を番号の面を上にして1～9の順番に揃えて演技の準備完了です。実演（"交換しない、交換する"の操作）を、封筒を裏返しながら行います（図3～5）。そして、裏向きになっている封筒の束を取り上げ、4の封筒が一番下になるように、カットすると、封筒はボトムからトップに向ってメッセージの順番に変わります。しかし観客にはそれがあなたの思い通りの順番だとは気づかないでしょう。

　このあと、封筒を裏向きに持ち、もう1人の観客の意思によって"交換しない、交換する"を裏向きのまま行って、さらに順番を変えたように見せてから（トップからメッセージの順になっています）、1人1人に封筒を配ります。このマジックの大団円は、写真を取る価値があるだけではなく、スタンディング・オベーション級の効果であることを覚えていてください。

　また、このマジックはほとんど即席で行うことができます。クロースアップの演目の中であなたの名刺でもできるし、あるいは大きなポスターを観客にもってもらえばステージでも演じることができます。

コメント：このマジックは長い演目ではなく、台詞も多くもありませんが、私の作ったマジックの中でも宣伝効果は抜群だと思っています。
　私個人の意見ではなく、多くの有名なプロマジシャン、アマチュアにもこの手順をレパートリーに組み入れてもらっています。
　これを発表したあと、多くの感謝の言葉をもらいました。

　宣伝効果だけでなく、現象は分かりやすく、ステージ上で大きく演じること

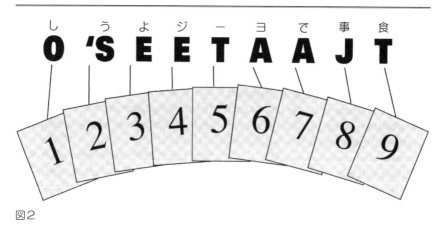

図2

図3

図4

図5

ができます。"ジョーで食事しよう"は、写真を撮ってもらえるオープニングの演目にも、最後の演技にも使えます。もちろん、文字を大きく印刷しておくと良いでしょう。

　また、イベントに応じて様々に文章を変更できます。似たような現象は他にもありますが、文章の自由度はこれが一番です。方法についても、仕掛けが要らず、全てを改めてもらっても問題ありません。さらに、簡単に演じられます。このマジックは、全てを備えています！

　さらに、説明しておきたい点として、私はこの"ジョーで食事しよう"を2004年に出版した本、"Three"にも載せています。このマジックは元々、1992年に、あるマジシャンの求めによって発案しました。以来、このマジックは彼に演じられ、他のマジシャンにも演じられていました。それらは、故意か無意識にか、改案されていました。

　私は、交渉して現在はこのマジックを優先的に演じる権利を取り戻しました。

　もう１つ、演じるときのヒントを提供しておきます。私は、このマジックを演じるときに小さなアイデアを付け加えています。４番の封筒に印をつけておくのです。それからスイッチの操作を行ったあとに、封筒を必要な順番にするためにカットします。私はそのとき、印をつけた封筒を一番下に持ってきます。準備のときは、それから封筒の中に正しい順番で文字を入れれば、文字の順番を間違えずにすみます。そして封筒の順番を最初の通りに戻します。

　自慢は十分でしょう。"この現象１つで、この本一冊分の価値があります。"という言葉が存在しますが、今回については、その言葉以上の価値があります。

● ４枚のカードの予言＆名前は？
現象：デックを取り出します。あるいはシャッフルされた、借りたデックでも良いでしょう。演者は何かを決めるかのようにデックを見渡します。それからデックを裏向きでテーブルに置き、これから起こることに関しての予言を書きます。

　１人の観客に手伝いを頼み、デックを４つの山にカットしてもらいます（図１）。観客の好きなようにカットしてもらい、演者は操作しません。

演者は観客が自由にデックをカットしたことを説明しながら、その山の1つを持ち、一番上のカードを少し右前方にジョグします（図2）。それから次の山の一番上のカードを取り、観客の選んだ2番目のカードだ

図1

と言って先ほどジョグしたカードの下に、少し前方向にずらして重ねます。これをもう2つの山でも繰り返します（図3）。

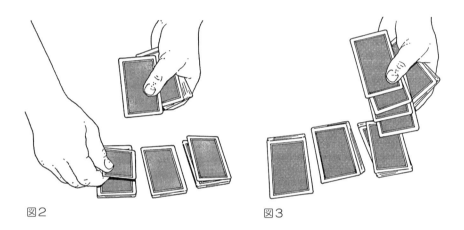

図2　　　　　　　　　　　　図3

　それから、4枚のカードを揃え、一番上のカードを表にすると、例えばそれがスペードのQだったとしましょう。それを表向きのまま一番右の山の上に置きます。次のカードを表にすると、スペードの5です。それをスペードのQを置いた山の左の山の上に置きます。次のカードを表にすると、ハートの8です。それを、テーブルに残っている最後の山の上に置きます。そして、左手に残っている山の一番上のカードを表向きにすると、ダイヤの7です。それを山ごと、テーブルの山の横に並べて置きます。

　演者の書いた予言が大きな声で読まれると、4枚のカードが完璧に予言されていたことがわかります。

方法：これは、Topsで発表された、エド・マルローの"観客がカットするA"の、私の演出です。私はこのトリックを、ずいぶん昔、マジック社で働いてい

たときに学びました。マルローの原案は印象的でしたが、自分の考えに沿って、実用的な複数のカードの予言へと変更しました。

　デックをシャッフルしたあと、トップの4枚のカードを覚えておきます。

　予言は、トップの4枚のカードを書けば良いのですが、そのとき、予言をより良く演出するために、トップカードのスートや、数値をわざとちょっと間違えておきます。この事で頭の良い観客がトップカードを予言に使ったことに気づきにくくなります。

　演技概要は上記の現象で説明した通りです。ここでは少し付け足しをしておきます。デックが4つにカットされたとき、元々トップにあった山が、一番端に来ますから、それを最初に取り上げ、そのトップカードを図2の左手のように右に押し出してジョグします。そして他の3つの山のトップカードをそれぞれ取り上げて、最初にジョグしたカードの下にずらして重ね、図3のように持ちます。

　4枚のカードを揃え、その下にブレイクを作ります（図4）。そしてトップカードを表向きにして、なんのカードであったかを見せます（図5）。その下にある、ブレイクから上の3枚も密かにまとめて持ち、テーブル上にある一番端の

図4

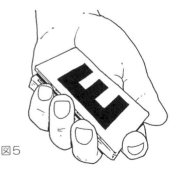
図5

図6

山の上に置きます。それから、手にある山のトップ3枚のカードをまとめて表向きにして、1枚ずつ3つの山の上に置きます。自由にカットされた4つの山のトップカードが予言と合っていることが分かり、演者は拍手を受けます（図6）。

　ところでなぜこのマジックが、カードの章ではなく、予言の章に入っているのでしょう？　それは、この現象が実用的な予言にも使えるからです。

　アルファベットのカードを準備します。そして、密かに観客の名前を知ったとしましょう。"名前は？"はこのマジックの優れた改案です。原理は上述の内容と変わりません。しかし、より強い衝撃を与えます。

準備： アルファベットのカードを買うか、自分で作成します。私は、両面が白いカードに、自分で26文字を2枚ずつ書きます。ただし、Q、V、X、Y、Zはほとんど使われないので、1枚ずつ作成します。余ったカードには、使われやすい文字（R、S、T、L、N）、を書きます（これらは3枚存在することになります）。場合によっては追加のカードを準備しておき、文字を追加することもあります。演技のときに、綴りが4か5文字の名前の人を探し、その綴りのカードをデックのトップに準備しておきます。これで準備完了です。カードの順番が、カードの予言の場合よりも重要になります。

　私は、名前の最後の文字をトップに置いておき、残りは綴りと逆の順番で置いておき演技の最後で、逆の順番で名前の綴りが明らかになっていきます。ここがこのマジックのドラマがもっとも盛り上がる部分です（図7）。また、観客から見て正しい方向にアルファベットが並ぶように並べておきます。観客に対して文字の上下や、文字の順番を逆に表示しないように気を付けます。文字を右から左に並べるか、左から右に並べるかを試してみるのが良いでしょう。

図7

　Maryと言う名前の女性がデックを自由に4つの山にカットし、彼女の名前

が出てきたときの本人の反応を想像してみてください。

コメント：4枚のカードの予言は、即席でできる、私の好きな現象の1つです。演出はシンプルで、秘密はうまく隠されています。

　"名前は？"の演技は、技術的には同じですが、より強力な演出となっています。私はこれを元々雇い主のために作り上げましたが、演出に個性をのせられるようになり、自分のお気に入りにもなりました。これらの手順は同じですが、観客から見た場合の印象は大きく異なります。4枚のカードを予言しても、それ以上のものではありませんが、名前の予言は、より深く個人の思考に影響を与えます。

　もし演者がカルを得意としているなら、必要な文字を簡単にデックのトップに正しい順番で置くことができるでしょう。

●無限の中へ

　封がしてある封筒を観客の見えるところに置きます。または、イベントの数週間前に主催者に送っておくなど、お好きな方法で演出してください。

　1組のカードをポケットから取り出し、この実験を手伝ってもらう3人の観客を選びます。

　3人の観客それぞれに小さい紙を渡し、これから選んでもらうカードの名前をその紙に書いてほしいと説明します。

　演者は、デックに輪ゴムをかけて、「これで、カードを選んでもらうときに私が操作したり、盗み見たりすることは不可能になりました」と言います。

　そして、そのデックを最初の観客に手渡し裏向きで左手に持ってもらいます。そして「今です！」と言ったら、その瞬間に、右手親指でデックの端を持ち上げて分け、そこに見えるカードを見て覚えてもらうように説明します。

　もっともドラマチックなタイミングで、演者は「今です！」と言います。

１枚のカードを覚えたことを確認したら、２人目の人にデックを手渡してもらい、同様にしてカードを選んでもらいます。そしてデックを３人目の人に手渡してもらい、同様にしてもらいます。

　デックは横に置いてもらい、選んだカードの名前をそれぞれ紙に書いてもらいます。そしてその紙を丸めて小さな球にしてもらいます。４人目の観客にその小さな紙玉を集めてよく混ぜてもらいます。これで、どの玉に何が書かれているのか分からなくなります。

　それが終わったら、先ほどの３人の観客に、それぞれが選んだカードを強く心に思ってもらいます。そして、あなたは３枚のカードの名前を言います。観客に、当たっていたかを訊ねると、全員「はい！」と答えます。

　「今のは、テレパシーに過ぎません。しかしあなた方が幸運なら、より不思議なことが起きます」と言って、演者は、この実験が始まる前から出してあった封筒を示します。昨晩、別のデックから１枚のカードを取り出し、それをこの封筒の中に入れておいた、と言います。

　演者は、誰かに先ほどの紙玉のうちの１つを選んでもらい、それを取り除いてもらいます。その紙玉に演者がライターの火を近づけると、紙片は強い光と共に一瞬で消えてしまいます（フラッシュ・ペーパーです）。もう１つ紙玉を選んでもらい、同じ手順を行います。そして、１つの紙玉が残ります。

　カードは５２枚あり、どのカードでも選ばれる可能性があり、それを外部から操作することは不可能だったことを改めて確認してもらいます。観客に残った１つの紙玉を広げて、書いてあるカードの名前を読んでもらうと、「ハートの３」と彼は言います。

　そこで演者は、その観客に封筒を開けて中のカードを取り出してもらうと、それもハートの３です！

方法： 私は、このマジックの名前を"何にもならないことのために色々する"とすべきでした。実際、簡単なことを仰々しく行っています。

こうなることは分かっていました

　皆さんの中には、このマジックがトス・アウト・デックにエンディングを加えたものだと気づかれた方もいると思います。

　必要な道具は、ワン・ウェイ・フォーシング・デック、そのボトムに異なるカードを置いておきます。そして3枚のフラッシュ・ペーパー（もし、この演出があなたの個性に合わないと感じたら、フラッシュ・ペーパーを使う必要はありません）と、少しのずうずうしさです。それぞれの観客は、同じカードを選ぶことになるので、紙に書かれるカードの名前も同じになります。そこで、それと同じカードを封筒にいれ、封をしておきます。

　演技の前半で、3枚のカードをテレパシーで言うところでは、他の2枚の適当なカードの名前と共にフォースしたカードの名前（ここでは、ハートの3）を言います。そして、観客にそれが当たっていたか訊くときには、それぞれのカードが当たっていると確信がある様子で演じます。これが、デビット・ホイの作り出したトス・アウト・デックのアイデアです。そして紙玉を集めて混ぜ、そのうち2つは燃やします。紙玉を開き、読み上げられたカードの名前と、"昨晩のうちに準備して封をした、中を見ることすらできない"封筒の中に入っているカードとが一致します。

　しかしなぜフラッシュ・ペーパーが必要なのでしょう。

　第1の理由は、正直に言うと、見た目がカッコいいからです。メンタリズムの演技の中で閃光が発生することは悪いことではないでしょう。見た目がカッコいいだけでなく、演技を盛り上げる効果もあります。最後に残った紙も燃やしてしまい、誰がそれを書いたのかという証拠を消してしまうこともできます。

　また、この後半の演技の密かな利点は、前半の"テレパシー"の演技のあと、間を置かずに後半に移ることによって、3人の観客の誰かが他の人に自分が選んだカードの名を言ってしまう機会を減らすことになります。また、前段が、後段の前ふりとなり、クライマックスの不可能性の印象を高めることにもなっています。

コメント：このマジックは、よく知られたマジックに、さらなる可能性が潜んでいると示すものでしょう。カードの代わりに、例えばブック・テストのよう

な、他の現象や、演出に応用することもできます。

　トス・アウト・デックの原理はよく考える価値があります。読者の多くがよく知っている道具、カードを使っての演技の方が比較的容易であると分かっていますが、想像力を使えば、より多くの道具が利用できることに気づく筈です。それが、このマジックを予言の章に含めた理由です。

● **数の予言・1**
基本の現象：数名の観客に、自由に数を選んでもらいます。それらの数を自由に足してもらいます。どんな数が選ばれたのか、どの数が足されたのか、演者は全く知る余地がないにも関わらず、予言された数と、合計の数が合っています。

背景：古典である数の予言について多くの人が問題と感じる部分は、数字を縦に足していく箇所でしょう。失敗を引き起こす可能性が高すぎます。また、観客に学校に戻ったような、プレッシャーを感じさせ、不安にさせてしまいます。その結果、観客は不可能な予言よりも計算に対して頭が一杯になります。

　経験のあるメンタリストなら、基本的な方法は知っているでしょうから、ここで詳細の説明はせずに、概要と1つの大切な技法だけ説明します。

　アンネマンとダニンジャーの方法では、番号を記録するのに黒板が使われました。数名の観客に数桁の番号を書いてもらいます。1人目が終わると次の観客に黒板が渡され、番号が加えられていきます。そのとき秘密の仕事を行います。すなわち黒板の上にフラップを落とすのです。すると演者が準備しておいた予言の数値の合計と合う数値の並びが現れます。

　黒板のすり替えには、フラップ以外にもいろいろなギミックのある道具や、技法などが使われ、数値の書き換えが行われています。

　すり替えを行うため、選ばれた数字は明確にすることができません（もちろん例外は存在します。ドクター・ジャックスの書いたアンネマンのプラクティカル・メンタル・エフェクトに載っているバリエーションにはその方法が書いてあります）。

"マトリックス"と呼ばれるアイデアが出現するまで、すり替えには様々なバリエーションが存在しました。しかし、マトリックスを使えば、どんな数字が選ばれようと問題なく、合計が同じになります。例えば、
　9＋5＋1＝15
　1＋5＋9＝15
　5＋1＋9＝15
　1＋9＋5＝15
　5＋9＋1＝15
　これは、当然のことのように見えますが、現象のなかでこの原理が使われると、予言がより不思議で、観客からも公明正大に見えます。ここでは、この古典に関して、その原理と、ギミックを使わない方法を考えてみます。

　ジャック・ロンドンは、マトリックス原理を、彼の絶版になった小冊子、"Almost real prediction"の中で採用しています。しかし、この方法は暗算での計算が必要で、かなりの練習が必要となります。

　本来の方法では4桁の数字を使用しますが、今から説明する方法では3桁の数字を利用します。その方がかなり簡単になるからです。

　これから説明するバリエーションでは、本来の方法にはない手順を加えています。私はそれがマトリックスの原理を助け、より不思議になると思っています。

●数の予言・2　バーンスタイン／ロンドンの方法
現象：あなたは3人の観客に、3桁の数を選んでもらい、それをメモ用紙に記録します。数は、観客の免許の番号の一部や、表向きのデックからカードを複数枚選ぶなどします（マークド・デックを使うなら裏向きで選んでも良い）。観客に説明しながら、あなたは暗算を行い、その結果を予言として書いておきます。その方法は、以下の通りです。例えば、3人の観客が参加しているとして、仮に名前をそれぞれA、B、Cとします。

　Aは473、Bは164、Cは435を選んだとします。

　演者はここで、次のように暗算します。Aの3つの数それぞれを合計して14

を出します（4＋7＋3）。同様に、Bは11、Cの合計は12です。これら3つの数をさらに特別な方法で合計します。それぞれの数を足すとき、あとから足す数字を一桁分左にずらすのです。具体的に説明しましょう。

まず、先ほど導いたAは14、Bは11、Cは12が基準となります。Aの数の下にBの数を書きますが、Aと同じ桁数ではなく、一桁左にずらして書きます（もし、観客の選んだ数の合計が10より小さい場合は、その数をそのまま置けば良いでしょう。例えば、Aの合計が09でBの合計が14だった場合、合計はシンプルに149となります）。

計算すると、先ほどのAとBの合計は124になります（図1）。次にCの合計を足しますが、再びこの数を先ほどの合計の下で左に一桁ずらして足します。先ほどのA＋Bの合計の、百の位の下にCの合計の1の位が来ますから、合計は1,324となります（図2）。こうして導き出した数を予言として書きます。

別の例で試してみよう。Aの合計が17、Bが13、Cが20だったとしましょう。すると、予言は2,147となります。なぜでしょうか？　AとBを例によって足すと147、さらにCを足すと2,147となります。

これはとても難しいように見えるかもしれませんが、少し練習すれば、すぐに暗算できるようになります。また、3つの数字を最後にまとめて合計する必要はありません。AとBの数が明らかになった時点で、2つの数に関しての合計の計算を出しておき、そしてあとでCを足せば良いでしょう。

これで難しいところは終わり、ドラマが始まります。メモ用紙を手にして、Aに、彼の選ん

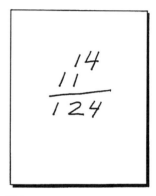

図1

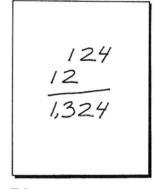

図2

だ数字の内、どの桁の数でもよいので言っても
らい、その数を紙の一番右上に書きます。それ
から、Bにも、選んだ数字のどれかの桁の番号
を言ってもらいます。その数を一番上の列の真
ん中に書きます。Cでも同じことを行い、その
数を一番左上に書きます（図3）。結果、メモの
一番上には完全に自由に選ばれた3桁の数字が
できます。

　次に、Aに、選ばなかった桁の数の1つを2
つ目の番号として言ってもらいます。それをさ
きほどのAの番号の真下に書きます。次にBに
も同様に番号を選んでもらい、それを最初に書いたBの番号の真下に書きま
す。Cでも同じようにします。

　ここで、マトリックスの原理をばれにくくするために、新たな段階を付け加
えます。——でき上がっている2つの3桁の数字を足して小計を出しておくの
です。ここで、演者は、この数字は誰も予想できなかったことを強調しておき
ます。実際その通りです。

　そしてまた、Aに、残っている最後の数を言ってもらい、右側のAの縦列の下
に書きます。Bの最後の数も、中央のBの縦列の下に書き、Cでも同様にします。

　ここでできた3桁の数を、先ほどの小計に足します。この結果（この場合は、
1324になります）と予言がぴったり一致しています。

　なぜでしょうか？　観客の思った3桁の数を暗算で足して、桁をずらしで合
計した数とメモに書いて新しく作った数を縦に足した合計とは、同じ結果にな
るのです。

　観客が自由に数字を選ぶことで、見た目は、効果的なものになります。

　これで、即席の演技で、多くの人を騙すことができます。しかし、欠点も存在
します。練習すれば暗算は早くなるでしょうが、演技のなかでこの暗算をする、

またはその練習を行うことが難しいのです。また、数学の才能のある観客は、2段階の計算で方法を幻惑しても、何が行われているか気づくことがあります。

　これらの問題を解決すべく発展した方法は、いくつかの可能性を制限したり、徹底的に合計結果を強制したりする方法などがあります。ジャック・ロンドンはいくつかのバリエーションを発表し、またそれらは発展し続けています。ラリー・ベッカーの方法も、特記する価値があります。

　マックス・メイヴェンのレインボー・マトリックスについても述べておきましょう。この現象は、世に出ている数の予言の現象に比べ、特別に強力な現象ではありませんが、ちょっとした変化によって、より論理的かつ直接的な現象へと進化させた良い例でしょう。この現象で、マックスは色のついたペンを使用する形に変更しています。

　私の調べた結果を教えたいと思います。これから説明する"クリップで挟んだ番号"は唯一、ロンドンの方法から離れた手順です。観客が自由に思った数をつかって、その計算のときに、より幻惑する方法です。

　数の予言と、即席の数の予言は、私が発展させた並べ方を利用して、非常に自由度が高い手順となっています。

●導き出された数

現象：封をした封筒を観客の見えるところに、演技の最初から置いておきます。演者は、この封筒にはまだ起きていない事象に関する予言が入っていると説明します。さらに演者は、時間節約のために、2人の観客に事前に3桁の数を考えておいてもらったと言います。

　演者は、大きいメモ用紙を持ち、2人の観客のうち1人に、考えた3桁の番号のうち、どれか1つの数を言ってもらい、その数をメモ用紙の右上に書きます。次に2人目の観客にも、彼が考えた3桁の番号のうちのどれか1つの数を訊ね、その数を1人目の観客が言った数の左横に書きます。

　次にその2人の観客に、考えた3桁の数うち、先ほどの数以外の数を1つ言ってもらい、その人が最初に言った数の下に書きます。2人目の人にも数を

1つ言ってもらい、同じように、彼が言った最初の数の下に書きます。そして、これらの2桁の数を合計します。

それから2人の観客に、思った3桁の数のうち、最後に残っている数を発表してもらい、言った人に合わせて、先ほどの合計の下にそれぞれ書きます。

別の観客に、これらの数字の合計を計算してもらいます。合計が出たら再計算し、チェックしてもらったあとに他の観客に見せます。それから最初に準備してあった封筒を開けて、予言を取り出して大きい声で読んでもらうと、今出した合計と、予言の数値が完全に一致しています。

方法：大きなカード・ボード、または、何か演者が使いやすい道具がこの演技のために唯一必要な道具です。

ショーの前に、2人の観客に3桁の数字を考えてもらい、それを"忘れないために"メモ用紙に書いておきます。このとき、誰がどの数を選んだかを覚えておきます。

あとで1人になったときに、あなたは、そのうちの一方の数を、紙に縦に書きます。それからもう一方の数を最初に書いた数の隣に縦に揃えて書きます。

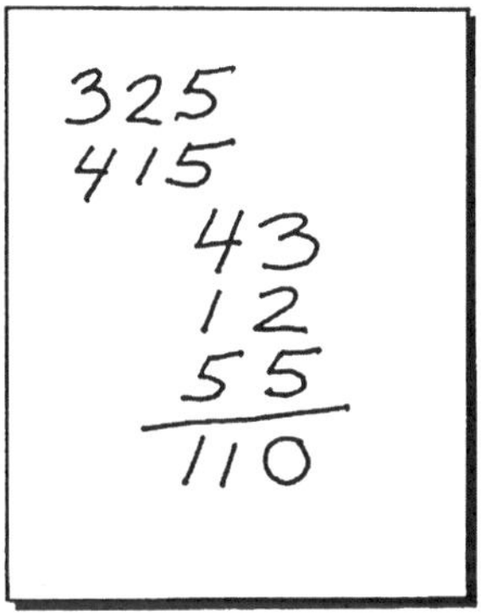

そしてその合計を計算します（図1）。そこで得られた数を紙に書き（図1の例では110と書く）、予言の封筒にいれて封をします。

これで演技のための準備が終わりました。あとは、前項"数の予言"と同様に、2人の人に3桁の中の数字を1つずつ言ってもらって、合計を導き出すだけです。1つだけ注意点があります。それは、事前の計算で右側に縦に書いた

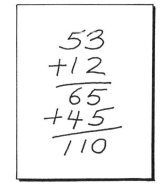

図1

図2

番号は、演技のなかでも右側に縦に書くことです。図2はその一例です。図1の演技前の準備で行なった計算と同様に3、2、5は右側に縦に書くのです。

● 数の予言・3

　ラリー・ベッカーの"マジシャンのためのメンタリズム（Mentalism For Magician)"に載っている数の予言の手順は、私の手順に似ています。しかし私の手順は、より自由にシャッフルとカットすることができます。このことで、カードがセットされているという疑念を晴らすことができます。

現象：演者は観客に封筒を手渡します。この封筒には予言として3桁の番号が入っていると言います。次に演者は9枚のカードを見せます。そこには1から9までの数がそれぞれ1つずつ書いてあります。演者はそのカードをシャッフルしてから観客に手渡し、観客に好きなだけカットしてもらってから、トップから1枚ずつ、3個所に配っていって3枚ずつの山を3つ作ってもらいます。それからもう2人の観客を選び、この実験を手伝ってもらいます。

　2人にそれぞれ1つの山を選んでもらいます。残った1つの山は使いません。

　演者は、観客の1人に、彼が持っている3枚のカードの数のうち1つを言ってもらい、それを紙に書きます。つづけてもう1人の観客にも1つ数を選んでもらいますが、その数を1人目の数の右か左、どちらに書くかを選んでもらいます。それを書いたあと、2人に再び、手に持っているカードの中でまだ言っていない数を1つ言ってもらい、2番目の数として、その人が初めに言った数の下にそれぞれ書きます。

　"ランダム"にできた2つの2桁の数の合計をその下に書きます。そして2人の手元で残っている最後の数をそれぞれ、合計した数の下に書き、その下に最終的な合計を書きます。

　自由に数字を選んでもらったにも関わらず、その合計と予言は完全に一致しています。

方法：1〜9までのカードの並びを、どこでカットしても最終的な3枚の合計が15となるようにセットしておきます。ブランクカードか名刺の裏の白い面

に数字を書いて作ります。見た目は重要ではありません。重要なのは、これから説明するセットです。まず、１、５、９の山、２、６、７の山、そして３、４、８の山を作ります。

　次に、最初の山から１枚を適当に選び表向きにテーブルに置きます。次に２番目の山から適当に１枚を選び、表向きに１枚目のカードの上に置きます。３番目の山からも適当に１枚を選び、表向きで２枚のカードの上に置きます。また最初の山に戻ってカードを選び、テーブル上の３枚の上に置き、２番目の山から選んで、同じようにテーブル上の４枚の上に置きます。３番目の山のカードも同様にします。つづけて、最初の山に残った最後のカードもテーブル上の６枚のカードの上に表向きで置き、２番目の山でも同様にします。３番目の山の最後のカードをテーブルの８枚のカードの上に置いて揃えておきます。

　演技のときには、カードの束を裏向きにして、順番が変わらないフォールス・シャッフルをします（私は、大きいカードを使うときは、好んでヘイモウ・シャッフルを行っています）。それから観客に好きなだけカットしてもらったあと、演者がもう一度カットします（最初に、トップカードにマークをしておき、マーク・カードがトップになるようにカットします）。

　これで、カードが３つの山に配られたとき、それぞれの山のカードの合計はどれも１５になります。

　この章の前の現象で説明したマトリックスの原理を使い、２人の観客の選んだ３桁の番号を縦に書くと、合計は必ず１６５になります（図１）。そして、これがあなたの準備する予言の番号です。

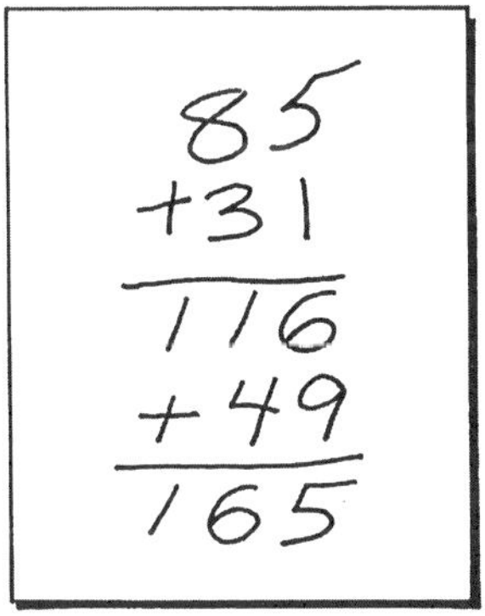

　各山の合計が１５になるという原理を利用して、手順の自由度を高める方法は、シカゴのメンタリスト、テリー・ノセックのアイデアです。セットの並べ方は私が発展させました。

図１

コメント：ごく最近、友人であるプロのメンタリストから、この原理を使って他の数字の合計を作り出せないかと相談され、私はそれを実現するセットを考えました。

　他には、見た目に公明正大であることも目指しました。各山の合計が15になることで、観客がどの山を自由に手にしても最後の番号に到達できることにもなります。

　自分への挑戦としてこの問題についてよく考えたあとに開発したのが以下の手順です。オリジナルの手順よりも少しだけ制限が加わるものの、演技は難しくないでしょう。

　このバリエーションでは、165以外の数値でもフォースできます。
　本来の165以外に7個の数字をフォースできます。観客が自由には山を選べない点だけが、前述の手順と異なります。しかし、見た目にはほとんど変わりません。

　どちらにも取れるあいまいな言葉を利用しますが、選択自体は自由に行われたように見えます。一番大きな違いは、あなたが、選ばれたくない山が選ばれないようにフォースする点です。それ以外は本来の方法と違いはありません。

　追加できる数、209、198、187、176、154、143、132、の7つと元々の数、165が予言できる数値です。

　例えば、209を予言に使ったときは、9、7、3を1つ目の山に、8、6、5を2つ目の山、1、2、4を3つ目の山に配られるように全体をセットします。そして、1、2、4の裏には小さなマークをつけて分かるようにしておきます。

　セットしたカードを持ち、フォールス・シャッフルを行って、観客に好きなだけカットしてもらいます。それを3つの山に配ると、上記で説明した通りの数の山が3つできます。1、2、4以外の他の2つの山を合計するとどちらも19になります。したがって、1、2、4の山を取り除く必要があります。マークを見れば、その山がどれか簡単に判別できます。

一般的な手順を以下に示します。2番目の観客に山の1つを指してもらい、それがもし1、2、4の山であれば、それを取り除きます。その山を横に退けて、あとはもとの手順と同じようにします。

　もし、観客が他の山を指差した場合、もう1つ別の山も指してもらいます。それが1、2、4の山でない場合、指差されなかった1、2、4の山を取り除き、あとはもとの手順に沿って演じます。

　もし、最初に1、2、4の山が選ばれず、2番目に1、2、4の山が指された場合、その観客に、今選んだ2つのうちの1つを演者に渡すように指示します。A．もしそれが1、2、4の山なら、それが取り除き、テーブルの横に除きます。そして、残った1つを本人に持ってもらい、もう1つの山をもう1人の観客に渡してもらいます。または、観客が手元に1、2、4の山を残した場合、渡された山をもう1人の観客に渡し、1人目の観客の手元にある1、2、4の山は横に除きます。そして、残った山を"自由に選んだ"と言って1人目の観客に持ってもらいます。

　文章で読むと難しく感じるでしょうが、実際に演技を行うとうまくいくことがわかるでしょう。

　予言を198にしたい場合、選ばれるのは1、8、9の山と5、8、9の山になるように（2、3、4の山は取り除きます）セットします。

　予言を187の場合は、選ばれるのは1、7、8の山と3、6、8の山で、2、4、5の山を取り除きます。

　予言を176の場合は、選ばれるのは1、6、9の山と4、5、7の山で、2、3、8の山を取り除きます。

　予言を154の場合は、選ばれるのは1、6、7の山と2、4、8の山で、3、5、9の山を取り除きます。

　予言を143の場合は、選ばれるのは1、3、9の山と2、5、6の山で、4、7、8の山を取り除きます。

予言を132の場合は、選ばれるのは1、3、8の山と2、4、6の山で、5、7、9の山は取り除きます。

もしかしたら、これ以外の数字の組み合わせも存在するかもしれませんが、私はこれ以上、必要ないと判断し、チェックはしていません。

●即席の数の予言
現象：サインペンであなたの名刺9枚にそれぞれ1から9までの数を書きます。別の紙に、演者は誰にも見せないように予言を書き、観客の目の届くところに置いておきます。

次に演者は、カードをどのようにして混ぜるかを実演して見せてから、観客の1人に手伝ってもらい、カードを1枚ずつ配って、3つの山を作ってもらいます。

3つの山のうちの1つを選び、その山にある数字のカードのうちの1つを観客に選んでもらい、演者はその数を紙に書きます。

別の観客に、残っているも2つの山のうちの1つを選び（残った山は取り除きます）、その山から数字を1つ選んでもらい、その数を先ほどの紙に書きますが、右に書くか左に書くのかも観客に指示してもらいます。これで2桁の数ができました。

次にまた、1人目の観客に、先ほどの山からもう1つ数字を言ってもらい、それを最初に彼が選んだ数の下に書きます。2人目の観客にも先ほどの山から別の数を選んでもらい、先ほど彼が選んだ数字の下に書きます。そして観客の手元に最後に残っている数もそれぞれ言ってもらい、それぞれの観客の数の下に書きます。

こうしてできた3つの2桁の数を合計したあとに予言を読むと（ここでは165になります）、数が完全に一致しています！

方法：これは、"数の予言・2（97頁参照）"と、私の好みの技法、カリー・スウィンドル・スイッチの組み合わせです。

この手順では、カードの混ぜかたを実演するときに、カードの並びをセットしています。

　カードを手に持って、説明を読みながら実際に行ってみてください。

　カードを裏向きにして、一番上が1で一番下に9が来るように順番に並べます（図1）。

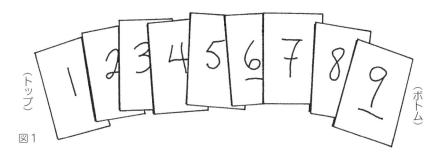
図1

　ここで"実演"を行います。下記に従って、裏向きに持ったカードを表向きにしながら配ります。

　1、2、3枚目は1枚ずつ表向きにして配り、4枚目と5枚目を交換してから表向きに配ります。6、7枚目は1枚ずつ表向きで配り、8枚目と9枚目を交換して表向きで配ります。その結果、カードは表向きで以下の順番になっています。

　上から、8、9、7、6、4、5、3、2、1（図2）

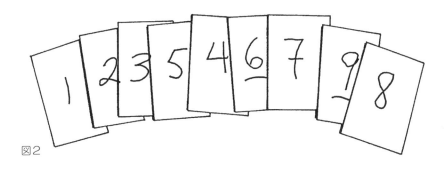
図2

順番を変えないようにカードを揃えて取り上げ、裏向きにします。
　カードを混ぜる手順を行うとカードの順番が変わると説明して、2回目の実演を以下のように行います。

　上から4枚目まで（1、2、3、5）1枚ずつ配り、5枚目、6枚目（4、6）を交換して配る。7枚目、8枚目（7、9）も交換して配り、9枚目（8）をそのまま配ります。これでカードは表向きで以下の順番に並んでいます。

　上から、8、7、9、4、6、5、3、2、1（図3）

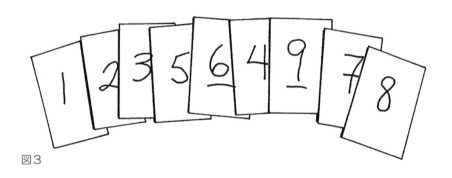

図3

　今、カードは数の予言を行うのに必要な順番に並んでいます。すなわち、この順番になったカードを揃え裏向きにして、現象で説明した通りに行って3つの山を作ると、各山の合計はそれぞれ165になります。

コメント：この現象は直接的で、場所を選ばず、少ない練習量で演じることができます。他の数の予言では手順がより多くなっていますが、この手順は単独でも簡単に演じることができます。バラバラに並んだ状態のカードを観客が選び、その合計が予言されているという強力な現象です。

●実用的なメンタリズムの手順
　ESPに関連した実験を行ってみようと提案します。演者はコインを観客に手渡し、観客にそのコインを弾いて、平坦なところに落としてもらいます。それが終わったあと、演者はポケットから封筒を取り出し、誰かに持ってもらいます。そして、観客に、先ほどのコインが表か裏かを訊ねます。

次に、1組のカードを取り出し、両手の間で裏向きに広げ、誰かに好きなカードの裏に指でタッチしてもらいます。そのカードを取り出し、観客全員に見せます。

　最後に、1から9までの数が書いてある9枚のカードを示し、よく混ぜたあと、観客に何回かカットしてもらいます。そして、1枚ずつ全てのカードを配って3つの山を作ってもらい、2人の観客に山を1つずつ取り上げてもらいます。残った山は取り除きます。

　演者はメモ用紙を取り出し、2人の観客のうちの1人に、手に持っているカードの中から1つの数を選んで言ってもらいます。メモ用紙の右に書くか左に書くかを決めてもらって、言われた通りにします。もう1人の観客にも同様に数を1つ言ってもらい、最初の観客の数の横に書きます。結果、ランダムな2桁の数ができ上がります。また、1人目の観客に手元のカードの別の数を言ってもらい、先ほど彼が言った数の下に書きます。2人目の観客に同じように数を選んでもらい、彼の言った最初の数の下に書きます。今、無造作に選んだ2桁の数が2つメモ用紙に書かれました。そこで、その2つを合計します。

　そして最後に、2人の観客の手元に残っている数をそれぞれ言ってもらい、それを彼らが言った数の下に書き、その2桁の数を先ほど合計した数に足して、最終的な合計を算出します。

　今までのでき事を改めて説明します。例えば、コインは裏で、選ばれたカードはスペードの6で、数字の合計は165だったとします。

　最初に封筒を渡されていた人にその封筒を開けてなかに入っている予言を大きな声で読んでもらうと、「コインは裏が出て、カードはスペードの6で、番号は165」と書いてあります。

方法：コイン・トスの結果だけは本当にそのときの結果に左右されますが、カードと数は、フォースしています。

　2つの封筒を準備します。一方の封筒のなかに入れる予言の出だしの文章は"コインは表が出て"であり、もう一方の封筒に入れる予言の出だしは"コイン

は裏が出て"です。

　カードのフォースに関しては、技法を使っても問題ないでしょうが、この手順では私はフォーシング・デックを使用しています。

　もちろん、3つ目の数の予言に関しては、今までに説明してきたあらゆる数の予言の手順を利用してください。

コメント：私はよくシンプルで効果的なメンタリズムの手順がないかとマジシャンに訊かれます。この手順はそんな要求にぴったりでしょう。簡単で、効果的です。また、古典的な3つの予言のように見えますが、ワン・アヘッドの原理は使っていません。

筋書きから外れる場合について

―― エッセイ ――

　最終的に、私たちの多くが恐れる言葉は「私はそのやり方を知っています」と言われることでしょう。

　普通は、演技の途中でその言葉が聞こえることはありません。もちろん、コメディクラブやナイトクラブでのショーなど、状況で変わってくるでしょうが、もし、あなたにその経験があれば、その言葉に鋭くしっぺ返ししてやりたいと思うかもしれません。しかし大多数の演技者にとっては「それ、どうやったんだい？」という質問は、ショーのあとで、疑い深い人物が、今日のショーはよかったとお世辞を行ってくる中で同時に訊いたりすることが多いでしょう。「とても楽しかったです、ところで……」といった感じです。

　個人的な経験として、こういった質問をする人々というのは大きく２つのグループに分けられます。１つめは、マジックの本を読んで自分は"すべてを知っている"と思っている人々です。誰もがこういった人物を排除できるわけではありません。もし、演者が、本当の超能力を証明する演技をしている場合、その人物は間違っていることになります。よって、そう言った人物は、多くの場合、本やネットで知識武装して来るでしょう。一番良い方法は、愛想よくその場を立ち去ることです。もしショーの最中でそれが難しければ、私の詰問停止技術か、"メンタリストの保険（80頁）"が役立ちます。

　もし、長時間その場に留まらなければならない場合、私は、科学的な議論に持っていきます。多くの場合、その問題の人物が自分で熱中して行くので、演者本人がその話題から、より大きい規模の話に内容を逸らせていきます。結果、会話が自然に終わるか、もしくは適当なタイミングで、その場を去るのです。

　こういったアドバイスを目にすることはほとんど無いでしょう。ここでは、有

能でより実践的な方法を編み出すクリエイターのために、演者が大きなダメージを受ける前の保険を教えましょう。

　どうか、現象や手順を他の誰も行っていないやり方で、あなたのショーで演じてください。私は、ネット上に出ている方法や、あるいは説明書に書いてある方法がどうだということを気にしません。ただ、変えるのです！捻りを加え、異なる表現を考えるか、誰かが数十年前に演じていた方法を真似るのです。誰も見たことのない演出で演じることで、誰も、あなたを超能力者のふりをしたマジシャンであると証明できなくなります。よく知っている観客の前で、怠惰になり見え透いた演技を行ってはいけません。私はこのことを、自分が初めて演技を行ったパーティーで学びました。

　私は演技を終え、荷物をまとめ終わったところでした。アマチュア・マジシャンが私に近づいてきて、"見せかけのテレパシー（1頁）"に使われた封筒を見たいと言ってきたのです。そこに数人のグループができ、私は、そのマジシャンがタネを明かしたいのだと推測できました。

　私はすぐに、彼にもできると言ったところ、彼は封筒を1つ取り上げ、封筒の内側に数字が書いてあって、それぞれの数字に対応する観客に封筒を渡すのだと集まった人々に言いました。

　しかし、彼はその言葉を言い終えることができませんでした。何故ならそこには数字など無かったのです。明らかに彼は、その数字を利用する、オリジナルのアンネマンのバージョンについて読んだことがあったのでしょう（信じがたいことですが、多くの演技者がこの通りに演じています。アンネマンは読者に"行間を読む"ことを期待していたのでしょうが）。

　それから私は荷物からいくつものサイズの異なる封筒を取り出し、そのマジシャンの前にばらまいて、「あなたが見たいのは、これ、それとも、これ？　それともこれですか？」と言って余裕の表情で彼の知識が役立っていないことを証明しました。

　そこにいるそのマジシャン以外の全員が、彼を見て笑い、そして私は立ち去りました。もちろん、私は封筒に小さな点をつけています。しかし、それが怪

しいと思われたとしてもタネを証明するには至りません。

　もう一方の疑い深いタイプは、頭の良い人か、好奇心による場合でしょう。彼女が超能力を信じているか、あなたの演技が素晴らしすぎたのかもしれません。

　このような観客に遭遇した場合のために、私は、１つの方策を考え出しました。これはほとんどの演技に応用できるでしょう。

　丁寧な態度で、その疑念を持った観客は静かに演者のそばまで来て、演技が素晴らしいと言うと共に、タネを教えてくれないかと訊いてきたとします。

　私は、眉をしかめて質問の意図が分からないというふりをします。そうすると、彼女はそのマジックをどうやって行うのかについて、誰かが彼女に説明した内容や、彼女自身が思い至った考えを説明してきます。

　（私は、誰かが彼女に説明したことを彼女に直接聞くことは、とても悪いことだと思っています。しかし、私は次に言うことのためにあえてその状況を作ることがあります。そのとき、私には彼女が言ったことが全く想定外だったように振る舞います）

　私は、彼女の説明を近くで聞きます。それが馬鹿馬鹿しい内容でも気にすることはありません。それが何であれ、私は難しく考えている様子で再び眉をしかめ、そして、言われた内容を理解しようとする様子を見せて、こう答えます「確かに、その方法でできないことはないでしょう……しかし、秘密は残しておいたほうが面白いじゃないですか？」

　私としては、これは素晴らしい答えだと思っています。読者も同じように感じてくれたら幸いです。彼女の疑念と、思考のプロセスを理解して、彼女が正しい、もしくはその方法もあり得る（実際に可能かどうか別にして）とした上で、まだ彼女に遊ぶ余地を残しています。

　これはまた、もし読者が本物の超能力者だとしても同じでしょう。もし世の中に本当に超能力が存在したとしても、それを証明することはできません。そ

れはマジックのテクニックで行う場合と同じ結果を導くかもしれません。どんな答えも論理的ということはあり得ないのです。

お金と第六感

●バーンスタインのバンクナイト

現象：観客から5人の協力者を選び、ステージに上がってきてもらいます。そのうちの1人に、その人が持っている一番高い金額のお札を出してもらいます（お札にサインしてもらっても良いでしょう）。それを、5枚ある不透過の封筒のうちの1つに入れて封をして、協力者に5枚の封筒を混ぜてもらいます。これで誰にも、どの封筒に先ほどのお札が入っているか分からない状態になります。それから封筒は、協力者の指示する通りに5つの椅子の上に置かれます。

演者はまた別の5枚の封筒をポケットから取り出します。ここには、5人の協力者に対する指示が書いてあるといいます。協力者たちにそれぞれ封筒を選んでもらいます。そのあとで、隣の協力者同士で封筒を交換し合ってもらっても良いでしょう。最終的に封筒の持ち主が決まったあと、協力者たちには、その封筒を持ったまま椅子に座ってもらい、椅子の上に置いてあった封筒は膝の上に置いてもらいます。

協力者に"指示"が入っている封筒を開けて読んでもらいます。その内容を確認すると、4つの封筒には、椅子の上にあった封筒を燃やす（あるいは何らかの方法でズタズタにする）といった指示が書いてあることがわかります。

そして、1枚の封筒だけには、燃やさずに残しておくという指示書が入っています。協力者たちには、その指示の通りに行動してもらいます。つまり4枚の封筒は燃やされ、ちぎられ、して1枚の封筒だけが残されます。不思議なことに、その、封筒を開けると（協力者に開けてもらっても良い）最初に借りたお札が入っています。

方法：お札を入れる封筒には、秘密の印しを付けておき、どの椅子に置かれたか

が分かるようになっています。加えて、5枚の"指示書"の封筒は、実は、5種類の予言が、それぞれ5セット準備されているのです。それらは、セットごとに別のポケットに入れておきます（または、どこか別の場所に置いておく）。それでは、どのように"指示書"を準備するのか説明します。図1を見てください。

セット1

```
1番の椅子──封筒は燃やさないでください
2番の椅子──封筒を燃やしてください
3番の椅子──封筒を燃やしてください
4番の椅子──封筒を燃やしてください
5番の椅子──封筒を燃やしてください
```

セット2

```
1番の椅子──封筒を燃やしてください
2番の椅子──封筒は燃やさないでください
3番の椅子──封筒を燃やしてください
4番の椅子──封筒を燃やしてください
5番の椅子──封筒を燃やしてください
```

セット3

```
1番の椅子──封筒を燃やしてください
2番の椅子──封筒を燃やしてください
3番の椅子──封筒は燃やさないでください
4番の椅子──封筒を燃やしてください
5番の椅子──封筒を燃やしてください
```

セット4

```
1番の椅子──封筒を燃やしてください
2番の椅子──封筒を燃やしてください
3番の椅子──封筒を燃やしてください
4番の椅子──封筒は燃やさないでください
5番の椅子──封筒を燃やしてください
```

セット5

```
1番の椅子──封筒を燃やしてください
2番の椅子──封筒を燃やしてください
3番の椅子──封筒を燃やしてください
4番の椅子──封筒を燃やしてください
5番の椅子──封筒は燃やさないでください
```

　それぞれのセットの、5枚の封筒に入っている"指示"は全て同じになります。

　それら5枚の封筒のセットは異なるポケットに入っていて、どの椅子にお札の入った封筒が置かれたかを確認したあとに、それに合った"指示"の封筒を取り出します。

図1

セット1：5枚の封筒の見た目は同じですが、中に入っている指示書には、1番の椅子の封筒は"燃やさない"2番〜5番の封筒は"燃やす"よう、指示されています。

セット2：封筒の見た目はすべて同じで、2番の椅子の封筒だけ"燃やさない"で、他の封筒は燃やすよう指示がされています。

セット3：3番の椅子の封筒だけ"燃やさない"で、他の封筒はすべて燃やすよう指示されています。

セット4：4番の椅子の封筒だけ残し、他の封筒はすべて燃やすよう指示されています。

セット5：もちろん、5番の椅子の封筒だけ残し、他の封筒はすべて燃やすよう指示されています。

　以上のように、誰がどの"指示"封筒を手にしても問題がないようになっています。

　忘れてはならないことは、お札の入った封筒がどの椅子の上に置かれたかを憶えておくことです。例えば3番の椅子にその封筒が置かれた場合、それに合った指示、つまり、3番の椅子の封筒だけ残し、他の封筒を燃やすという指示の入ったセット3つの封筒を、特定のポケットから取り出します。そしてそれらの封筒を協力者に選んでもらいます。

　彼らが封筒を開けたとき、あなたは1番の椅子に座っている観客に対して「1番の椅子に置かれた封筒に対しての指示は何ですか？」と訊ねます。答えは"燃やしてください"です。次に、2番の椅子に座った観客に対しても「2番の椅子に置かれた封筒に対しての指示は何ですか？」と訊ねると、再び答えは"燃やしてください"となります。

　3番の椅子に座った観客に、指示書に書いてある命令を訊ねると、"封筒は燃やさないでください"だと答えが返ってきます。もちろん、4番と5番の椅子に対しての指示は"封筒を燃やしてください"です。

　これで、最後に残る封筒を開けると、お札が出てきます。

　この手順は、バリー・リチャードソンのトリックに影響を受けています。トリックは"3つの予言"のタイプで、名前は"怠け者のメンタリスト（Lazy Mentalist）"、彼の本"精神の劇場（Theater of the mind）"に載っています。

　そのトリックをよりシンプルにすることによって、実用的に、現象はよりドラマチックになります。

　繰り返しますが、各セットの5枚の封筒の中には、それぞれ"指示書"が入っています。

それぞれのセットは異なるポケットに入れておき、印し付きのお札の入っている封筒がどの椅子に置かれたかを確認したあとに、適した"指示書"封筒のセットを取り出します。

コメント：私がはじめてバリー・リチャードソンの方法を知ったとき、私は思わず息を飲みました。それほどに優れたアイデアだったのです。

　しかし、上述のように、そこまでの優れたアイデアにも関わらず、インパクトに欠けている気もしました。数年後に私の改案が発表され、多くのプロマジシャンの演技の中に組み込まれています。発明から多くの時間が経ったあとでも面白く、有効であることが証明されたと思います。

●不可能なバンクナイト

現象：観客の1人に持っているお札にサインかもしくは区別できる印しを付けてもらい、演者はそれを封筒に入れて封をしてもらいます。それから、その人に他の4つの封筒を渡し、それぞれにただの紙を入れて封をしてもらい、それら5枚の封筒を他の誰にもさわらせないよう持っていてもらいます。

　ショーが始まったら、封筒を預けた観客に封筒を持ってステージに上がってもらいます。そして、その封筒をよく混ぜてどの封筒にお札が入っているか分からないようにしてもらいます（混ぜた本人にも分からないようにします）。それから封筒を両手の間で大きく広げて観客の1人に封筒にさわってもらいます。その選ばれた封筒を横に置いてもらいます。大きな灰皿とライターが準備してあり、選ばれなかった4枚の封筒を灰皿の中で燃やしてしまいます（もし、火の扱いが禁止されている会場なら、シュレッダーにかけます）。

　他の4つの封筒がよく燃えたあとに、選ばれた封筒を開けると、サインされたお札が入っています！

方法：ショーの前に、10枚位の封筒の束を準備しますが、上の2枚で図1、2のようにフラップレス・スイッチで交換できる状態にしておきます。演者は一番上の封筒にお札を入れ、紙が入っているその下の封筒と交換します。封筒の束を裏返し、上の4つの空の封筒を観客に渡し、その中にそれぞれ紙を入れ、封をしてもらいます。

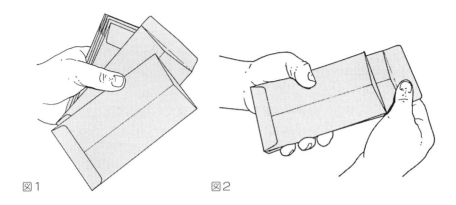

図1   図2

　後ほど、お札の入った封筒からお札を取り出し、そのお札をサム・チップかフィンガー・チップに入れて仕込んでおきます。最終的に選ばれた封筒を開けたとき、その封筒の中に親指と人差指を入れ、封筒の蔭でサム・チップに隠してあったお札を開いて取り出します。

　簡単すぎますか？　しかし、現象としては強力で、怪しさもないと私は考えています。多少、秘密の仕事を行うにしても、強い衝撃を与えられます。

　ポイントとして、固いプラスチック製のサム・チップを以下のようにして大き目に加工しておきます。サム・チップを大きくするには、まず、ポットで湯を沸騰させたあとに、火を消して1、2分待ちます。それから、あなたが大きくしたいサム・チップをその湯につけます。柔らかくなったかどうかはスプーンで触って確かめます。柔らかくなっていれば、サム・チップをお湯から取り出し、その中に、別のサム・チップを型の代わりとして突っ込みます。その状態の2つのサム・チップを先ほどの湯に入れて30秒待ってから取り出します。内側のサム・チップをもう少し押し込み、そして流水で冷やします。内側のサム・チップを取り出します。結果、最初よりも大きくなったサム・チップが準備できます。決して、熱湯に入れたサム・チップをそのまま親指に被せてはいけません。ただ火傷するだけです。

　大きめのフィンガー・チップを使いたいときは、以下の方法がもう少し現実的でしょう。試して見てください。"6番目の指"のギミックの、指の先端を切り取り、型として先ほどの方法で使用することで、大きめで、適度に曲がった

フィンガー・チップが得られます。

コメント：この現象は、実際演じると、文章で読む以上に強力です。直接的で分かりやすく、不可能に見えます。

また、サム・チップのサイズ変更についても覚えておけば役立つこともあるでしょう。

●不思議な貯金箱
現象：ある実験のために、と言って、観客の中から4名の協力者を選びます。ステージ上のテーブルには豚の貯金箱、厚めの紙袋、金槌が用意されています。

演者はメモ帳とペンを持ち、4人の協力者のうち1人に、1桁の数を1つ言ってもらい、演者はその数をメモに書きます。同様に、もう1人の協力者にも、1桁の数を言ってもらい、それもメモに書きます（それは先ほどと同じ数でも、違っていても良いでしょう）。3人目の観客にも同様に数を言ってもらい、それもメモに書きます。

それらの数が、3、7、9だったとします。4人目の観客には、その3つの数の順番を選んでもらいます。例えば739が選ばれたとします。演者はその数を書きます。その観客にテーブル上の紙袋の中になにも入っていないことを調べてもらいます。それから豚の貯金箱を紙袋の中に入れてもらいます。このとき、メモ帳を紙袋の脇に置き、数字が分かるようにします。同時に観客に金槌を取り上げてもらいます。

演者は、今まで何が行われたかを要約して述べたあと、観客に金槌で紙袋を叩いてもらい、袋の中の豚の貯金箱を砕いてもらいます。そして、砕いた豚の貯金箱の中に入っていた折り畳んだ紙を袋から取り出し、観客に、その紙に書いてある内容を大声で読んでもらうと、「親愛なる子豚銀行様、私は739ドルを貯金する予定です」と書いてあります。

方法：このマジックはネッド・ルトレッジ（Ned Rutledge）の古典、"Minding The Store" に精通していれば、理解しやすいでしょう。

ルトレッジの現象をシンプルにしたものです。そして豚の貯金箱を使うことで、可愛さが増しています。

いくつかの道具が必要です。まず、安くて簡単に割ることのできる豚の貯金箱、破れにくい紙袋（または適したビニールの袋でも良い）。袋は貯金箱より大きい必要があります。そして小さめのメモ帳。予言のメッセージを書くための紙、金槌、そして、この章末（122頁）にオプションとしてネイル・ライターを使う方法を記載してあります。

予言は、書き込みをする面が表に来るように折りたたみます。書く内容と折り方は、図1、2に示してあります。

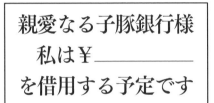

図1

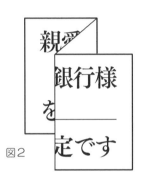

図2

演技の手順はとても単純です。親指で予言の紙を押さえておき、選ばれた数をメモに書くときに予言の紙にも書き込むのです（図3）。それから、観客に金槌を持ってもらうときにメモの下側と袋の口をさりげなく接触させてそのまま予言の紙を袋の中に落としてしまいます。これで本当にうまくいくのかと疑念を持つかもしれませんが……うまくいくのです！ただ、自然に自信を持って紙を落とせるようになるまで練習は必要です。

もちろん、貯金箱が袋の中で壊れて、紙に破片がかかるので、紙を取り出すときには自然に見えます。

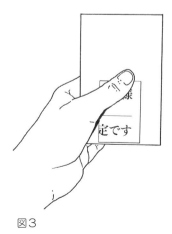

図3

●ネイル・ライターを使う方法

　ワックスで、予言の紙を貯金箱の横に貼り付け、観客の目の触れないようにしておきます。袋を観客に開けてもらい、（観客を助けるためにと言った感じで！）貯金箱を取り上げて袋の中に入れるときにネイル・ライターで言われた数を記入します。この方法であればメモ帳は必要ありません。貯金箱を袋の中にいれたあとに、紙を貯金箱から放しておきます。

コメント：この現象は、数年前に、観客の数に関係なく演じられるマジックを考えてほしいと依頼を受けて発案しました。面白く、皆の心の中にある懐かしさを呼び起こす現象です。

●バーンスタインの賭け

現象：観客に手伝いを頼んでから、１組のトランプを取り出して両手の間に裏向きに広げます。そして演者は、５２枚の中から１枚のカードが選ばれるなかでどのようなドラマが起きるのか興味深い、と説明します。観客に、好きなカードを１枚抜いてもらい、見ずに裏向きのまま観客全員に見える位置に置いてもらいます。

　賭け事にこそドラマが起きるので、ハイ・カードと言うゲームを行おうと話しを続けます。

　ここには、トランプは１組しかありませんが、もう１組欲しいので、観客の想像のなかのトランプを使うことにしますと説明して、観客に心を静めてもらってから、３つ数えたら、すぐに好きなカードを１枚思い浮かべてもらうように観客に頼みます。そして、このゲームではＡが一番強く、２が一番弱い、マークでは、スペードが一番強く、次が、ハート、そしてダイヤモンドと続き、クローバーが一番弱いと説明します。

　そして、賭け事をよりドラマチックにするためには、本物のお金が不可欠だと言って、演者は財布を開けて何枚かの紙幣を取り出して、テーブルに置きます。これから、この私のお金だけを使って賭けを行いますので、心配しないで賭けてください、と言います。「もし、私が勝てば、お金は私の手元に残るし、もし私が負ければお金は私の妻が寄付に使います。寄付先は、クリスチャン・ディオールですがね……」

観客に、1〜50ドルの間の好きな金額でいくら賭けるかを決めてもらいます。そして、一度決めたら変えないようにしてもらいます。観客の目を見たあとに、演者は3つの申し出をします。

1. 観客に掛金を言ってもらいます。

2. 誰も、1回のゲームで全ての持ち金を賭けることはできません。そして演者は自分の掛け金として20ドルもらいます。

3. 観客の手に残された金額はぴったり75ドルになります！

　ゲームが始まります。観客の思った金額をあなたが訊ねると、彼は35ドルと言ったとしましょう。観客は自分の手元にある札束から35ドルを数えて取り出します。それから演者は彼に20ドルを返してもらいます。観客に残った金額を合計してもらうと、ぴったり75ドルになります。これが最初のクライマックスです。

　次に、観客に、別の観客を指名して、"演者のカード"として、その人に自由に考えた1枚のカードが何かを尋ねます。その反応に関わらず、あなたは自分の頭を"残念"という風に振って、観客にもう一度チャンスを与えます。観客はまた別の観客を選んで、カードを考えてもらいますが、やっぱり駄目です。と言います。

　それからあなたは笑顔を浮かべ、ゲームの最初からお金のリスクはないと言い、テーブルトの、観客が最初に選んだカードを表向きにして、そのカードがこのゲームでは絶対に勝てない、52枚の中でもっとも弱いカード、クラブの2であることを示します。

方法："自由に"選ばれるカードは、実際はフォースです。クラブの2を選ばせるどんなフォースを使用しても良いでしょう。ワンウェイデックや、他のトリックデックを使用しても良いと思います。

　賭けには、"アインシュタインを騙したトリック"を応用しています。元々はマジック・ショップで売られていたアル・コーランのレクチャーノートに載っ

ていた手順です。元々素晴らしい手順でしたが自分の演技には独立しては取り入れていませんでした。それで今回のこの手順に組み入れました。

　この手順に必要なことは、95ドルをテーブルに準備することだけです。観客がどれだけの金額を賭けようとも、結果は75ドルになります。例えば観客が35ドルを数え取ったとしましょう。観客の手元には60ドルが残ります。そこから、演者に20ドルを渡してもらうと、40ドルが観客の手元に残ります。これに観客が取った35ドルと合わせれば、75ドルです。よくよく考えてみれば、当然のことですが、数学的要素を賭けの中に入れることで、分かりにくくなっています。

　この手順で重要なことは、こういった手順に内包されている。観客が負けること、すなわち観客のリスクを"妻の好きな寄付"の下りで、消し去るところです。この演出は自分で気に入っていて、似た手順でも応用できるでしょう。

コメント：カードによる"賭け"は、この手順で本当に重要な部分であるため、他のお金を賭ける手順と組み合わせられると考えました。

　この手順は少しの準備で行うことができるのに実践的で、演じていても楽しいと思います。

　"私の妻の好きな寄付"はちょっとした演出ですが、飛ばさないでください。客が負ける、という結果を避けることで客との敵対関係を作らないで済むのです。

●臨床超能力
　このマジックは、予知の臨床実験といった体裁で行います。簡単に言えば、娯楽性を有しつつも、あまり知られていない方法を使って"本物"のように演出するのです。

現象：3枚のコインを投げた場合の表裏の組み合わせは、表表表、裏裏裏、表裏裏、表表裏、裏表裏、表裏表、裏表表、表表裏の8種類あると説明して、それぞれの組み合わせを、8枚の紙に書きます。

協力者に、それらの紙を混ぜて、1枚選んでもらいます。そのあと、演者は自分の組み合わせを選んで、それを言います。もし2つの組み合わせが合っていれば、ゲームが始まります。

　3人目の人物に、彼の持っているコイン（あなたはそのコインを見たり触ったりしません）を指で弾いてもらい、3回弾いたあとに最初の"勝ち"が来ますが、信じられないと思いますが、3対1であなたが勝ちます。

　この演技は紙が無くても成り立ちます。誰かが組み合わせを言い、そのあとに演者が自分の選択を言えばよいのです（こうすると、少しだけ演者の勝つ確率が減りますが、致命的にはなりません）。

方法：私はこの、変わった数学的原理をハリー・アンダーソンの"Never Give A Sucker an Even Break"で初めて知りました。これを私は予言の演出で使用することにしました（または、念動力でコインの落ち方に影響を与えるという演技でも良いでしょう）。紙には印が付けてあります。よって組み合わせの紙が選ばれたときには、それが折られ、あるいは裏返しになっていようとも、演者にはその内容が分かる仕組です。

　演者が行うことは、観客が選んだ文字列の最後の文字（表表裏であれば、裏）を、文字列の最初に置いた逆配列に組み合わせで書かれた紙を選ぶことです（この場合であれば裏表表の紙を選ぶ）。奇妙な公式ですが、コインが投げられたときには圧倒的有利を保つことができます。実際のところ、良い反応を得ることができます。「もしこれが本当にうまくいくなら、それで稼いだ方が良いよね！」と言う話になります。

コメント：これは強い印象を与える、劇場型のマジックではありません。しかし、実践的な予言、または直接的な効果、すなわち手順からして不可能なことを成し遂げているように見せられます。

●Gと言われたとき
現象：5枚の見た目が同じ封筒を観客に手渡し、完全にバラバラになるまで混ぜてもらいます。それが終わってから、演者は別の封筒を先ほどと違う観客に渡します。その2人目の観客は、渡された封筒を開け、その中の指示の通りに

動きます。

　1人目の観客に5枚の封筒を自分の前に1列に並べてもらいます。そして、演者は今から行うことを説明します。これから、アルファベットを1文字ずつ言うので、それが言われる度に1人目の観客は1つずつ封筒に触ってもらいます。順番でも良いし、バラバラに触っても良いでしょう。あるいは同じ封筒を連続で何度も触っても良いし、一ヶ所だけ触ってそのままそこを触り続けても良いでしょう。そして、2人目の観客に手渡した封筒の中には、特定のアルファベットが言われたときにストップというように指示が書いてある、と説明します。

　演者は観客と封筒に背を向けて、ゆっくり、はっきりとアルファベットを1つずつ言っていきます。観客はそれに合わせて封筒に触ります。そして"G"と言ったときに、第2の観客から「ストップ」と声が上がります。そこで第1の観客に、今、触っていない4枚の封筒を取り除き、それらをテーブルの端にある灰皿(あるいは透明なガラスの鉢)に入れてもらいます。

　残った1枚の封筒を演者に手渡してもらい、一方、演者はマッチ箱を観客に手渡し、観客に選ばれなかった4枚の封筒に火をつけてもらいます。

　封筒が燃え始めたところで、5枚のうちの1枚の封筒にだけ50ドルが入っていて、他の4枚には何も入っていなかったと言います。そして、"G"と言われたときに触れられていた封筒にお札が入っている予感があったと言います。4つの封筒に付けた火が消えてから、選ばれた封筒の封を切り、50ドルを取り出して未来を見通していたことを証明します。

方法: ここではフィンガー・チップに50ドルを入れて密かにロードしています。5枚の封筒は元々全て空ですから(または、折りたたんだ50ドルと同じサイズの紙片を入れておいてもよいです)、"G"と言われたときにどの封筒に触られていようが関係ないわけです。

　どの封筒を手渡されても、他の封筒が燃えたあとに、あなたは満足そうな笑みを浮かべて50ドルを取り出します。

　どのようにそれを行うか説明します。封筒の上部を切り、フィンガー・チッ

プを付けた指を封筒の中に入れます。自由な方の手で封筒をフィンガー・チップごと外側から掴み、フィンガー・チップは封筒に残し、フィンガー・チップを付けている指で折られたお札だけ引っ張り出します。封筒はフィンガー・チップが中に入ったまま、くしゃくしゃに丸めてポケットにしまってしまいます。

コメント：最初にこの作品が発表された頃は、火災報知器など世の中には存在していませんでした。現在、これを行うときは、炎で封筒を燃やす代わりにシュレッダーを使うと良いでしょう。

　アルファベットを順に言っていく部分が、重要に見えますが、実際のところそれほど重要ではなく、観客の注意を逸らす役割を担っているだけです。

●もう1回試してみよう

　演者は封筒を持ち、その中に100ドル札を入れて封を閉じます。演者は、1から100までの間の数を1つ予言し、それにこの100ドルを賭けると言います。1人の観客が選ばれます。演者は観客を見たあと、誰にも見せないように数字を封筒の裏面に書きます。筆記用具を片付け、観客には目を閉じて数字を1つ心のなかで選び、それを言ってもらいます。ここで演者はまるで予言が失敗したかのように、残念そうな表情を浮かべます。そして、「あなたが掛け金を受けとる前に、もう1回だけ試させてください」と言って、観客に別の数字を言ってもらいます。しかし再び失望の表情を浮かべます。

　演者はもう一度3番目の数字を観客に言ってもらいます。彼が数字を言うと、あなたの目はようやく輝き始めます。観客に封筒を手渡し、封筒に書かれた数字があっていることを確かめてもらいます。

　演者は、「私が賭けに負けたように見えますが……、そんなに焦らないでください。私は単に数字を予言したわけではないのです。まず封筒を開けて中身を取り出してください」と言います。

　中には紙片が入っていて、次のように書かれています。"私は、3回目に言われる数字を予言しました"

方法：紙片に"私は、3回目に言われる数字を予言しました"と書き、その紙

を折って100ドルと共に封筒に入れておきます。そしてネイル・ライターをポケットに入れれば準備完了です。

　手順を説明したあと、あなたはお札を封筒に入れて封をします。封筒の外に数字を書くふりをして、ペンを置きます。上述で説明した手順の通り、3番目の数字が言われたあとにネイル・ライターで封筒にその数字を書きます。これで仕事は終わりです。演者が書いた予言を見せ、封筒の中に入っている紙に書いてある内容を読み上げます。

　この手順で一番難しいのは、演技です。演者が予言を失敗したと確実に観客に思わせる説得力のある演技が重要です。そうでなければこのトリックに観客を引っ掛けることができません。ここを失敗すると観客はあなたに対して同情心を持たずに、2番目、3番目の数字を言ってもらう下りに付いてきてもらえないでしょう。適切に演じることができれば、観客は、最後に良い結果が起きることを期待して、乗って来てくれる筈です。

コメント：私は、この演技が好きです。お金を提示することで、皆の注意を喚起することができる上に、筋書きも理に適っています。この場合は他の多くの場合と少し意味が違ってきます。私はこのプレゼンテーションを、私をよく知っている人に演技するために作り上げました。私は、この演技を、オフビートを作り上げることと、私が演技を失敗することもありえると観客に理解してもらうことを期待して作り上げました。

●Win-Winの状況

現象：演者は12枚の封筒と、マーカー・ペンを持っています。

「今から何人かの方と一緒にゲームをしたいと思います。これは普通のゲームと違って皆が勝つことを目的としています。いわゆる、"ウィン-ウィンの状態"を見付けようと言うものです」

「多くの決断を行わなくてはいけません。その決断は重要ではないように見えますが、それらの決断を正しく行うことで、皆が勝つ状態になります」

「それぞれの封筒には、価値のあるものが入っています。全員が勝つことがで

きれば良いのですが……」

　観客の１人に、立って名前を言ってもらいます。そしてあなたは封筒の束を持って表を観客の方に向けて示し、一番前にある封筒にその観客の名前をマーカー・ペンで大きく書きます。そして名前を書いた面を下にして、テーブルに置きます。

　続いて「このゲームの参加者は、勝てばこの封筒の中にある品物を得るチャンスがあります」そして、封筒に大きく"勝ち"と書き、その面を下にして、先ほどテーブルに置いた、名前を書いた封筒の上に置きます。

　もう１人、観客に参加してもらい、立って名前を言ってもらいます。その名前を、あなたは封筒の表にマーカーで書き、その面を下にして、先ほどテーブルに置いた２枚の封筒の上に置きます。

　「素晴らしい。これであなた方がゲームに勝てば、封筒の中に有る物を得ることができます」そう言って、封筒に"勝ち"と書き、先ほどと同じようにそれを書いた面を下にして、テーブル上の封筒の上に置きます。さらにあと３人の人にこの手順を続けます。

　今まで行ったことを改めて説明したあと、残っている２枚の封筒に"勝ち"と書きます。これを行う理由は、全ての人に勝ってもらうためだと説明します。

　なお、観客は知るよしもないのですが、観客が最後の２枚の封筒の中身を得ることはありません。その理由は後ほど説明します。

　全ての封筒を集め、よく混ぜ、どの封筒に何が書いてあるか分からないようにします。それから上の６枚をテーブルに配り、残りの６枚を演者が自分の手で持ちます。同じ数の封筒の束が２組できたことになります。次にこのゲームのルールを説明します。

ルール１：どちらかの束の一番上の封筒を１枚ずつ選びます。

ルール２：２回目の封筒も、どちらか束の一番上にある封筒を１枚ずつ選びま

す。

ルール3:もし2枚のうち1枚の封筒に名前、もう1枚に"勝ち"と書いてあった場合、その名前の人が勝ちとなり、封筒の中身を得ます。

ルール4:もし、2枚の封筒の2枚共に名前、もしくは2枚共に"勝ち"が書かれていた場合、勝者は居ないことになります。その場合、演者が封筒の中身を得ます。

　演者は説明のために、2枚の封筒を2つの束の一番上から取って観客に見せます。2枚とも"勝ち"、または2枚とも名前が書いてある場合、名前と"勝ち"が1枚ずつの、勝ちのパターンをそれぞれ見せます。

　「1/2の確率で勝ちのパターンになります。ということは、半分の確率で誰も勝たない可能性があります。つまり、皆が勝つというのはなかなか難しいということになります」

　実演して見せたあと、封筒を最初と全く同じ位置に戻し、上記のルールに従って封筒のペアを作る手順を進めます。参加者の1人に、まず右または左にある封筒の束の1つを選んでもらい、その束の一番上にある封筒を最初の1枚として選択します。もう一度どちらかの封筒の束を選んでもらい(最初と同じ束でも、隣の束でも、完全に自由に選べます)、どちらの束でも一番上の封筒を2枚目として選びます。

　選ばれた2枚の封筒を表に向けると、1枚には参加者の名前が書いてあり、もう1枚には"勝ち"と書いてあることが分かります。ルールの通り、書いてある名前の参加者は、その封筒の中身を得ることができるので、その封筒をその参加者に手渡します。

　この選択の手順をあと4人に繰り返します。手順に沿って自由に2枚の封筒を選んでもらいます。自由に選んでもらったにも関わらず、封筒は必ず名前と"勝ち"のペアになり、1組だけ2枚共"勝ち"の封筒があり、演者のものになります。

そして大団円を迎えます。それぞれの観客が自分の手元にある名前の封筒を開けると、賞や、商品券が入っています。また、"勝ち"の封筒を開けると、中には1ドル札と、"参加してくれて有難うございます"と書かれた紙が入っています。

　演者は、今までに起こったことを簡単に説明して、幸運なことに、皆が勝者になれたと説明します。そして選ばれなかった2枚の封筒のなかに何が入っているか、確認しておこうと言って2枚の封筒を開けて、中から、100ドル札を取り出します。「正に、ウィン−ウィンの関係です！」といって終わります。

方法：12枚の縦形の封筒が必要です。そしてその中の1枚だけにカードを入れておきます。カードのサイズは、横は封筒の幅にほぼ合っていて、縦は封筒の縦の長さの3分の1ほどにします。このカードを古典的な仕切板として使用し、その封筒の中にカードで左右に分けられた空間を作ります。次にこの左右に分けられた空間にそれぞれ1枚ずつ、4つ折りにした100ドル札を分けて入れておきます。そしてこの封筒には鉛筆で小さく点をつけておきます。これで、この封筒がどこにあるか簡単に見付けることができます。

　そして6枚の1ドル札を同様に4つ折りにして、1枚ずつそれぞれ別の封筒に入れておきます。

　空の封筒が5枚残っていますが、ここには、商品券、あなたの名刺、あるいは何かの宣伝など……を入れておきます（これが宣伝に適した手順であることが分かってもらえるでしょう。売りたいものの宣伝や、次回のショーの情報、あるいはトレードショーでは雇い主の商品等を入れておきます）。

　準備ができたら、封筒を次のように並べます。まず、名刺とか商品券などが入った封筒（あとで名前を書いてもらう封筒）を、名前を書く表の面を下にして一番下に置きます。その上に1ドル札の入った封筒を、同じく表を下向きにして置きます。その次に名前を書いてもらう封筒、そして1ドルの入った封筒……と交互に重ねて置いていくと、最後に1ドル札の封筒と100ドル札が2枚入った封筒が1枚ずつ残りますから、まず、100ドル札の封筒を、封筒の束の上に同じ向きで置き、最後に1ドルの封筒を置きます（図1）。

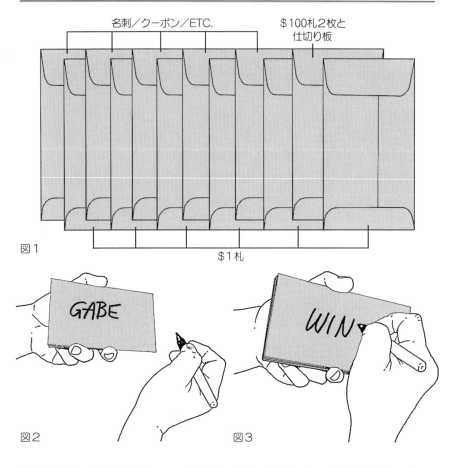

図1 / 図2 / 図3

演技：観客に名前を訊き、その名前を1枚目の封筒の表に書きます（図2）。

　名前を書いた面を下に向けてテーブルに置きます（あるいは、封筒の束の一番後ろに回しても良いです）。以下、全ての封筒は、文字の書かれた面を下に向けて置いていきます。

　そして、次の封筒に"勝ち"と書いて（図3）、テーブルの上の名前の封筒の上に、文字を書いた面を下にして置きます（もしくは、封筒の束の一番後ろ、先ほどの名前の封筒の後ろに回します）。この手順を、"名前"と"勝ち"のペアが5つできるまで行います。

ここで演者は、ウィン-ウィンの可能性を考えて、残っている2枚の封筒には、2枚共"勝ち"と書いておきますと言って、まず、100ドル札の入っている封筒に"勝ち"と書き、その面を下にして、封筒の山の上に置きます。そして最後に残った1ドル札の入った封筒にも"勝ち"と書き、裏向きにして封筒の山の上に置きます（このとき、封筒に書かれた"勝ち"の文字は全て同じような見た目になるように書きます）。

　封筒の束を取り上げ、文字のある面を下にしたまま、フォールス・シャッフルしてから、印しのある封筒（100ドル札が入っている）が上から3枚目になるようにカットします。次に、封筒を裏向きのまま、上から6枚を1枚ずつテーブル上に配ります。手元に残った6枚の封筒はそのまま左隣に置きます。2つの山ができます。印しのついている封筒は、右の山の上から4枚目にあります。封筒の順番が重要になります（図4）。

名前	勝ち
勝ち	名前
名前	勝ち
勝ち	勝ち（100ドル）
名前	勝ち
図4　勝ち	名前

　演者はどのように2枚の封筒でペアを作るか、実演しながらルールを説明して、3種類の組み合わせがあることを見せます。その組み合わせは以下の通りです。

　まず、左の山の一番上の封筒を左手で取り、"名前"が書いてあることを見せます。次に、右の山の一番上の封筒を右手で取り、"勝ち"の文字を見せます。この場合は観客の勝ちとなりますと言います。

　右手に"勝ち"と書いてある封筒を持ったまま、"名前"の書いてある封筒を、名前の面を上にして、左の山の前方に置きます。

　「しかし、この封筒を最初に取って……」と言って、右手に持っている封筒をそのまま示し、「……この封筒を2番目に取ったとしましょう」と言って左の山の、一番上の封筒を取って観客に示す。「この場合は、"勝ち"が2枚で負けの

組み合わせになります」

　それから左手にある封筒を表向きのまま、先ほど表向きで左の山の前方に置いた封筒の上に置きます。そして、右手の封筒も、表向きのまま右の山の前方に置きます。次に、左、右の山から1枚ずつ取って、第三の組み合わせ（"名前"が2枚）を見せます（観客に試させても良いでしょう）。以上のようにして3つの組み合わせを見せます。

　左右の手に1枚ずつ持っている"名前"の封筒を裏向きにして、それぞれ元の山の上に重ねてから、それぞれの山の前方に表向きに置いてある封筒を説明前の状態に戻す必要があると言って、堂々と取り上げて裏向きにして、それぞれの山の上に戻します（2つの山を元通りの図4の状態に戻すのです）。

　これでギルブレスの原理によって、2つの山からどのように2枚の封筒を取り上げても、"名前"の封筒と"勝ち"の封筒はペアになり、また、100ドルを入れた"勝ち"の封筒と、1ドルを入れた"勝ち"の封筒もペアになります。もし、一方の山の封筒が全て無くなってしまったら、残った山の一番上の封筒を無くなってしまった方の封筒の山のあったところに置いて、改めて選んでもらえば良いでしょう。結果は変わりません。実際にやってみて、確認してください。もしも上述の結果にならないときは、2つの山の封筒の順番が狂っているからです。

　観客が自分達の手元にある封筒の封を破ったとき、あなたも、残っていた2枚の"勝ち"の封筒の封を同時に破ります。そして、封筒を弓なりに曲げます。中にある仕切り板も曲がるので、中にある100ドル札のうち1枚だけが押さえつけられ、もう1枚が自由になっています。封筒を逆さにして、自由になっている100ドル札を取り出し、100ドル札がそこから出てきたように見せて1ドルの入った封筒を軽い感じで片付けます。手に残っている封筒の、仕切り板を先ほどと逆の方向に曲げて、もう1枚の100ドル札を取り出します。最後に残った2枚の封筒からそれぞれ1枚ずつ100ドル札を取り出したように見せています。

コメント：この手順は、多くの観客を巻き込んで楽しいと言うだけでなく、あなたの宣伝材料を観客に渡すことのできる、非常に実益のある演技です。
　最初に説明を読むと難しいと感じるかもしれませんが、実際に封筒を持って行えば、簡単であることが分かるでしょう。

──エッセイ──
マジックとメンタリズム

　何年も前から、マジックを行う人々と、メンタリストとの間で"道徳的な論争"が行われています。

　この論争は、ローベル・ウーダンの時代から行われているようです。しかしフーディーニが偽物霊媒師のインチキを暴いたことから、この話題が人々の興味を引くことになりました。　私が１９７０年代にメンタリズムの世界に入った時点で、この論争は日常的に行われていました。

　長年の間に、その内容は変化してきました。進化論的に考えれば、その理由も思い至ります。メンタリズムや超能力は、どんなマジックよりもミステリアスで、より大衆を引き付けやすいのです。アンネマンは、大人たちがメンタリズムに反応を示すことに気づいていました。しかし、メンタリズムや超能力が人々に受け入れられ、人々を魅了してきた、より深い大切な何かが存在するはずです。

　シンプルで、最小限のマインド・リーディングは、疑い深い人々に対しても、カード・マジックよりは信じられやすいでしょう。気むずかしい、疑い深い人でも、超能力や霊の存在は"事実"として信じている人がおり、世間でもそう認識されている節があります。"超能力キッズ"なんていうテレビ番組もあったと記憶しています。

　一方で、真逆のこともあり得ます。つまり"本当の"マジックは誰も信じていないのです。確かに、少数民族は魔法の薬を混ぜたり、呪文を唱えたりするかもしれありません。しかし、教育を受けた人は超能力を信じているかもしれませんが、人が空中に浮くということに対しては、輪を通して、なにも支えがないことを見せたとしても、誰も信じていないでしょう。

マジックの世界の一流の演技者は、これらの２つのグループの間で起きるお互いへの激しい憎悪を緩和して、まるで本当に超能力者であるかのように、超能力の演出で素晴らしいマジックを行っています。同意か拒絶かの意見を交換するよりも、両者の違いを考えることの方が大切だと思います。

　これが健全な流れでしょう。メンタリストが使う多くの技術は、マジシャンが基本的なマジックの現象を演じるときに役立っています。両者の融合が、現象をよりドラマチックにし、また、トリックの秘密を隠すときに効果的となります。

　１９６０年代、私が子供の時にはマジックに非常に興味を持っていました。また、同時に超能力にも魅力を感じ、私はメンタリストに転じました。今もメンタリズムに興味を引かれ続けています。そしてそのあと、そう遅くない時期に、２つの領域が多くの面で重なりあっていることに気づきました。

　私の身に運良く、同時に起きた２つのでき事が、私の運命を決めました。私はシカゴで一番有名なマジック・ショップ、マジック社で長らく働いていました。そして、社長のフランシス・アイルランド・マーシャルも、私に興味を持っていました。私は彼女に請われていくつかのちょっとしたマジックを作り上げて見せました。それから彼女は、ここでマジックを演じる売り子にならないかと訊ねてきたので、私はすぐにその申し出を受けました。

　それから間もなく、私は１つの作品を創り上げました。ポール・カリーはその作品を気に入ってくれて、私に、それを市場に出してみないかと訊いてきました。私はそれに同意しました。

　それからしばらくあとに、私はマジックのコンサルタントも行うようになり、誰かのためにマジックを作るときには、マジックとメンタリズムを合体させることで、より強力で宣伝になる現象を作り上げることができました。メンタリズムをより強力にすることに私は興味を持っていましたが、マジック社で働いていたので、私の周りにはマジシャンばかりがいて、彼らのためにマジックのコンサルタントを行っていました。

　その具体的な例として、当時の私のアイデアを記します。

初めて私がコンサルタントをしたのは、マジック社の顧客の依頼に応じてのことでした。彼は私に、コーポレート・ショーに使えるマジックを注文してきました。大事な仕事なので、特別強力にアピールできるマジックを、というのが希望でした。彼は典型的なプロマジシャンで、メンタルマジックも彼のレパートリーに入っていました。ただ、私の創造性にお金を支払っても良いと思っていた点が他のマジシャンと異なっていました。それが彼を一流へと押し上げたと思っています。

　彼のキャラクターも加味して、私はドリーム・ボックスというマジックを作りました。彼はそれを気に入って、数年は使ってくれました。

　現象はこうです。マジシャンは信用に足る観客を手伝いのためにステージに上がってもらいます。ステージ上にある箱の前方の扉を開けて中が空であることを示し、扉を閉じます。

　マジシャンは観客に、なにか一般的なものを思い浮かべてもらいます。それは、特別なものではなく、この箱の中に入るものでなくてはならない、と言います。観客に強く集中してもらい、心の中で強くそれをイメージしてもらい、そのイメージした物を観客の手で箱にいれてもらう動作をしてもらいます。そしてその観客に目を閉じて、心のパワーを箱に向かって強く送ってもらいます。

　しばらく間を置いたあと、その観客に目を開けてリラックスしてもらいます。そして、ここで初めて、何を思ったかを言ってもらいます。

　「カーテン」と彼女は言います。箱を開け、マジシャンは小さなカーテンをその中から取り出します。

　観客は非常に驚いた様子でした。そして、マジシャンはコーポレート・ショーで成功を収めました。

　ドリーム・ボックスの演技、不可能に思えるかもしれませんが、少し考えれば、これがメンタリストの得意な方法を使っていて、とても簡単であることに気づくでしょう。

箱は、ミラーボックスになっています。他のどのようなプロダクション用の箱でも使えるでしょう。協力してもらう観客にはショーの前に会って、観客が思う内容に対して、密かに情報調査をしておくのです。そして、十分に機転をきかせて、協力者が選ぶであろう対象物を想定して、その場に応じた道具を見つけておきます。この場合であれば、演者の車の中にある小さなカーテンを取ってきます。

　最高のメンタリストのルールを教えましょう。それは"もし奇跡を起こしたいなら、リスクをとる必要がある"です。

　もうひとつ、私のお気に入りの現象を話しましょう。それは、ファッション・ショーで使えるマジック、と言うクライアントの希望によって作り出しました。このクライアントは、メンタリストとして名が知られています。しかし、この場合の観客は、より華やかで魅力的な予言を受け入れるだろうと私は予想しました。そこで私は"樽から美女の出現"を下記のように作り直しました。

　中が空の大きなドラム缶状の樽をステージ上に準備し、３人の観客をステージに呼びます。最初の観客には、髪の色を思い浮かべてもらいます。観客が「赤髪」と答えます。

　２人目の観客には、瞳の色を思い浮かべてもらいます。彼は緑を選びます。

　３人目の観客には服の色を思い浮かべてもらいます。彼女は青いドレスを選びます。

　観客全体に、これらの答えの通りの女性を実体化させても良いかと訊ねます。突然、樽の上にある白い紙が、まるで何かが産まれるかのようにせり上がり、それを破って中から女性が現れます。

　彼女は、赤髪で青いドレスを来ていて、その目を観客に確認してもらうと、緑の瞳をしています。

　樽からの出現のイリュージョン（デバントの方法を使っていますが、他の方法でも良いでしょう）と、ショーの前のちょっとした仕事によって、この現象

ができ上がります。簡単にできます（３つの選択は、ショーの前に予めフォースしておきます。ランダムな中から選んでもらうふりをして、実際はそうではありません。例えば、透明のフォーシング・バッグなどを使うなどします）。

　私の言いたいことを理解してもらえたでしょうか？　心を開いて、あらゆる"ミステリー・アート"の技術を学べば、異なる分野の考え方をどのように理解して、自分のことを大きく成長させることができるのです。

悪魔の絵本

●サイ・アウト

現象：ポーカー・ゲームで心理学の実験をしてみようと言って、演者は10枚位のカードを取り出します。これは普通のゲームではなく、どのカードでも好きに選ぶことができる特殊なゲームであることを説明します。簡単にするために、9からA（9, 10, J, Q, K, A）までのカードを各3枚ずつ、計18枚のカードを使います。これで9のペアでもロイヤル・フラッシュでも、いろいろなポーカーの役を作ることができることを説明します。

　演者はカードの表を示してからシャッフルします。そして、まず"ホール・カード"として裏向きで1枚を自分に、もう1枚を観客に配ります（ホール・カードとは、ポーカー・ゲームにおいて、それぞれに1枚だけ裏向きに配るカードのことです）。観客は配られたカードを見ることができます。次に、2枚のカードを2人の前に表向きに配り、観客に好きな方のカードを選んでもらいます（残った方は演者のカードになります）。同じことをあと3回繰り返して、4枚の表向きのカードを選びます。ここで、観客と演者が1枚ずつ持っている裏向きのカードを表にすると、観客が負けていることが分かります。

　2人のカードをまとめ、配られていない残りのカードをその上に載せます。観客がさらに簡単に勝てるようにしようと言って、場に5枚ずつカードを配って2つの山を作り、それぞれの山のトップカードを表にします。そして、好きな方の1枚を観客が取り、残りの1枚が演者のカードになります。ここで演者は、配っていないカードを表向きで広げ、観客に、もし希望するなら、今取ったカードをこのファンの中の1枚と交換しても良いと提案します。

　観客の選択にかかわらず、演者は広げたカードを観客に渡し、シャッフルして脇に置いてもらいます。次に、裏向きの2つの山のどちらのカードが欲しい

かを観客に訊ね、観客が選んだ方の山のトップカードを表にして、それを観客の手に加えます。「あなたの手は、ストレートか、フラッシュの可能性がありますね」などと言いながら、もう一方の山のトップカードを表にして、自分のほうに加えます。これでお互いに表向きのカードを2枚ずつ持つことになります。この手順を続けます。観客は先ほどと同じ山のトップカードを自分のカードとするか、それとも、もう一方の山のトップカードを自分の手とするかを選びます。このとき、観客は先ほどと同じ山のカードを選んだとします。もう一方の山のトップカードを演者が選び、お互いに3枚ずつになります。この作業をあと2回続けます。最終的にはやはり、演者が勝ち、観客は負けます。

　演者は2人の手札を集め、先ほど観客にシャッフルしてもらって脇に置いてあるカードをその上に置きます。そして、先ほどと同じように5枚ずつカードを配ります。観客がさらに勝ちやすくなるようにしましょうと言います。

　ホール・カードとして1つの山のトップカードを観客が、もう一方の山のトップカードを演者が受け取ります。今回はそのまま裏向きにしておきます。そして、残っている2つの山（計8枚）のカードを表向きにして、観客に、どのカードでも好きなカードを4枚選んでもらいます。　──　しかし、選んでもらう前にホール・カードを交換するかどうかを観客に訊ね、もし交換したいと言われれば、未だ配っていないカードの中から1枚選んでもらって交換します。

　交換するしないにかかわらず、選ばれなかったカードをシャッフルしてもらって脇に置きます。観客は自由にカードを選んだにもかかわらず、カードを表向きにすると、やはり演者が勝ちです。

　前と同じように、2人のカードを集め、シャッフルしてから脇に置いてあるカードの上に置きます。

　最後は、2人の手札を完全にランダムに配ると言います。10枚のカードを裏向きで観客の前に配り、観客はその中の1枚を裏向きで選びます。残りのパケットをシャッフルし、その中の1枚をまた裏向きで選んでもらい、それを最初のカードの上に配ります。1枚配って残りのカードをシャッフルします。それを何度も繰り返し、5枚のカードを観客に選んでもらいます。以上の動作は演者が後ろを向いた状態で観客自身に行ってもらいます。したがってあなたに

はどのカードが配られたのか知る由もありません。

　5枚を配り終えられたら、その5枚は観客の手札で、配られなかった残りの5枚は演者の手札だと説明してから前を向きます。

　テーブル上の観客のカードを表にして、手札を見ると、例えばクイーンと10の2ペアだったとします。演者は今回も相手の手札に勝てる気がすると言います。しかも今回は3枚のAが配られることを予知していたことを告げます。そして、演者は配られている5枚のカードをゆっくりと表向きにしますと、予知通り、Aが3枚配られています。

方法：この現象は古典的なテン・カード・ポーカーの手順を基にしています。この手順では、特別なカード —— ヨナ・カード（不幸なカード）と呼ばれている —— が配られた側が、他にどんなカードが配られても負けてしまうというアイデアです。

　私はこのコンセプトは好きでしたが、はじめに知った方法には欠点が存在したため、実際には演じていませんでした。しかし、あとで知ったスチュアート・ユダ (Stewart Judah) の改案には、魅了されました。この手順の欠点が見事に解決されていたからです。—— その欠点とは、ヨナ・カードが毎回相手に配られるため、何が起きているか相手に気づかれてしまう危険性があるという点です。

　テン・カードの論理性はすばらしいものです。しかし、"特別な1枚を不信感なく加えることはできないのだろうか" という問題点を18枚のカードを使うことで解決することに気付いたのです。一条の光明がさしました。

　この"サイ・アウト"では9からAまでの6種類のカードを3枚ずつ18枚のカードを使用します。これで「9のワンペアからロイヤル・フラッシュまで、全てのポーカーの役を作り出せる最小の枚数だからです」と説明します。

　「待ってください。それは真実ではない」と思うかもしれません。実際のところその通りで（同数のカード4枚を揃える役、フォー・カードができません）、4枚の9と、3枚ずつの10からAまでが存在して初めて全ての役を作ること

ができます。しかし何度もこの演技をしてきた中で、一度としてそのことを指摘されたことはありません。

　技術面の話をしましょう。3枚の9、J、Kの山と、3枚の10、Q、Aの山を作り、一方をもう一方にのせて2人に、1枚ずつ交互にそれぞれに5枚配ると、最後にカードを配られたほうが必ず負けます。

　それは、9枚のカードを1グループと考えた場合、10枚目のカードのみが他のグループから配られ、それがヨナ・カードとなるためです。別の言い方をすれば、9、J、Kのいずれかのカード1枚が、10、Q、Aの山に対してのヨナ・カードとなります（逆の場合も同じです）。これが原理です。以下の説明を、カードを手にして実際に行いながら読めばわかりやすいでしょう。

　必須ではありませんが、18枚のカードの良いセットアップを見つけたので説明しましょう。3枚ずつの9、J、Kのグループに1枚のスペードのAをヨナ・カードとして加えた10枚を、下記のようにパケットの上部にセットします。
　JC, AS(ヨナ)、9S, KH, JS, 9H, KS, JD, 9D, KD, QD, AC, 10H, QC, 10S, QH, 10C, AH（図1）。

図1

　実際には、トップから2枚目のスペードのA（ヨナ）以外の並び順は問題ではありませんが、配られるカードがペアにならないようにすることで、相手がカードを選ぶときに、興味を持つように仕向けています。2枚のジャックのあとに2枚のキングが配られるよりも、バラバラに配られた方が、より興味を引くでしょう。

残りの10、Q、Aのグループはこのパケットの下部にセットします。Aはグループのより下側に持ってきます。スペードのAがパケットの2枚目に置いてあるので、もう1枚のAは真ん中、最後のAは一番下に来るようにします。こうすることで、全てのカードを表向きにして見せたとき、パケットが2つの異なるグループに分かれていることに気づかれにくくなります。

第1段

カードを見せてから、裏向きでフォールス・シャッフル、フォールス・カットをします。

ホール・カードとして、裏向きで1枚目を演者の前、正面中央から10センチほど右に配り、2枚目（ヨナ）を正面中央から10センチほど左に配ります。

そして、左手で"左"のカード（ヨナ）を相手のほうに押し出し、右手で"右"のカードを自分のほうに引き寄せます（図2）。

次は2枚のカードを表向きで配り、相手に好きなほうを選んでもらい、要らないほうを演者に渡してもらいます。同じことをあと3回繰り返してそれぞれ計5枚のカードをポーカーの手として配ります。ここで2枚の裏向きのカードを表にして、あなたが勝っていることを示します。

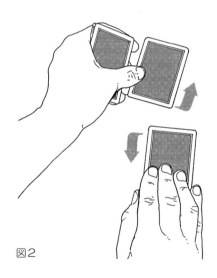

図2

ヨナ・カード（スペードのA）がトップになるようにして配られたカードを集め、裏向きにします。そして、配られなかった8枚のカードをその上に置きます。これで次の手順の準備ができました。

第2段

今回は、裏向きで5枚ずつ2人分のカードを配りますが、まず1枚目を中央右寄り、2枚目を中央左寄りに配ります。つづけて、3枚目のカードを1枚目

のカードの上、4枚目のカードを2枚目のカードの上に配ります。こうしてカードを交互に配り続けて、それぞれ5枚の山を作ります。

演技を続けるには表向きのホール・カードが必要です。と言って、左手で左の山のトップカード（新しいヨナ・カード）を表にして、相手の前に置き、右手で右の山のトップカードを表にして自分の前に置きます（図3）。

ここで、2つの裏向きのカードの山のうち、どちらの山を自分のカードにしたいかを相手に訊ねますが、その前に、もし、表向きにしたホール・カードをチェンジしたいか訊ね、チェンジしたいと言った場合は、配られていないカードから1枚相手に配ることもできます。配られていないカードのグループは全てヨナ・カードになるからです。そして、チェンジしたカードは配られていないカードの束に戻します。相手の答

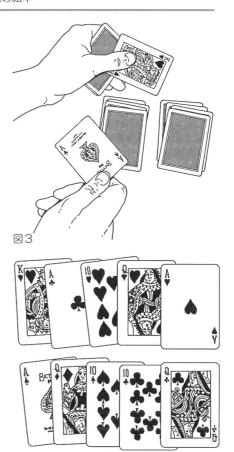

図3

図4

えにかかわらず、配られていない8枚のカードはシャッフルして脇に置いておきます。そして、2つの4枚の山の好きなほうを相手に選んでもらいます。

相手が選んだ山のトップカードを表向きにして、相手のホール・カードの上に載せます。次に、もう一方の山のトップカードを表向きにして、演者のホール・カードの上に載せます。それから、残った山を交換するかどうかを相手に訊ねます。もし、交換したいと言えば、演者の山の2枚目のカードを相手の山の2枚目のカードと交換します。全てのカードでそれが終わるまで行いますと、最終的に、カードは図4のような状態になっています。

より公平に行われたにもかかわらず、あなたが自動的に勝ちます。

前と同じようにヨナ・カード（ハートK）がトップになるようにして配られたカードを集めて、裏向きにして脇に置きます。

第3段

第2段と同じように、裏向きで5枚ずつ2人分のカードを配ります。

今回は、2人とも裏向きのホール・カードが必要だと言って、左手にある山のトップカード（新・ヨナ）を取り上げて相手の方に置き、右手にある山のトップ・カードを自分の方に置きます。

次に、残っている8枚のカードを全て表向きにして、相手に、どれでも好きな4枚のカードを選んで良いと伝えます。相手の選ばなかったカードが、演者のカードになることも伝えます。そして、「もしホール・カードをチェンジしたければ、別のカードにしてもいいですよ」と言って、脇に置いてあるカードを裏向きで広げます（図5）。第2段の時と同じように相手がチェンジする、しないにかかわらず、配られていないカードを相手にシャッフルしてもらって脇に置きます。

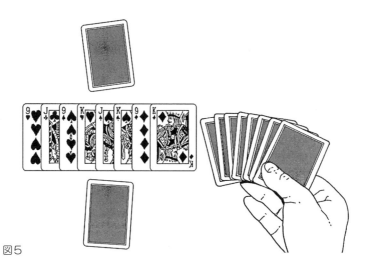

図5

相手の選択に関わらず、最後にホール・カードを表にすると、演者の勝ちです。

　前段までと同じようにヨナ・カードがトップになるように、使ったカードを集め、裏向きにして置きます。しかし、脇に置いてある、配られなかったカードは、まだ、その上に置きません。

第4段
　今、相手がどのように考えているか、分かっていると言って、はじめにシャッフルして脇に置いてあった"10枚"のカード（本当は8枚ですが、それを知っているのは演者だけです）を、今集めてシャッフルした10枚のカードの上に置いて取り上げます。

　トップから1枚ずつ10枚のカードを裏向きで相手の前に配ります（ヨナ・カードになるカードは、そのトップにあります）。相手に、今配ったカードを取り上げてもらいます。そして、トップの1枚（ヨナ）を裏向きでテーブルに配り、残りをもう一度シャッフルしてもらうように言いながら、その行為を実演して見せるために手元に残っているカードのトップの1枚だけ裏向きでテーブル上に配り、残りをシャッフルして見せます。相手にも同じようにしてもらいます。

　相手に次のカードを選び、最初のカードの上に配ってもらい、残りをまたシャッフルして3枚目のカードを配ってもらいます。それを繰り返して4枚のカードが配ってもらいます。相手は再び手元のカードをシャッフルして最後の5枚目のカードを配ってもらいます。残った5枚が演者のカードになります。全ての操作が行われる間、演者は後ろを向いています。全ての観客には、演者が何も影響を与えていないと分かるでしょう。

　このあと、観客に本人がシャッフルして、誰からも指示されずに自由にカードを選んだことを確認してから、カードを表向きにします。例えば、相手は10とQの2ペアだったとします。悪くない役です。間を取ったあと、配ってもらった演者のカードは、3枚のAのスリー・カードになっている筈だと言います。残っていた裏向きのカードを見ると、まさにその通りで、演者の勝ちであると分かります。

　読者の皆さんには、相手が負けることについての原理は分かると思います。

しかし、どうやって自分の手を知ったのか分かりますか？

　まず、演者はどちらのグループのカードが配られているかを知っています。今回で言えば10, Q, Aのグループです。そして、このときの組み合わせは次の3つのみです。

　もし相手が1ペアなら、あなたは2ペアになります。
　もし相手が2ペアなら、あなたはスリー・カード、
　もし相手がスリー・カードなら、あなたはフルハウスになります。

　もし、相手のカードを表にしたとき、10の1ペアと分かれば、演者の手は2ペアであると分かります。なぜなら、3枚存在する10の内2枚が相手の手元にあるのなら、演者の手役は、1枚の10とQとAの2ペアで間違いありません。また、相手が10とQの2ペアなら、演者の手役はAのスリー・カードです。

　もし、相手がAのスリー・カードならば、あなたは10とQのフルハウスとなり、もし相手がAとQの2ペアなら、演者は10のスリー・カードとなります。

● 演技のコツ
　以上が"サイ・アウト"の粗筋です。プレゼンテーションは、各マジシャンの個性に合わせた方が良いでしょう。
　その上で、以下に記した私のプレゼンテーションを参考にしてください。

　「私はマジシャン（または、メンタリスト）なので、よく、ギャンブルで簡単に勝てるでしょうと言われることがあります。実際のところ、技術とは関係なく、勝ち続けることはできます。しかしそれを証明するには、私たちはお互いに数百万ドルを持ちあって、明け方までゲームをし続けなくてはなりません。そうなれば、全てのお金が私のところに集まり、私がいかにギャンブルに強いかわかることでしょう」

　「しかし、私たちはそのためのお金も、時間も持っていません。分かっています。そこで、億単位のお金を準備する代わりに、デックの準備だけ、それも9からAのカードだけを使って説明してみましょう。これなら私にも簡単です

し、お金の準備も要りません」

「普通、敵の考えることを知るためには、数時間位かかりますので、最初は選択肢を少なくして、あなたという敵の考え方を知ってから、段々と選択肢を広げていきます。信じてもらえるか分かりませんが、最後にはあなたは自分自身で好きなカードを配りますが、それでもあなたは私に勝つ札を配ってしまいます」

「準備できましたか？」

ここから先は、状況に合わせてコメントしていきます。カードが配られてからその状況に合わせて、「ストレートですね」とか、「フラッシュができそう」「すばらしい、私のエースを持っていますね」等々です。実際には、そこまでの役はできないのですが、これらの言葉は、相手に、様々な役の可能性があると思わせることが目的なのです。

相手にホール・カードを配って、まだそれを見る前に、「ホール・カードを見たいかもしれませんね、そのほうが簡単ですからね」と言うのが好きです。

その他には、第１段のとき、相手に３枚目のカードが表向きで配られた時点で、「あなたは９がほしいと思っているでしょうと私が言うと、Ｊの方が欲しいと思うかもしれません。しかし、私がそれを知っていると伝えてしまうと、あなたはやはり、９の方が良いと思うかもしれません。……つまりあなたがカードを取るとき、私は黙っていた方が良いでしょう！」

私は第４段では相手に自由を与えたことを強調することが大切だと気づきました。ヨナ・カードが配られたあとに、演者は後ろを向き、観客が選んだ５枚のカードが見えない状態にします。それから演者は前に向き直り、相手の目を見て、「今迄の段階では、限定された選択肢の中からカードを選んでもらいましたが、今回は私の方からは何も制限していないので、あなたをだます余地はなかったと分かってもらえますか？　あなたは自分で何度もシャッフルしてから、自分の手でカードを配りました。このカードは完全にランダムに配られましたね？」

相手はそれが本当のことだと信じます。そこで、笑顔になって、「しかし、本

当のところ、あなたは、私が勝つ手を配らされていたのです。今からそれを証明しましょう」と言って、相手の方を見て、例えば「2ペア、10とA、悪くないですね。しかし私の方には3枚のQが配られています」と言った感じです。

あるマジシャンは、相手が4回も連続で負けるのは良くない、と感じるかもしれません。ほとんどのケースでは、私も同意見ですが、上述の手順だけは別もので、信じてもらえないかもしれませんが、実際にうまく働きます。また、優れたギャンブラー、マジシャン、またはメンタリストが負けるのは、却って心証が良くないとも考えられます。演者が優れていた方が良いのです。

それでも勝ち続ける演技を行いたくない場合は、2人の観客に勝負をさせると言う手があります。ポーカーについて少し知っている奥さんが、その夫に毎回勝つ、と言うのは面白い演出だと思います。

他に、2人の観客が対決する場合、次のプレゼンテーションも考えられます。

ロケット付きの首飾りを見せて、これは幸運のお守りだと言って、そのお守りを一方の観客に渡してポーカーをしますと、その観客が勝ちます。次にそれをもう一方の観客に渡すと、今度はその人が勝ちます。

第3段では、演者は後ろを向いて、2人のどちらかに密かにロケットを持ってもらいます（言い忘れていましたが、ロケットは磁石になっていて、演者が小さいコンパスを持つことで、どちらの観客がロケットを持っているか知ることができます）。

第4段、最後の段では、ロケットは皆の前に置いてあり、そしてロケットが置かれたあとに最後の5枚が配られます。最後の手札を見せて勝負が決まったあとに、このロケットには観客が思っている以上の不思議な力があると説明します。それからロケットを開けると、中に折りたたまれた紙が入っています。観客の誰かにそれを読んでもらうと、たとえば「あなたの手は2ペアでスリー・カードに負けるでしょう！」と書いてあります。

このロケットは、3つの異なる開け方ができるようにしておきます。2つのロケットを分解して合体させることで3か所を開けられるようにしておきます。

そこに3つの予言を入れて、状況に合った予言を取りだすわけです。もし、通常のロケットを使用している場合、"トリプル封筒"（中に敷居があり、3つの空間に分かれている）を使用し、3種類の予言を分けて入れておきます。別の方法としては、ロケットに1つ予言を入れておき、あとの2つの予言をすぐ取れるところに隠し持っておき、シャトルパスで予言の紙片をスイッチする手もあります。もしも、結末を予言で飾りたいなら、トリプル封筒を使うのが良いと思います。

●追記

　第4段で稀に起きる困った状況について話しておきましょう。マジシャン相手に演じた場合、彼が、ヨナ・カードを配る前にそのパケットをシャッフルしたいとか、あるいは勝手にシャッフルしてしまうときがあるかもしれません。しかし、決してパニックに陥らないようにしてください。そのときには、彼にしたいだけさせておき、そのあとは普通に進めます。今はただ、どの手が誰に行くか分からない状態でしかないのです。相手がカードを配り終えたら、前を向き、どれだけフェアにカードが配られたか、改めて確認します。それから自分の手札を見て、9、J、Kを探す。もしそこにそれらのカードが存在すれば、ヨナ・カードなのであなたの負けは確定します。状態を説明して、例えば、「最後はあなた自身が良い手を自分に配りましたね」などと言います。もし、あなたが9、J、Kを見なければ、あなたの手札が勝ちになります。

　「良い手を私に配ってくださいましたね。（例えば）Aのスリーカードです。これであなたのQと10の2ペアに勝てます」

　もしあなたが、準備していないカードを使いたいなら、1組のカードの中から2つのグループのカードを抜き出し、第1段でそれぞれシャッフルしても良いです。ほとんどの状況で私は準備したカードは持っていないし、準備していないカードを使うのが私は好きです。

　カードを配るときに、たまに演者を邪魔する意味で、相手がカードを配りたいなどと言ってくる場合があります。しかし、これこそこの手順を演じるのに適した状態です。なぜなら、本当にポーカーをしているなら、普通は相手を疑ってかかるものです。カードを相手に渡して、配ってもらえば、却って疑問の余地が無くなります。

●クレジット

　何よりもまず、9枚の2つのグループのうちの1枚が別のグループに加わるとヨナ・カードになると言う、18枚のカードを使用するアイデアをくれたスチュアート・ユダ氏の名前を記します。なんと天才的なアイデアでしょう。

　このアイデアはDraw Poker Demonstrationのタイトルで、カールファルブス編集の"The pallbearers Review 1975 Winter Folio"に発表されています。

　それぞれ5枚のカードを横に並べて2つの山に配ってから、ホール・カードを配る手順ができ上がるまでには歴史があります。普通に考えて、もし、私が相手を信じていない場合、私がカードを配るとすれば、1枚目は自分に配り、次のカードを相手に配ります。つまり、この手順でカードが配られる順番は、普通のポーカーではありえないのですが、横並びに置いてから配ることでそのことを気にしなくなります。

　"サイ・アウト"が発表されて6ヶ月後、イギリス人の1人のメンタリストから手紙をもらいました。その中で彼はホール・カードの扱いについていろいろな意見を伝えてくれました。私はそこからいくつかの価値あるバリエーションを見つけることができました。

　そのあと、良い友人で優れた演技者でもある、フレッド・ジンマーマンにその配る順番に関してのアイデアを話してみました。フレッドは不思議そうな顔をしながら、その手順を見せてほしいと言いました。

　私は"サイ・アウト"を演じ始め、第2段の最後でそれぞれの山の一番上のカードを表向きにしたときに、彼の顔に印象深そうな表情が浮かびました。「ブルース、私がこれと同じことを数ヶ月前に見せたときに君はこれを好きじゃないと言ってたよね」彼は気持ちを抑えてそう言っていました。私は当時彼が提案してくれたことに注意を払っていなかったようです。申し訳ないことをしたと思います。

　また、ボブ・ファーマーにも感謝の意を示さなくてはなりません。彼は10枚で行うポーカーの手順の調査を行ってくれました。マジックマガジンに発表さ

れた彼の作品や、彼の精力的な活動には、頭が下がるばかりです。

コメント："サイ・アウト"は私の演技で最も有名な1つで、満足できるでき栄えです。私はこのマジックをマックス・メイヴェンに見せたときの事を思い出します。彼の反応は「なんて素晴らしい現象だ！」というものでした。

　演技スタイルによっては、この演技は、第2、第3段を無くしても良いと思います。

　自由に演技するのが良いと思います。私が誇りに思うことは、このマジックにはマジシャンズ・チョイスが使われていません。手順は、同じことの繰り返しですが、見る側にはそうは思えません。手順そのものは毎回同じにした方が良いと思いますが、一方で演技のバリエーションは考えつづけている方が良いでしょう。

● **あなたの番号が分かりました**
現象：トレードショーを行っているときに、そこを通る観客を指してこう言います。「27の方、あなたです。以前見たことがあります。こんなことを言うと変に思うかもしれません。しかし、私のような48からの言葉は、お世辞と思って受け取ってください」

　きれいな女性を見かけたら「もし彼女を10と呼ぶと、皆さんその通りだと言います」それからやや遠くにいる人物を指し示し、「彼らは35か13です。しかしあなた方はなぜ私が人々を番号で呼ぶのか、不思議に思っていませんか？
　実はこれはゲームの一環なのです。どういったゲームなのか知りたくはないですか？」

　「最初に、これを見せましょう」と言ってあなたはポケットから1組のカードを取り出します。そしてケースから表向きで取り出してカードをファン状に広げ、カードはそれぞれ異なっていることを見せます。それから両手の間に左から右に向かってカードを広げていって、「最初のカードは、私のお気に入り、ハートのQですね」と言って、ハートのQを見つけ出し、テーブルに置きます。

　「しかしもし、あなたのお気に入りが選ばれたらどうなったでしょう？　この

中で最初にあなたの印象に残ったカードがありますか？　何でしょう。スペードの7ですか？」演者はスペードの7を取り出し、ハートのQの隣に置きます。

「最初に、人を番号で呼んでいたことを憶えていますか？　同じようにカードも番号で呼ぶことができます。このカードの裏には番号が書いてあります。これは5、これは42、31、そして17などなど」と言いながらカードの裏面を示します（図1）。何枚かカードを見せたあとに、少し間をおいて、「そうです、1から52までの番号が振ってあります」1を強調して52が出てくるまで、さらっとカードを観客に見せていきます。それからこのデックを揃えて脇に置きます。

図1

「私が自分を何番と呼んだか憶えていますか？」観客の誰かが48、と答えます。そして、テーブルの上にあるハートのQを裏向きにして48と書いてあることを示して拍手します。

「しかし、私があなたを何番と呼んだか憶えていますか？」と始めに声を掛けた人に聞くと、「27」と答えが返ってきます。そこで先ほどテーブルに置いたスペードの7のカードを裏返すと、大きく27と書いてあることを示します。

方法：これは古いトリックを基にしています。このバリエーションは森にある木ほどに様々でしょう。私の知識では、この原案はケン・ブルックが開発したと思います。私のバージョンで必要なのは、普通のデック1つと、油性ペンです（場合によっては、私が後ほど説明する番号とカードをあなた自身で変更する必要があります。セットアップに関しては後ほど説明します）。

これから準備の説明をします。ハートのQを取り出し、裏に48と書きます。スペードのAを取り出し、裏に52と書きます。次に適当なカードを1枚取り出し、その裏に1と書きます。残りのカードを良く混ぜ、25枚のカードの裏には全て27と書きます。

　残りの24枚には、2から51の中で、なおかつ、1、27、48、52以外の番号をランダムに書きます。番号を書き終ったら、24枚のカードを混ぜます。

　これからデック全体を以下の通りセットします。

　24枚のランダムカードを表向きにテーブルに置きます。その、ボトムから10枚目当たりに1のカードを表向きに差し込みます。

　52のカード、スペードのAを、表向きでテーブル上のカードの上に置きます。

　そのスペードのAの上に、25枚の27のカードを表向きで置きます。

　48のカード、ハートのQを表向きのカードの上から7枚目に差し込みます。これで準備完了です。

　以上のようにセットしたデックを裏向きにします。裏向きにしたときのデックの状態を説明しますと、まずランダムの番号が書かれたカードが24枚あり、上から10枚目辺りに1のカードが入っています。その束の下には52のカード（スペードのA）があり、その下には25枚の27のカードの束が来ます。そして、48のハートのQはそのボトムから7枚目にあります。

　台詞と手順に関しては、演技の項目で説明したとおりです。デックを取り出すときは、裏に記入してある数字が見えないように表向きに取り出し、デックを表向きに広げてよく混ぜられていることを示してから、デックを揃えます。

　それから改めてデックを広げ、ハートのQを取り出し、テーブルに置きます。

　一旦デックを揃えます。そして、観客に対してゆっくりとデックを広げていき、その中から、お気に入りのカードを1枚選んでもらい、大きい声で言って

もらいます。そのカードを取り出し、ハートのQの近くに置きます。

　次にデックを裏向きにして裏面の数字を見せます。1が出てきたらそれを強調し、52が出てくるまで広げていってそこで止め、27の束を見せないようにしてカードを揃えて脇に置きます。

　ここでハートのQを裏返して48を見せます。そして、観客に、何番で呼ばれたのかを聞き、選ばれたカードを裏返して27であることを見せます。

コメント：技術的には、こういったマジックには大きな問題があります。それはデックの前半分からカードを選んでもらう必要があることです。もちろん、それもうまくいくように構成してあります。台詞と手順を注意深く呼んでもらえれば、どのようにうまく誘導してくるか分かると思います。

　私が説明したとおりに演技すれば、全く問題ありません。例えば、ゆっくりデックを広げ、「最初に私の目に飛び込んできたのは、このハートのQです」

　私は、自分が選んだとは言わずに、カードの方からアピールしてきた、と言う印象にしています。

　なぜハートのQをここに差し込んだのか、その理由は最初の6〜7枚のカードを見たあたりで、"お気に入りのカード"を見つける必要があったのです。

　こうすることで、観客に早い段階でカードを選ばせる暗示になっています。さらに確実にするために、自分のカードを選んだあと、一旦デックを閉じ、再び最初からデックを広げます。こうすれば、複数のカードの中から選んだと言う印象を残せます。

　どうしても誘導にのらず、自分の好きなカードを主張する人物がいて、そのカードが27以外の数字のカードだった場合は、27が書かれたカードの中の1枚をカルし、そのカードの下まで移動させてダブルリフトすればよいのです。

　また、カードの裏に、名前ではなく番号を書く点も心理誘導のポイントです。演技の中でデックの半分だけ裏を見せることになますが、1と52を見せるこ

とで、カードが1から52枚まで存在し、それぞれの数字が割り振られていることを暗示できます。これがスペードのAに52を書く理由であり、トップから10枚目辺りに1のカードを置く理由です。

こうすることで1を早い段階で見せ、そこから52までを見せることが論理性を持ちます。これこそが名前を書くよりも優れている点です。

この演出には、もう1つ優れた点があります。演者が、自分の数字を思い出そうとしているとき（実際は憶えていますが、思い出す演技をしている）、観客のほうが先に番号"48"をいうときがあります。こうなった場合、番号がランダムに観客に選ばれたように演出できます。

● 愛のつながり
　これは結婚式や披露宴で演技をするのに適しています。演者は、昔ジプシーに習った相性テストを行うと言って、花嫁と花婿にそれぞれカードを選んでもらい、そしてまた、デックに戻してもらいます。そのあと、花嫁は花婿のことを思いながらデックをシャッフルします。そのデックを花婿に手渡し、今度は花婿が花嫁のことを思いながらデックをシャッフルします。

　演者は話しを続けます。「ジプシーは私にこう教えてくれました。シャッフルしたデックの中で、選ばれた2枚のカードの間にスペードのAが入っていると、2人の結婚は破綻する運命なのだと」

　演者はデックを持ち、ゆっくりと1枚ずつ表向きにしながら、選ばれたカードの1枚が出てくるまで配ります。そして選ばれたカードが出てきたあとに、次のカードを配ると、それはハートのQでした。これは愛情を表すカードで、とても良い象徴だと説明してから、演者はもう1枚のカードが何かと観客に訊ねます。そして、ハートのQの次のカードを配ると、それが選ばれたカードです。2枚のカードの間に愛を象徴するカードが入っていると言うことは、皆に祝福された素晴らしい結婚であるということを表しています。と言います。

方法： このマジックには2つの基本的なアイデアを使用しています。

　裏向きのデックのトップにハートのQを置いておき、裏面に少量のマジシャ

ンズ・ワックスを付けておきます。もう１つワックスの粒を準備しておき簡単に取れるところ（例えば、カードケースのフラップ）に付けておきます。最初に選ばれた１枚をデックのトップに置き、軽く押さえて圧力をかけてハートのＱに貼り付けます。すぐにオーバーハンド・シャッフルをしてハートのＱ（＋選ばれた１枚）をボトムに移動させます。そして、ボトムのハートのＱの表面にワックスの粒を密かに付けておきます。

次に２枚目の選ばれたカードをデックのトップに置き、デックを良く混ぜると言いながらデックをカットします。こうすることでハートのＱの下に２枚目のカードを貼り付けます。そのあと、普通にシャッフルしてから、１枚ずつ表向きに配っていけば２枚の選ばれたカードの間にハートのＱが現れます。

注意すること：もし、念の為にスペードのＡはデックから取り除いておきましょう。自分の考えとしては、手伝ってもらうカップルには、良い結果をもたらし、特別な記念になるテストを行いたいので協力してもらえないかと事前に訊ねて、カップルの同意を得てから演技を手伝ってもらいます。マークド・デック（ハートのＱは取り除いておく）から２人にカードを選んでもらいます。機をみて、両面にワックスをつけたハートのＱをデックに戻し、選ばれた２枚のカードをハートのＱの上下にワックスで貼り付けます。ワックスで張り付けた３枚のカードをデックの下から数枚目のところに入れておいて演技を進めます。他に気をつける点は、花嫁花婿がリフル・シャッフルしないよう気配りすることです。オーバーハンド・シャッフルであればワックスの付いたカードが分かれることはありません。カードを配り、ワックスで貼りついている３枚のカードを分けて見せて、祝福された結婚であることを証明します。

ここまで読んで気づかれたと思いますが、この手順はタロット・カードでも応用できます。むしろ、より意味深くなるでしょう。"重要な２人"のカードの演出は、本当の占いでも使用できるものでしょう。"重要な"カードが選ばれ、デックに戻してもらいシャッフルします。そして、占いに使用するためのカード（カップルが一緒になって何が起きるかを表すカード）を間に挟んで、それを基に占いを行います。この演出は、ビジネス・パートナーや、親子の関係、または、あらゆるタイプの関係性を表すことにも応用できます。もしあなたが本当に占いを行いたいなら、ワックスは使わないことです。結果は運命に任せましょう。しかし、良い結果を導きたいときだけは、ワックスを使いましょう。

コメント：私はドラマチックで、いろいろな可能性がある中で2人の特別な関係が表されるこの演出が好きです。

　また、これを、タロットを使った本当の占いの中で使ってみたいとも考えています。私は、タロットなどの占いにも精通していますが、実際の演技でこの"2枚の重要なカード"の方法を使ったことはありません。しかし、実際の心霊術の中でもうまくいくと考えています。カップルは度々、間に挟まれたカードを記念に持っていたいと言ってきます。これが骨組みです。

　これは直接的でわかりやすいと思います。少なくとも観客は光栄に感じ、感謝してくれるでしょう。

● **心理的なカードのフォース**
現象：演者は1枚のカードをデックから取り出し、裏向きでテーブルに置きます。そして「今からあなたに1枚のカードを思ってもらいます。そう言うとほとんどの人たちは目立つスペードのAやハートのQを選ぶことが多いので、私が「今です！」と言ったら比較的印象の薄いカードを思ってください。……今です！」

　観客にそのカードを言ってもらってから、テーブル上のカードを表向きにすると、同一のカードです！

方法：この現象はいつも確実に成功するわけではありません。しかし、信じるか信じないかは自由ですが、大体25％の確率で成功します。また、正解に近いカードが選ばれる可能性も25％です。うまくいけば、本当の奇跡に見えます。

　前述のセリフが重要になってきます。私は、セリフをいつでも同じように言えるようになるまで暗唱しました。繰り返すことによって自然と言えるようになります。必然的に多くの観客がクラブの2を選びますが、より低い確率で、スペードの7を選ぶ観客や、さらに低い確率でハートの3を選ぶ観客もいます。

　同じ結果かどうかは保証できないが、前述のセリフを使うことで、結果がどのようになるかによって、いろいろなパターンがありますから、そのパターンを基にして、どのようにこのトリックを進めるか説明しましょう。自分の手に

デックが戻ってきたら、密かにハートの3をトップに、スペードの7をボトムに移動させます。

　何気なくクラブの2を取り出し、裏向きのままテーブルに置きます。そして前述のセリフを使って質問します。もしクラブの2(またはスペードの2)が言われたなら、テーブル上のカードを表向きにして、合っていることを強調します。

　もし言われたカードがハート(またはダイヤ)の3であれば、デックをテーブルに置き、カットして上下を入れ替えるときに、「どこでカットしたかわかるように」クラブの2をその間に差し込みます(図1)。最初にクラブの2をテーブルに置くときにはさりげなく行い、観客は何を行うのか分からないようにします。そして、何が行われたかを再度説明し、クラブの2が差し込

図1

まれた箇所でデックを分けて、"自由にカットした位置"のトップカードを見せます（クロス・カットフォースと同じです）。

　もしスペードの7（またはクラブの7）が選ばれた場合、上述した手順をそのまま使い、しかし、クラブの2の上にあるカードを見せます。これはもともとデックのボトムにあったカードです。

　ハートの7かスペードの3が選ばれた場合、クラブの2の上下にあるカードを見せて、1枚が、心の中で選ばれたカードの数で、他の1枚がマークを示していると言います。

　52分の1のカードが当たるという状況の中で3種類の"直接当たる"場合と、3種類の"非常に近い"場合、そして2種類の"ほぼ当たっている"場合が存在しています。今、52分の8まで可能性を上げることができました。

　しかしもしこれらのどのカードも選ばれなかったら？　その場合も山ほどパターンが存在しますが、私がお勧めする方法を今から説明しましょう。

例えばハートの10が選ばれたとします。あなたはデックを持ち、表を自分の方に向けて広げ、クラブの2を表のままデックに差し込んでもらいます。ハートの10がクラブの2の上の方にあるのか下の方にあるのかを確認します。もし言われたカード（ハートの10）が、デックを表向きにした状態でクラブの2より下の方にある場合、そのカードの1枚下のカードを憶えておき、デック全体を揃えて表向きにして、グライドをするように持ち変えます。その状態で下からカードを1枚ずつ引き抜いてきます。そして、先ほど憶えておいた、言われたカードの1枚前のカードが出てきたら、次のカードが言われたカードだとわかるので、そこからグライドを始め、クラブの2を引き出すところまで行います。
　クラブの2の次に、今までグライドしていたカードを引きだせば、クラブの2の次のカードが言われたカードだったように見えます。

　もし、(デックが表向きの状態で)クラブの2より上にあった場合、クラブの2の1枚下のカードを憶えます。先ほどと同じようにデックを表向きにして下からカードを引き抜いていき、先ほど憶えた、クラブの2の1枚下のカードが出てきたあとから、言われたカードが出てくるまでグライドを行います。その目標のカードが出てきたあとに、クラブの2を引きだせば、言われたカードがクラブの2と隣同士だったと見えます。

　もちろん、最初からクラブの2が目標のカードの隣に差し込まれれば、劇的に演出すればよいでしょう。

　バーノンの"説明できないトリック"の応用を行えば、この状況を有効活用できます。

コメント：このようなタイプのトリックは、弱気になって、できないと思うとできないものです。しかし、もしうまくいった場合には、観客にとって忘れられない現象になるでしょう。

　いくつもの"説明付け"を事前に考えておくことで、このマジックを演じるときの自信になり、心地よく演じることができるようになります。

　また、マックス・メイヴェンの作品にはこのマジックに使われる考え方が多分に含まれているので調べてみてもよいでしょう。勇気を持って深い海に飛び

込むのです。リスクを取ることで、とてつもない価値を生み出すタイプの演出です。

●恋人たち
現象：何の準備もされていない、ギミックもない普通のデックを表に向けて広げて、このデックは良くシャッフルしてあります、と言います。そしてデックをリフル・シャッフルします。デックを再び広げて、隣り合っている2枚のカードは赤2枚か、黒2枚か、または赤黒1枚ずつ、のいずれかのペアになっている、と言います。

演者はデックを揃え、裏向きにして、特殊能力のテストを行うと言います。演者はデックの上から2枚を取り、これが赤2枚のペアか、黒2枚のペア、または赤黒のペアかを観客に推測してもらいます。観客が答えたあとに、あなたはそのカードを表向きにしてテーブルに置きます。それを、カードが完全に混ざっているとわかってもらうまで続けます。

それからテーブル上のカードをすべて裏向きにしてデックの上に戻し、改めて本番に入ります。

演者はデックのトップ2枚を持ち、赤のペアか黒のペアか、または混合かのいずれかのパターンを当ててもらうのだが、まず最初に赤のペアを当ててもらうと言って、デックのトップ2枚を持ち、その2枚が赤のペアであるかどうか、観客に「イエス」か「ノー」で答えてもらうように説明します。もし答えが「イエス」だったら、その2枚を裏向きのまま赤のガイドカードのところに置きます。もし、答えが「ノー」だったら、傍らに除いておきます。

それを3回行ったあと、今度は黒のペアについての質問へと変更します。やり方は赤のペアのときと同じで、「イエス」と言われた場合には、2枚のカードを裏向きで黒のガイドの方へ置き、「ノー」と言われた場合にはそれらは傍らに置きます。

それを3回行ったあと、今度はまだ選ばれていない組み合わせ、赤と黒の混合ペアの組み合わせで行います。手順は変わりません。もしペアが赤黒だと思えば「イエス」と言ってもらい、違うと思えば「ノー」と言ってもらいます。

次に、さらに難しいテストに移行します。演者は裏向きでテーブルの傍らに置いてあるカードの山のトップ２枚を持ち、もし観客が「赤」と言えば、赤のガイドカードの方、「黒」と言えば黒のガイドカードの方、「ミックス」と言えば赤黒ペアのガイドカードの方に置きます。

　興味深い結果を見てみましょう。と言って、赤のガイドカードの１つと、その上に裏向きになっているカードを一緒に右手で持ち上げて左手に渡します。黒のガイドカードの１つも右手で取り上げて左手に渡したあと、テーブルに残っている赤のガイドカードの山を表に向けてテーブル上で広げ、全て赤のカードであることを示します！

　同様に黒の方も表にして広げると、全て黒のカードです！

　次に、左手に持っているパケットを表向きにして、赤いグループをテーブル上の赤いカードの上で広げ、黒いグループを黒いカードの上で広げます。そして今度は赤黒ペアの２つの山の、一番上のカードをそれぞれ表に向けて、赤と黒であることを見せます。その下に続くペアも表にしていくと、すべて赤と黒のペアになっています。不思議なことに、すべてのカードが指示の通りに分けられています。

方法： 信じがたいことでしょうが、これはセルフ・ワーキングのマジックです。ノーマン・ギルブレスによって発案された、ギルブレスの原理を利用しています。どのようにこの原理が働いているのか説明しましょう。

　デックは１枚ずつ交互にトップから、赤、黒、赤、黒……の順番でセットしておきます。このデックを、上半分のトップが赤、下半分のトップが黒になるように、デックを半分の辺りで２つに分けてリフル・シャッフルします。

　すると、赤、黒の色がいろいろと混ざり合ったように見えますが、実際は、デックすべてのカードは赤黒または黒赤のペアになっています。

　もし原理を知らない人が見たら、何も分からないでしょう。

　しかし、"恋人たち"の中ではこれをさらに１歩先に進めます。そのことに

よって、原理を知っている人も煙に巻くことができるようになります。

　先ほど説明したのと同様に、赤、黒、赤、黒……の順でデックをセットします。しかし、そのあとにリフル・シャッフルするためにデックを半分に分けるとき、そのどちらのトップカードも赤になるように分けます。

　そしてリフル・シャッフルすると、トップ2枚は1/2の確率で赤黒ペアになり、1/4の確率で赤のペア、同じく1/4の確率で黒のペアになります。

　これで、デックが実際に混ざっているように見えますが、実はこれも混ざってはいません。赤黒のペアは未だに保たれています。もしも、デックのトップの2枚が同じ色のペアだったとき、トップの1枚とボトムのカードがペアだと考えると、すべてのカードは1枚ずつずれて、赤黒または黒赤のペアになりますから、もし、トップカード1枚だけを取り除いて、以降のペアカードを見ると、すべて赤黒のペアになっています。実際試してみれば分かるでしょう。

　つまり、赤いカードをトップにして、デックを赤、黒、赤、黒……の順でカードを並べておけば"恋人たち"のための準備は終わりです。

演技：さらっとデックを広げ、カードは良く混ざっていますと言います。厳密には赤黒の組み合わせが続いているので、それに気づかれないように、長く注視されないようにします。

　デックを真ん中あたりで半分に分けます。そのとき、両方のトップが赤いカードになるようにします。リフル・シャッフルで両者を混ぜます。それから表向きで広げ、デックが良く混ざっていることを見せます。──赤のペア、黒のペア、赤黒のペアがいろいろと混ざり合っています。

　ここで、"特殊能力のテスト"を行うと説明します。演者の超能力の助けなしで、観客がどれほど優れた力を持っているのか見てみようと言って、トップから1枚ずつ2枚を取り上げ、ポーカーをする時のように表を自分の方に向けて持ち、観客にこれらのカードの色が何かを訊ねます。観客が答えたあとで、2枚を表向きで示し、揃えてテーブルに置きます。そして次の2枚を先ほどと同様に取り上げて持ち、観客に色を推測してもらいます。観客の推測は外れか、当たりか

のどちらかです。ある人は非常に良く当てるだろうし、全て外れの人もいます。ちなみに私の経験では、良すぎる結果の人はいませんでした。── このテストは何回か行えば十分です。

　"外れ"が起きたあとに、結構むつかしいでしょ！と言って、ニコッと笑ってデックのトップからカードを１枚取り上げます。そのカードの表を見て、赤か黒かを観客に訊ねます。もし、結果当たっていたら、もう一度ニコッと笑って「私の考えが伝わったようですね」と言い、もし間違っていたら、「とても難しいでしょう？」と言います。このテストは、デックのトップカード１枚を取り除いて、デックの並びを赤黒（または黒赤）ペアにするためのものです。

　そこで、今使った１枚のカードを表向きにして、テストに使用するガイドカードの１枚目とします。そしてさらに、今までのテストで使った表向きのカードの中から５枚を選び、合計６枚のカードで、３組のガイドカードを作ります（赤黒のペア、赤２枚のペア、黒２枚のペアの３組です）。残った表向きのカードは、裏向きにしてデックのボトムに置きます。

　それから"特殊能力のテスト"を行うために、演者はデックのトップから１枚ずつ２枚のカードを取り上げます。デックの状態は、ギルブレスの原理により、トップから２枚ずつ必ず赤黒のペアになっていますので、カードを自分の方に向けたとき、必ず黒い方を手前にして持つようにします。どのように取り上げるかはおまかせしますが、必ず黒いカードを手前に持ってきます。

　２枚を取り上げたら、観客に、これが赤いペアと思うかを訊ねます。答えが「イエス」であれば、右手に黒いカード、左手に赤いカードを持ち、２枚の赤いガイドカードの上に裏向きで１枚ずつ置きます。つまり、一番左の赤のガイドカードの上に赤、その右隣りの赤のカードの上には黒のカードを裏向きで置くのです。もちろんそのことは演者だけの秘密です。

　もし、「ノー」と言われた場合、裏向きで傍らに置きます。このとき、裏向きで、赤を上にして２枚を少しずらしておきます（図１の「ノー」の山参照）。

　デックの1/3程度まで、赤のペアで手順を進めたところで、今度は黒いペアに変えてテストを進めます。同じように２枚のカードを持ち（黒いカードが手

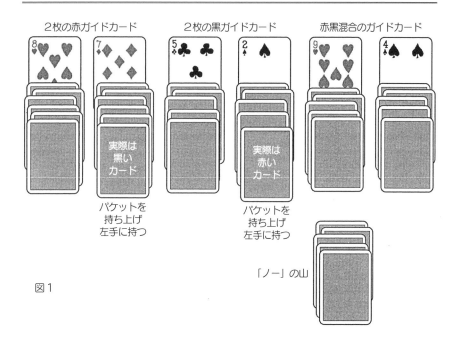

図1

前になるように持ちます)、もし観客が「ノー」と言ったら、傍らの「ノー」の山の上にカードを置きます。しかしもし「イエス」と言われたら、今度は黒のガイドカードの上にそれらのカードを置きますが、左手に黒のカードを持って黒のガイドカードの左側の黒いカードのところに置き、右手の赤いカードはその右のガイドカードの上に置きます。つまり黒ガイドカードの左側に黒いカードを置き、右側に赤いカードを置きます(図1の2枚の黒ガイドカード参照)。

ここまでの説明は、若干の混乱を招くかもしれませんが、実際にカードを手に持って行うとすぐに分かると思います。テストを続け、さらに1/3位進めたら、今度は赤黒混合ペアのテストを行います。実はこれが一番簡単で、もし「ノー」であれば、これまでと同じように「ノー」の山の上に置き、「イエス」であれば混合ガイドカードの上に、ガイドカードの色に合わせて置きます。

手順が順調に進んできたことを評価してから、今度はもう少し難しいことを行うと説明します。「ノー」の山を揃えて取り上げ、左手でディーリング・ポジションで持ちます。そして、右手でトップの2枚を裏向きのまま持ち上げて、

赤のペアか、黒のペアか、混合ペアかを訊ねます（取り上げた２枚のカードは、必ず赤と黒のペアで、上のカードが赤で、下が黒になっています）。

　もし、観客の答えが赤のペアだったら、２枚のカードの上の（赤い）カードを左に少しずらし、そのカードを左側の赤のガイドカードの山の上に置き、下の（黒い）カードをその右の黒ガイドカードの山の上に置きます。

　もし、観客が黒のペアと言ったら、２枚の下（黒）のカードを右手で黒のガイドカードの上に、上（赤）のカードを左手で赤ガイドカードの山の上に置きます。

　もし観客が混合ペアと言ったら、それぞれの色と同じ色のガイドカードの山の上に置きます。

　これで演技を終える準備ができました。

　演者はここで、テーブル上に空間が必要であることに気づいたふりをして、赤いガイドカードのうち、右側の山（黒いカードの山）をガイドカードと一緒に取り上げて左手に渡します。そして、黒いガイドカードの、右側の山（赤いカードの山）をガイドカードごと取り上げ、さりげなく左手に持っているカードの束の上に載せます。

　今、左手にあるカードの状態は、一番下に１枚の表向きの赤いカードがあり、その上に裏向きの黒いカードの束、その上に１枚の表向きの黒いカード、そして裏向きの赤いカードの束の順で重なっています。

　自由になった右手で、左端の赤のガイドカードの上の山を表向きにしてテーブル上で広げ、全て赤のカードであることを示します。

　次に黒いガイドカードの上の山を表向きにして広げ、全てが黒いカードであることを示します。

　次に、右手で左手にあるパケットを左手の上でひっくり返します。トップにある裏向きのカードを何気なくボトムに移してから、表向きの黒いカードの束

をテーブル上の黒いカードの上に置いてから広げます。そして、次の裏向きのカードをまたボトムに移してから、表向きの赤いカードの束をテーブル上の赤いカードの上で広げます。そして、左手に残っている裏向きの2枚を表向きにしてそれぞれの色の上に置き、いかにカードがうまく分かれているかを見せます。

　次に、混合ガイドカードの左側の山のトップカードを左手で、同じく右の山のトップカードを右手で同時に表向きにして「混ざっている」と言い、それを手早く繰り返しながら「混ざって、混ざって、混ざって……」と言って、演技を強調して終わります。

コメント：ポール・カリーは、マジックの世界の中で最も優れた考えを持つ人物の1人でしょう。Out of this worldは非常に高い評価をもたらしました。しかし、彼の2冊の本 "Paul Curry PresentsとSpecial Effects" はそれほど有名ではありません。今、彼の本を入手したければ、2002年に出版された "Worlds Beyond" なら手に入るかもしれません。

　彼のマジックを学ぶと、その考え方に感嘆せざるを得ません。賢い原理と、必要な時に使われる技術、明快さ、そして表現。そして、世の中には実際に演じても観客を騙せない、机上の理論でしかないトリックが多い中で、彼の作品は実際に観客を騙せることに価値があるのです！

　1980年頃に、私はポール・カリーの本で学んだ複数の原理を合体させた作品の製作を試み、Out of this worldの新しいアプローチを考えました。しかし、自分でそのできに不安を覚え、ポール・カリーの意見を聞いてみたいと思ったのです。

　ポールは謙虚だが、非常に疑り深い人物でもあり、そのため、誰も彼のマジックを発展させる（そして発表する）ことができませんでした。しかし、彼にこの "恋人たち" の説明文を彼に送ったところ、彼は私に、この作品を市場に出すつもりはないかと訊いてきました。彼は、この作品が、彼のオリジナルを発展させた作品の中ではベストだと言ってくれました。

　私はこの作品を "恋人たち" と呼んでいます。そしてこの作品の発表とともに、私のマジック・クリエイターとしての人生も始まりました。

この作品は、一読しただけでは理解するのが難しいと思いますので、実際に手にカードを持って、手順を行いながら読むことを勧めます。そうすれば、ずいぶんわかりやすくなると思います。何度か行えば、想像以上に簡単であることも分かる筈です。

　また、第2段で、"ノーと言われた"の山を扱うとき、第1段で行ったようにこの山をリフル・シャッフルしてから、そのあとで2枚ずつカードを持ち上げて（黒いカードを手前に持ってきます）、手順を進めていくことも可能です。この手順は最初に発表したバージョンで、こちらも良いと思います。

　私はこの手順で多くの人をひっかけてきました。これは特に種を見破ってやろうと考えている人に対して効果的でした。自分が発明してきたセルフ・ワーキングトリックの中では、これが一番効果的な手順だと思っています。

　最も誇らしい瞬間は、ジョン・ラッカーバーマーと会ったときです。そのとき、私たちは"恋人たち"について話し合っていました。彼の話によると、エド・マーローは自分が知ったカード・マジックの改案を常に作り続けるという習慣があったと言います。しかし、エドはこのマジックの改案を作ることは諦めたと言います。なぜなら、「彼はただ、他の方法を見つけることができなかった」と言ったそうです。私はエドのことは良く知っていていましたが、このことを知って私はより愉快な気持ちになりました。

●個人的な付属品
現象：観客にデックから20枚のカードを抜き出し、演者に手渡してもらいます。観客は基本的にどのカードを選んでもよいのですが、ジョーカーやAと言った、特に目立つカードは避けてもらいます。残りのカードは横に除けておきます。

　演者は受け取った20枚のカードを表向きにして広げ、観客に、これらのカードの中から選択してもらうということを了解してもらってから、カードを閉じます。そして、「1から10の間の、ひと桁の数を1つ思ってください」と観客に頼みます。そして、これから、10枚のカードを見せていくので、思った数と同じ枚数目のカードを憶えてもらうように言います。例えば3を思ったなら3枚目、8と思ったなら8枚目を憶えてもらいます。

演者はパケットを表向きで右手に持って、上からカードを１枚ずつ左手に取っていきます。それに合わせて、１から１０までの数を大きな声で言います。観客はその間に自分が思った数の枚数目のカードを憶えます。左手に数え取った１０枚のカードを裏向きにテーブルの左側に置き、右手に残った１０枚も裏向きで右側に置きます。

今まで公明正大に進められ、観客が心に思ったカードはだれにも分からないと説明します。そして、魔法をかける動作をして、強く集中している表情を見せます。

観客に、演者の左側に置いてあるパケットを裏向きのまま持ってもらい、枚数を数えてもらうと、そこには９枚のカードしかありません。そこで、右側のパケットの方を数えてもらうと、こちらには１１枚あります。観客に、ここで初めて、先ほど憶えてもらったカードを言ってもらいます。演者は笑みを浮かべ、左側のパケットを見せると、憶えてもらったカードは消え失せています。右側のパケットを表にして広げて、そのカードがこちらにあることを示します。

方法：観客に見せたパケットをスイッチするだけです。

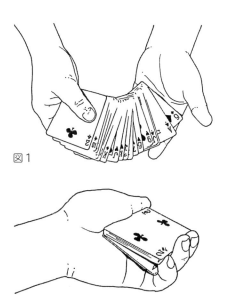

図１

図２

２０枚のカードを表向きで示してから（図１）、そのパケットを揃えるときに、下から２枚目のカードの上に左手の小指でブレイクを作ります（図２）。右手の中指と薬指をパケットの外端に当て、親指を内端に当てて、このブレイクを保持しながら（図３）、右手でパケットを取り上げます。

次に、右手のパケットの上から、左手の親指で１枚ずつカードを引いて取って観客に示していき（図４）、１０枚目を数え取るときに以下の要領でパケットを密かにスイッチします。

・１７０・

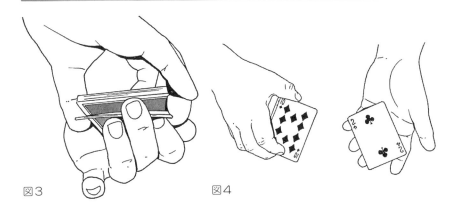

図3　　　　　　　　図4

　左手の親指を右手のパケットの上に当てたとき、左手に持っているパケットを右手のカードの下に持っていきます。同時に、右手の中指で、ブレイクより上のカード（9枚）を左手の方に振り出し（図5）、それを左手の親指の付け根で挟んで受け取ります。今、右手には、ブレイクの

図5

下にあった2枚のカードと、その下には先ほどまで左手に持っていたパケットがあります。これでスイッチ完了です。見た目には今まで数えてきた1から9までと同じように、10枚目のカードを右手から左手に取ったように見せます。

　ワイルドカードのマジックを演じたことがある方なら、基本的な動きは理解できたと思います。これはビドルスイッチが基本となっていますが、ブレイクより下の2枚のカードを残して交換する点が異なります。

　実際には観客に数を選んでもらう必要はありません。「これらのカードの中から1枚だけ憶えてください」とシンプルに言ってもいいと思いますが、観客の意識を数に集中させることによって、他のカードを丸ごとスイッチしていることに気付かれる可能性を減らしています。

　さらに言えば、9枚目までのカードの中の1枚を憶えてもらう必要があります。そのため私は「1から10の間の、1桁の数を思ってください」と伝えてい

ます。公明正大に聞こえますが、数を１から９に限定しています。

　スイッチを行い、パケットをテーブル上の各々の位置に置きます。今まで行ったことをおさらいし、思ったカードが移動していることを見せ、そして観客の驚いた反応を聞きます。

　観客が20枚のカードを選ぶ時に、もし、あなたが指示したとおりにせずに、AやJ、Q、Kなどが選ばれていた場合には、パケットをカットして、それらのカードを表向きのパケットの一番下に持っていきます。これで、面倒なことは起こらないでしょう。

コメント：私は、初めて"思ったカードが飛行する"演技を見た日のことを忘れられません。あれはエドワード・G・ブラウンの手順を基本にした、リッキー・ジェイのバリエーションでした。彼はDinah Shore Showでそれを演じ、私はそれを見て非常に驚いた記憶があります。どのように行ったのか全く分からず、私はそのあとの数時間、そのマジックについて考えることしかできませんでした。

　原理はシンプルです。Mr. ジェイはデックを手に持ち、私の記憶では、それをダイナが調べ、シャッフルしていました。リッキーはデックをカットし、取ったパケットをファンにしてダイナの方に向けました。彼女はその中から自由に１枚のカードを憶えました。それからリッキーはパケットを閉じて、揃え、テーブルに置きました。そして、彼女に、心の中で憶えたカードを訊きます。それから、ジェイは彼女に、先ほど見てもらったパケットを調べてもらうと、そこに目的のカードは存在しません。

　もう一方のパケットを表向きに広げると、そこには１枚のカードが裏向きになって挟まれています。ダイナがそれを表向きにすると、それこそ彼女のカードです。

　私は全く唖然としてしまいました。普通のデックの中から複数のカードが選ばれ、心の中に思った１枚のカードを、どうやってそれが言われる前に飛行させるのか、全く分からなかったのです。カードを１枚、一方のパケットからもう一方に移動させるだけでも難しいのに（そのときはパームを使っていなかっ

た）さらに、どうやって、心の中で思ったカードを知ったでしょう？　私は何度も考えましたが、答えを掴めませんでした。そのとき、かのシャーロック・ホームズの有名な言葉「不可能を消していけば、最後に残った事象こそが、どんなに不可能に思えても、真実です」を思い出しました。

　私は、どのようにこの現象を行うのか自分なりに考えたものの、確証はありませんでした。さらにあとになって、私はリッキーが行った手順が"The Card Magic of E. G. Brown"に載っている方法だと知りました。そこで、私は自分の考えが正しいことを知ったものの、その方法は、カードの扱いが不得手な人……つまり私には適しませんでした。

　数週間の調査の結果、私は他の方法も見つけ出しましたが、いくつかの理由で、それは魅力的に感じられませんでした。そういった経緯で、この手順が生まれました。

　既に述べたように、この現象には多くのバリエーションが存在し、それぞれに利点と欠点があります。私のバージョンでは、少しの技術で行えることが利点です。

　普段の演技では、2通りのシナリオで演じています。もし私が"普通の"カードを使って演じている場合には、2つのパケットを隣同士に置いて、カードが"旅をする"段になったときには、右掌を下に向けて2つのパケットの上に置き、ぶつぶつ言いながら、あるいは状況によっては大声を出しながら手をすばやく前後に動かします。この動作によって、観客の想像する解決方法を間違った方向に誘導するのです。カードの名前が言われたあとに、そのカードが入っているはずのパイルから他のパイルに飛行させる手捌きをしてドラマチックな演出でパケットからパケットに移動させます。

　もう少し魔法の印象を強めたいなら、心の中でカードを覚えてもらった観客から指輪か、何かの装飾具を借ります。それから、その観客が憶えたカードが入っていると思われているパケットにその指輪を置き、それを隣のパケットの上に移動させます。カードが指輪とともに移動したと言う演出です。

　この現象を読み飛ばさないでください。ほとんど即席でできる上に、高い知

性を持つ観客でも、この種を見破ることは難しいでしょう。

●変化する予言

現象：観客の中でよく知られていて信用に足る人物にステージに上がってもらいます。あなたはその観客に、以下の手順に従ってほしいと頼みます。

「今からあなたに、ある条件下での実験を手伝ってもらいます」

「あなたはサクラだったり、密かに私を手伝ったりはしていませんね？」

「前もってあなたにいくつかのデックを渡しておきました、それはポケットに入っていますね。それでは1枚のカードを心に思い浮かべてください」

「カードは完全に自由に選んでください。そして心の中で好きなだけ変更して構いません」

「しかし、そのカードはどこかに書いたり、誰かに言ったりしてはいけません」

それから演者は観客が思ったカードが全く分からないことを述べます。「そのことに10,000ドルを賭けてもよいです」（実際、あなたは観客の思ったカードのことは全く分かりません。フォースも行いません）

それから観客に、ポケットにあるデックを取り出してテーブルの上に置いてもらいます。赤裏のデックと、青裏のデックです。

観客に、そのうちの1つのデック（例えば赤裏）を選んで演者に渡してもらいます。観客には、もう一方のデック（たとえば青裏のデック）で演者がこれから行うことを真似してもらうように頼んでから、赤裏のデックをファンに広げ、カードがよく混ざっていることを見せます。そしてその赤裏のデックをテーブルに戻し、青裏のデックとは少し離して置きます。

次に観客に、先ほど思ったカードを思い出してもらい、青裏のデックに集中してもらいます。そして、カードを思い浮かべてもらう前にはデックは観客のポケットに入っていたことを再確認します。

ドラマチックになるように、間をおいたあと、観客に、青裏のデックの中に自分の思ったカードがあるか調べてもらいます。しかし、そのカードはその中には存在しません。

演者は、赤裏のデックを取り上げて、表向きにファンにして示し、観客の思ったカードが見つかったら、あったと言ってもらいます。演者は言われたカードをゆっくりと取り出します。そして、そのカードの裏を示すと、青裏です！

方法：解説を読む前にどのようにこの現象を行うか考えてみてください。ショーの前にフォースしたりせずに、皆さんならどう解決しますか？

この方法は新しいものではないが、言葉と組み立てによって、騙しやすくしてあります。

最初に原理を説明しておきましょう。デックの1つを、エディ・ジョセフのプリモニション（予兆）のトリックの形にセットしておきます。そして、もう1つのデックをスタン・ロエブスタインのプリモニション・アウトダンの形にセットします。青裏のデックは、2組の青裏デックから集めた偶数のカード（すなわち、2、4、6、8、10、Q）を合わせて1組にします。赤裏のデックの方は、1組の赤裏の奇数のカード（すなわち、A、3、5、7、9、Jack、King）と、青裏の、A以外の奇数のカード（すなわち、3、5、7、9、Jack、King）で

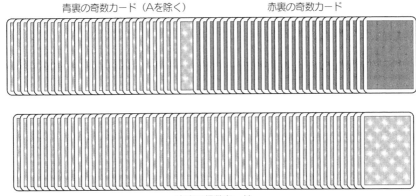

図1

構成します。そして、デックを裏向きにしたとき、赤裏が上半分、青裏が下半分になるように重ねておきます（図１）。

　赤裏のデックを裏向きで持ち、ゆっくりと左手から右手に送りながら赤裏であることを見せていきます。そして、下半分の青裏のカードに到達する前にデックをゆっくりと立てていって表を観客の方に向けて、そのままデックを広げ続けてカードが良く混ざっていることを見せます。これはプリモニション・アウトダンで使われたアイデアです。

　次に言葉の使い方について述べておきます。２つの言葉が、このマジックを実用的にしています。ひとつは、"テストという条件下"であるということです。このことで、どのような条件で観客に何をしてもらうかを組み立てています。

　演技が始まる前に、静かなところで、いずれ手伝ってもらうことになる観客に、何が起こるかを説明しておきます。青裏のデックを渡して、質問されるまで、大切に保管しておいてもらいます。次に赤裏のデックを表向きで取り出し、裏を見せないようにしてリボン・スプレットで表を示します。そして、観客に、特に目につくカードを心の中で思ってもらいます。それが終わったらデックを閉じて、ケースに戻し、観客のポケットに入れてもらいます。

　これで技術的な部分の秘密は全て終了しています。あとは現象を生かすも殺すも演出次第です。今までの内容と下記のセリフを話す内容と、実際に行われることが微妙に異なることに気づくかもしれません。

　「デックをいくつか渡してありますね、そしてそれらをポケットに入れてもらったあとに、１枚のカードを思ってもらいました」

　手伝ってもらう観客は、演者が何も訊く前に青裏のデックを渡したことを思い出すでしょう。しかし、演者が「デックをいくつか……」と言うことで、見ている観客は、アシスタント役の観客には、１枚のカードを思ってもらう前に両方のデックが渡されていたと思い込みます。

　「自由にカードを思ってください。そして、そのカードは心の中で変えても良いです」

自由にカードを選ぶと見せかけて、アシスタント役の観客は、実際は奇数のカードしか選ぶことができません。

　演者が、どのカードが選ばれるか全く分からない、と言ったとき、それは真実です。もっとも、奇数のカードに限定されている中で、どれが選ばれるかわからない、という意味です。

　しかし、どうやって、フェアに仕掛けのある赤裏のデックを観客に使用させて、演技を終わらせるのでしょう？　私が思う最も良い解決法は、以下のようなあいまいなセリフを使って、マジシャンズ・チョイスを利用することです。

　「お願いしたいことがあるのですが、どちらか一方のデックを選んで戴けますか？」と言います。このとき、演者のためにデックを選んでもらうのか、観客に自分の好きなデックを選んでもらうのか、はっきりさせていません。このセリフを使えば、うまくいくでしょう。

　このとき、青裏のデックがあなたの手にあり、赤裏のデックが観客の手にある場合、ほぼ自動的にクライマックスにたどりつきます。観客が青裏のデックを見たとき、そこにあるカードはすべて偶数で、そこに観客のカードはありません。観客が選んだカードのあるデックはすべて奇数のカードで構成されていました。

　演者が赤裏のデックを表向きにして広げていくと、観客が最初に見る、本人の選んだカードは、青裏のカードの部分で見つかります。あとは簡単です。

コメント： 2つの興味深い方法を組み合わせてこのマジックを作り出しましたが、そこに私の考えた技法も組み合わせ、よりメンタリストらしい、直接的な現象へと作り上げることができました。

　ひとつ前に説明した"思ったカードの飛行"はあまりメンタリズム的なマジックではありませんでした。しかし、このマジックは、より観客の心を読んで、さらに典型的なカード・マジックとは一線を画す現象になっています。

　メンタリストが使う技術は、誰もがそれができたらいいなと願うような、で

きる限り強力な現象であるべきだと思います。

●怠け者の予言
現象：ある人に予言の実験に参加してもらいます。

　演者は、自分が怠け者なので、信頼できる協力者の力を借りて予言を成功させたいと言います。

　封をした５枚の封筒を協力者に手渡し、中にはトランプ・カードが入っているという説明をします。それから協力者に封筒をシャッフルしてもらい、どれがどれだか分からなくします。そして、その封筒をテーブルの上に置いてもらいます。

　演者は、協力者に、今からカードを１枚選んでもらいますが、封筒の中に入っているカードのうちの１枚と一致するカードを選んでくださいと説明します。

　演者はデックを取り出し、表向きにして全体が見えるようにテーブル上でリボン状に広げて示します。カードを閉じて裏向きにしてテーブル上に置きます。

　ここで、これから何が起きるかを説明します。まず、５枚の封筒のうちの１枚を、協力者に心のなかで選んでもらいます。目で追ったりせず、無表情でどれを選んだのか誰にも知られないようにしてもらいます。その封筒を予言とします。

　次に、デックを取り上げて裏向きで広げ、１枚を選んでもらって、裏向きのまま中央に置きます。

　演者は、今まで行ってきたことを振り返りながら説明します。

　まず、協力者が、予言の封筒として、誰にも分からないように５枚の中から１枚の封筒を選びました。

　ここで初めて、協力者にどの封筒を選んだのかを訊ね、その封筒を指差してもらいます。

演者は、選ばれなかった4枚の封筒のうちの1枚の封を切って、中からカードを取り出します。例えばハートのQとしましょう。

　この封筒を空であることを観客に調べてもらっても良いと思います。

　また、選ばれなかった封筒の1つの封を切って中のカード、例えばクラブの9を取り出します。

　3枚目の選ばれなかった封筒の中には、ハートの5、4枚目の選ばれなかった封筒の中にはクラブの7が入っていたとします。

　最後に、協力者の選んだ封筒を開けて予言のカードを取り出します。そのカードを協力者に手渡し、他の観客に見えないよう、後ろに隠して持ってもらいます。

　そして演者は、協力者が自由に選んで、テーブルの中央に押し出してあるカードを手に持ちます。それから、協力者が持っている予言のカードを表向きにして観客に見せてもらいます。それはクラブの2です。

　演者が持っている選ばれたカードを表向きにすると、そのカードもクラブの2です！

方法：この現象は、非常にシンプルですが、秘密をうまく隠して不思議さを増すように組み立ててあります。

　考えてみてください。どの予言の封筒が選ばれるか、事前にわかってはいないとしたら、どうやってこの現象を起こしますか？　どの封筒が選ばれるのか分からないのでは、カードのフォースは役立ちません(実際、他のマジシャンやメンタリストがいる中でこの演技を行うときは、この点を特別に強調しています)。

　種を明かせば、封筒の中の予言のカードは、一番簡単な方法でフォースします。

例えば、クラブの2が予言のカードだとします。5枚のクラブの2と、5枚の裏模様が同じで、異なる表のカード、そしてマジシャンズ・ワックスまたは、これに準じる物を準備します。

　少量のワックスを5枚のクラブの2の表面4隅に付け、その面に、異なるカードの裏面を貼り付けて2重カードを作ります。

　2重のカードはしっかり貼り付いていますが、親指と他の指で2枚のカードをずらすだけで、2枚は簡単に放れます。どの程度の量のワックスが適しているか、何度か試してみると良いでしょう。この5枚の2重カードをそれぞれ封筒に入れて封をしておきます。

　もう1つ準備する物があります。公明正大にクラブの2をフォースする為のフォーシング・デックです。ここでは、A Pop-Eyed Popper deckが利用できるでしょう(註：日本ではミラージュデックとして知られています)。

　あとは、基本的には先ほど説明した手順に従って演じればよいのです。すべての段でわかりやすく演じるべきです。選ばれなかった封筒を開けるとき、まず、封を切って2重のカードを取り出しますが、このときはできる限り軽い手つきで行います。私は普段は、そのカードをテーブルの端の方に軽くトスします。そして、あと3枚の選ばれなかった封筒でも同じことが行います。そして封筒はくしゃくしゃに丸めてそこに置いておき、いつでも封筒を調べられる状態にしておきます。

　最後に選ばれた予言の封筒を手に取り、封を切り、カードに手が届いたときに、親指と他の指で2重のカードをずらして(ツーカード・モンテの動きに似ている)、別のカードを封筒に残してクラブの2だけを取り出します。スムーズに行えば、怪しいところが何もなくなります。十分に練習を積めば、誰でも騙すことができるようになるでしょう。

　取り出したカードを協力者に渡して、持ってもらいます。

　そして、他の封筒と同様に、もう1枚のカードが入ったまま、封筒をくしゃくしゃに丸めてしまいます(カードが入った状態で封筒を丸めるのは、少し手

間がかかるかもしれませんが、その方が良いと思っています)。しかし、他の封筒と一緒に片付けはしません。その封筒はテーブルに置くか、ポケットに入れてしまいます。そして選ばれたカードを手にします。

　上記の状態は、まだクライマックスの途中なので、予言の入っていた封筒を他の封筒と別にしてポケットに入れたり、他の場所に置いても、怪しまれたりはしません。

　演者は、テーブルから選ばれたカードを取り上げ、表向きにすると同時に、協力者にも予言の封筒に入っていたカードの表を見せてもらいます。両者が同じであることがわかり、視覚的に派手なエンディングとなります。

コメント：今から説明するこの小さいが重要な点を見逃さないでください。このマジックは、あなたの友人、家族と言ったあなたを良く知る人のための演技として作り上げました。この手順では、クライマックスのときに淀みなく、軽い感じで、貼りついたカードを分けることがもっとも重要です。うまくやれば、周りの全員を騙せることができるでしょう。

　私は、これをマジシャンに演じた時の彼らの反応を特別に楽しみにしています。彼らは、マジックやメンタリズムを楽しむ、というよりは煙にまかれたような表情を示すでしょう。

　演技の中では、Pop Eyed Eye Popper deckの使用を勧めましたが、クリーンなフォースなら何を使っても良いと思います。

　他にも、カード以外を使う方法に応用できるでしょう。"行間を読んで"ください。

●8枚のカード
現象：観客に、1組のカードから8枚のカードを選んでもらい、広げた演者の左手の上に裏向きで置いてもらいます。そして、その人に1から8のうち好きな数を思い浮かべてもらいます。

　次に、演者は声に出して数を数えながら、8枚のパケットのトップから1枚

ずつ取り上げ表を観客に見せていきます。観客には、先ほど心に思った数の枚数目のカードを覚えてもらいます。このとき、カードの順を変えないようにします。

　このパケットを、4枚ずつの2つのグループに分けます。

　観客に、2つのグループの表を見せ、どちらのグループに覚えたカードがあるかを答えてもらいます。そのあと、2つのグループを一緒にして揃えます。同じ操作をあと2回行います。

　演者は、どのカードの表も一切見ていないが、観客の憶えたカードが何かを知るための十分な情報は得たと説明します。そして、パケットの1番上のカードを表向きにすると、観客の覚えたカードです。

　演者は続けて、どちらの手に選ばれたカードがあるのか知ることによってカードを見つけましたが、本当の超能力ではそういったことは必要ないと説明します。

　そして、パケットのトップから1枚ずつ右手で取り上げて表を見せていき、最初と同じように1から8まで数えながらカードを見せていきます。観客には、先ほど思った数のところで、心の中でストップと言ってもらいます。

　観客にカードを見せ終わったあと、今度は、その状態で、観客が心の中でストップと言った場所のカードが何であるかを当てます。

方法：これは基本的にはセルフ・ワーキングのマジックですが、強力で、かつタネがわかりにくくなっています。

　カードを手に持って以下の説明を読むと理解しやすいでしょう。

　8枚のカードを裏向きで、演者の左掌の上に置いてもらいます。それから、1から8のうち好きな番号を思ってもらいます。その間、カードを軽く扱いながらトップカードをグリンプス（密かに覗く）するか、ボトムのカードをグリンプスしてトップにコントロールしておきます。

声に出して数を数えながら、右手でパケットのトップから1枚ずつ取り上げて観客にカードの表を見せていきます。そして観客は、自分の思った数と同じ枚数目のカードを覚えます。このとき、カードの順序を変えないようにします。

この操作をしているときに、パケットのトップカード（先ほどグリンプスしたカード）の内隅にクリンプ（軽く曲げる）を付けておきます。

次に、この8枚のカードを以下のようにして、4枚ずつ2つのグループに分けます。—— まず、右手でトップカードをアウトジョグします（図1）。次に2枚目のカードを左手でインジョグします（図2）。3枚目のカードを1枚目の横に並ぶようにアウトジョグし、4枚目は2枚目の隣に並ぶようにインジョグします。これをつづけていって、8枚のカードを上、下2つに分けます（図3）。次に、インジョグした4枚のカードを左手で引き出して持ち、残りの、アウトジョグしていたカードを右手で持ちます。

2つのグループのどちらに、選んだカードがあるかを観客に訊ね、観客のカードがある方を上に重ねて揃えます。このジョグして分け（いわゆるアンチ・ファロー）、選ばれたカードのあるグループを上に置いて揃える操作をあと2回続けます。

ここで演者は、カードの表を見ていなくとも、観客のカードの位置が分かりますと言って、パケットのトップカードを

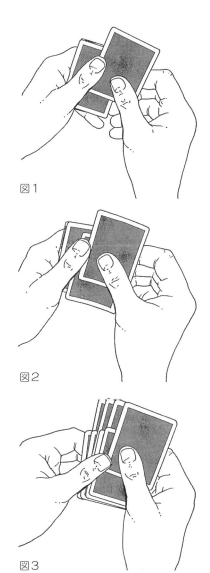

図1

図2

図3

手に取り、観客に覚えたカードを尋ねてから、手にしているカードを表向きにすると、観客の言ったカードです。

　以上の説明通りにカードを操作すれば、選ばれたカードは自動的にトップに来ます。悪いトリックではないですが、これは始まりに過ぎません。

　次の"超能力"の段階では、手順の最初に密かに表を見てクリンプしておいたカードが、自動的に観客が最初に考えた数の位置に来ています。そして、カードを1枚ずつ見せていきます。クリンプ・カードが出てきたときの枚数目で、観客は心の中で「ストップ」と言っているので、それを当てます。

コメント：原案となるマジックを最初に見せてくれたのは、ジム・ステインメイヤーです。彼は、フィル・ゴールドステインが作ったマジックだと言っていました。私は、そのマジックがジンクスの101号に載っているKent Arthur のEarie Cardsの現象に似ていると感じました。

　はじめてそれを見たとき、即席でできる良いマジックという印象を持ちました。しかし、第2段に不満がありました。そこで最初にトップカードをクリンプしておくという操作を加えました。そこが、私が考えた点です。ショーの中心、目玉とはならないかもしれませんが、簡単に演じられて、タネの分からない2段構成の手順を楽しんでください。

●カット・ディーパー・ロケーション

現象：観客にデックをシャッフルしてもらったあとに演者に戻してもらいます。そして演者は、今から観客にしてもらいたいことをまず演者が行って見せると言って、数枚のカードをデックからカットして表向きにしてデックに戻します。そのカードが、彼の最初に選んだカードになると言います。

　次に演者は先ほどより多いカードをカットし、それを表裏逆にしてデックに戻し、そこで見えたカードが2枚目に選ばれたカードとなると説明します。

　演者はカードをすべて裏向きにしたあと、デックを観客に渡して後ろ向きになります。今度は観客に、演者と同じように行ってもらいます。それからすべてのカードを裏向きに戻してからデックを返してもらいます。演者は選ばれた

2枚のカードを当てます。

方法：読者のほとんどが、ヘンリー・クライストのカット・ディーパー・フォースが使われていると思うでしょうが、実は全く異なります。

　最初に実演で手順を説明しているとき、2回目のカットが終わって、表向きになっているカードを裏向きに戻すとき、デックのトップになるカードをグリンプスして覚えておくことだけです。それがキー・カードとなります（もちろん、最初からトップカードを覚えておけば、あなたが手順を説明しながら演じる必要はなくなります）。

　観客にカードを渡し、説明した手順通りに行ってもらって、2枚のカードを覚えてもらいます。そして、すべてのカードを裏向きにしてもらうと、先ほど覚えたキー・カードの1枚上のカードが、観客が2枚目に覚えたカードになります。そこで、デック取り上げて表を自分の方に向けて持ちます。観客に最初に覚えたカードに集中してもらい、演者は1枚目に選ばれたカードを見つけるふりをして、実際は、キー・カードの隣の、2枚目に選ばれたカードを抜き出し、裏向きでテーブルに置きます。そして観客に1枚目のカードが何かを言ってもらい、それを聞いてあなたは若干失望した様子を見せます。

　それから、観客に今度は2枚目に選んだカードを考えて集中してもらいます。このときあなたは、1枚目のカードを知っているので、それを抜き出しても良いのですが、ひとひねり加えて完全に当てるのではなく、同じ数で同じ色の違うマークのカードを取り出しても良いでしょう。この演出の方が、1枚目を見つけたあとに失望したことが正当化されます。そのカードを最初に取り出したカードの上に置きます。

　観客に、覚えた2枚のカードを改めて言ってもらったら、テーブル上のカードを2枚まとめて表向きにします。1枚は合っていて、もう1枚は正解に近いカードです。まさにマインド・リーディングの極みです！

コメント：ここで使用しているヘンリー・クライストのカット・ディーパー・フォースは、簡単に演じられますが、非合理に思えました。あんなふうにしてカードを選ぶ必要があるのだろうか？　そこで、私は、この手順のほかに、そ

の流れが正しくなるよう"カード占い"の手順を作ったのですが、これらの手順はどちらも、基となる手順とは大きく異なっています。

　ワン・アヘッドの原理と、クライストのフォースをキー・カードに応用することで、古典を面白い形に改案できたと思います。簡単にいつでもできるので「もう１つマジックを見せて！」と言われたときに演じるのにちょうど良いでしょう。

● メンタリスト版、テーブルを貫通するカード
現象：観客に、良く調べてもらったデックを好きなだけシャッフルや、カットをしてもらい、そのデックをテーブルの中心に置きます。それから、１人の女性に、カードを１枚思ってもらいます。そのカードが何かは、誰にも伝えずに彼女の心の中にだけ留めておいてもらいます。

　そして、改めてそのカードが何かを言ってもらいます。それがダイヤの８だったとしましょう。

　演者は空の手をテーブルの下に差し入れて、彼女の手をデックの上に置いてもらいます。あなたが「今です」と言ったときに、先ほど思ったカードを強く思いながら、デックを押してもらいます。

　彼女がデックを押したあと、演者はテーブルの下からカードを取り出して裏向きのままテーブルに置きます。それから彼女に、テーブル上のデックを調べてもらうと、そこにはダイヤの８はありません。そこで誰かにテーブルを貫通したカードを表向きにしてもらいますと、それはダイヤの８です。

　解説を見る前に、普通の52枚のデックを使って、フォースを使わずに、どのカードでも自由に選んでもらったとして、どのようにこの現象を達成するのだろうか想像してみてください。さらに、観客から見て何の怪しいところも無いように見えています。それでは今から説明しましょう。

方法：ショーの前に、観客が言うカードをあらかじめ抜き出し、マジシャンズ・ワックスでそれをテーブルの裏に貼り付けておきます。

しかし、どうやって、観客が言うカードを知るのでしょうか？　まず、ショーが始まる前に、観客の誰かに、後ほど手伝ってほしいと伝えておきます。そしてそこで１枚のカードを思ってもらうのですが、ショーの中でお客様にカードを思ってもらうと、多くの場合、スペードのＡとかダイヤのＱのような、わかりやすいカードを言われて面白味が削がれてしまうので、彼女には、自由に選んだカードを言ってほしいと伝えます。そして、デックをシャッフルして、テーブル上に裏向きに広げ、１枚のカードを抜き出してもらいます。このとき、マークド・カードを使えば、表を見ずに観客がどのカードを選んだかを、知ることができますから、彼女に、抜き出したカードを自分だけで見て覚えてもらい、そのカードをデックに戻してシャッフルしてもらいます。そして、そのカードを誰にも言わないように頼んでおきます。

　あとはあなた次第、簡単なことです。

コメント：説明を読んだ多くのマジシャン達は、私に対して「騙したな！」と思うかもしれません。しかし、ブラックストーンも同じことをしていました。彼は、仲間を観客に混ぜておいたうえで、スリの演技を行いましたが、そのとき、仲間から財布や腕時計を渡してもらっていました。場合によって、目的は手段を正当化します。観客にどういった感銘を与えるか、それが重要です。観客を上手にだますことを心に留めておいてください。

　私は、テッド・レズリーのマークド・デックを使用しています。距離があっても、簡単にすばやく、マークを読み取ることができるからです。

●借りてきたプリンセス
　デックを借りて観客にシャッフルしてもらいます。そして、その観客以外で、最大６人の観客にこの実験に参加してもらいます。

　演者はそれぞれの観客に５枚ずつカードを手渡し、残りのカードは傍らに置いておきます。観客それぞれに、手元にある５枚のカードのうちの１枚を覚えてもらいます。そして、それぞれシャッフルしたあとにデックに戻してもらいます。誰も、それぞれの覚えたカードがどこにあるか分からない状態になります。さらに、デックをシャッフルします。演者はトップから大体１０枚のカードを取ってファンにして広げ、観客に見てもらい、その中に覚えてもらったカー

ドがあるか、訊ねます。観客の1人、または何人かがイエスと言ったなら、演者はすぐに、彼らの覚えたカードを言い当てます！

　この手順が、すべての観客のカードを言い当てるまで続きます。

方法：サム・ライターを使って、5枚のグループに分けたそれぞれのカードにマークを付けています。こうすれば、どれが観客のカードか、簡単に分かります。

　借りたデックがあなたの手元に来たら、それを左手でディーリング・ポジションに保持します。

　5枚のカードを最初の観客に渡しますが、そのとき、左手の親指にサム・ライターを装着しておきます。そしてカードを配るときに、カードの左上隅にサム・ライターの先端を軽く当てておくと、カードを引き出すことで、その左上隅に自然と印しが付きます（図1）。

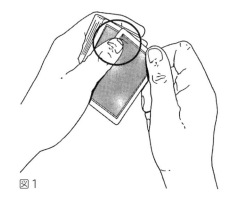

図1

　2つ目のグループの5枚を配るときは、最初のグループより1センチほど下に印しを付けます。つまり、最初のグループとは異なる位置に印すのです。それ以後のグループでも同様に、それぞれ位置を下げて印しを付けます。こうして、それぞれのグループの印しを、異なる位置に付けておきます。

　カードを観客に渡し、覚えてもらい、シャッフルしてからデックに戻してもらいます。そして、デックをシャッフルして、カードをデック全体に散らします。

　次にカードの見つけ方を説明します。デックのトップから10枚のカードを取り、表を観客の方に向かってファンにして広げます。観客がこの中に覚えたカードがあると言ったら、裏面の印しを確認します。ほとんどの場合、あるグループのうちの1枚だけが存在しています。もし、その10枚の中に複数枚同じ印しのあるカードが存在している場合、観客からうまく正解のカードの情報

を吸い上げて当てます。以上の作業を続けて、観客のカードを全て当てます。

　もし、観客が1人しかいない場合は、より簡単になります。デックをその人にシャッフルしてもらってから、戻してもらいます。演者は顔を横に向けてカードを見ないようにして、1枚ずつカードを表向きにテーブルに配ります。このときにサム・ライターでカードに印しを付けます。観客に、テーブル上のカードのうち1枚を心で選んでもらったら、それらのカードをデックに戻し、シャッフルしてもらいます。

　もし、最初の5枚のカードを配った時点で、選びたいカードがないと観客が言ったなら、改めて5枚のカードをテーブルに配ります。そのとき、最初の5枚とは異なる位置に印しを付けます。そしてその中から1枚覚えてもらいます。もし、この中からもカードが選ばれない場合、さらに5枚のカードを配ります。もちろんその裏には今までと異なる位置に印しを付けます。この工程を、観客がカードを覚えるまで行います。覚えてもらったら、テーブル上のカードをまとめてシャッフルしてもらい、デックに戻します。そしてあなたはカードを10枚ずつファンにして観客に見せます。ここで、カードがあると言われ、それに対応する印しのカードが1枚であれば、それが正解のカードです。もし、該当する印しのカードが複数存在した場合、情報を得ることで正解のカードが見つけます。

　このマジックは、プリンセス・カードトリックの改案です。私の知る限り、シャッフルされた、借りたデックで行える唯一の方法です。

コメント：この現象は、最初Peter Tappanが出版したImpostress Princess（いかさまの王女）に載せられていました。これが初めて出版されたとき、私の現象は、比較的新しいものでした、また、これを再録することも当初は考えていませんでした。私の現象は、基となった手順と大きく異なる方法を用いており、現象を強力にしています。

●**"あなたのカード"のバリエーション**
現象：あなたは観客にデックを見せてから、自分でシャッフルします。そして観客には今から"発信器"の役割を担ってもらうと言います。

　観客に何度かデックをカットしてもらい、どのカードがどこにあるか分から

ないようにします。それから観客に、デックのトップカードを取り、見てからポケットに入れてもらうか、どこかあなたの目の届かないところに置いてもらいます。

次に、今デックのトップになっているカードを見てもらい、観客に、それがポケットに入れたカードと同じマークかどうかを伝える"発信器"になってもらいます。観客は、そのカードが同じマークか、異なるマークかを心の中で思います。演者は、その信号を受け取って、マークが同じか異なるかを判断します。もしそのマークが異なると判断した場合、次のトップカードを観客に見てもらい、同じように信号を受け取って、マークの同異を判断します。これを、マークが一致したと判断するまで行います。

そして、観客に、2枚のカードのマークが一致しているか訊ねると、観客は、「はい」と答えます。次に数字を当てます。先ほどと同じように、デックの一番上のカードを観客に持ってもらい、最初に選ばれたカードと同じ数字か、否かを思ってもらいます。演者はその信号を受け取り、カードの数字を判断して、違えば、そのカードは傍らに置いて、次のトップカードを取り同じことを行います。それを数字が合っていると判断するまで続けます。そしてそのカードの数字が合っているかどうかを観客に訊ねると、その答えは、「はい」です。観客が選んだのがハートの5だと言います。観客がポケットからカードを出すと、確かにハートの5です。

方法：サイステビンスや、8キングシステムなど、シンプルなスタック・デックを準備します。

例えばサイステビンスデックを使ったとしましょう。すると、4枚ごとに同じマークのカードがあらわれ、13枚ごとに同じ数字のカードが表れます。

演技としては、まずフォールス・シャッフルを行い、そのデックを観客の前に置きます。観客に何度でもカットしてもらいますが、デックの順序そのものに変化はありません。

カードが選ばれたあとに、そのカードをポケットに入れてもらいます。あとは上記で説明した演出で行います。観客が当初のトップから4枚目のカードを

見たときに演者は、選ばれたカードと同じマークだと言い、観客にそのカードを見せてもらうことで、観客が選んだカードのマークが分かります。

　同様に、最初のトップから13枚目のカードのところで、数字が合っていると言い、カードを見せてもらうことで、数字が分かります。最後に、選ばれたカードを当てます。

　このマジックは、雑誌Jinx＃2に記載された、Orville MeyerのYour Cardを基にしています。

コメント：このマジックは、たとえデックスイッチをしたとしても、知識のあるマジシャンを騙すには至らないものの、素人には直接的で絶大な現象になります。

　簡単である分、プレゼンテーションに力を注ぐことができます。あなた自身も楽しんで演じられます。

●2つを取る

　デックを借りて、皆が持っている直感を利用した、しかしめったに起こることのない即席の不可思議なテストを行います。

　観客の1人にデックをよく混ぜてカットしてもらいます。そして、そのデックをカットして5つの山を作ってもらい、その中の1つの山を選んでもらいます。そしてその山のトップカードを見てもらいます。

　ここで、演者は今行ってきた、観客に借りたデックをシャッフルしてもらい、5つの山に分け、そのどこからでもカードが選ばれる可能性があったことを改めて説明したあと、観客は5つの山をまとめてシャッフルします。

　今度は演者が、同じようにデックを5つの山に分けます。そして、観客に質問を行うので、直観でそれに答えて欲しいと頼んでから、演者は両手の人差指を2つの山の上に置きます。そして観客に、この2つのうち1つを取り除きたいので直観で選んで欲しいと言います。どちらでも、観客が選んだ山を傍らに除きます。

次に、観客に両手の人差指を伸ばしてもらい、残った4つの山のうち2つに置いてもらいます。そして、今度は演者が直感で取り除く山を選びます。これで3つの山が残ります。演者は再び、そのうち2つの山に人差指を載せ、観客に取り除く1つを直感で選んでもらいます。こうして、最後に残った2つの山のうちの1つを演者が選び、もう1つを傍らに除きます。

残った山をテーブル上で1枚1枚を離して広げます。そして先ほど山で行ったことを今度はカードで行います。2枚のカードが残るまで、選択を行います。そして、演者が1枚のカードを取り除き、最後に1枚のカードがテーブル上に残ります。観客に、先ほど選んでもらったカードを言ってもらいます。「スペードの4」と観客は言います。そして最後に残った1枚のカードを表向きにすると、それがスペードの4です。

方法：現象で説明し、観客が5つに分けた山のどれか1つの山のトップカードを観客が憶え、そのカードは元の位置に戻されたところから話しを進めます。演者は、他の山を示す感じで、選ばれなかった4つの山の上を1つずつ人差指で軽く触ります。「これでも、これでも、これでも、これでも良かったのですが、選

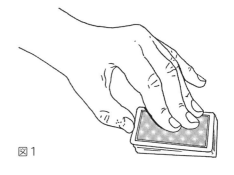

図1

びませんでしたね？」と言いながら、最後に、選ばれたカードの山に触り、その選ばれたカードだけ、あなたの方に少し引き、カードの手前の縁の真ん中に、密かに親指の爪で印しを付けます（図1）。

軽い感じで行えば、誰にも気づかれることはありません。私自身、これを初めて演じられたときには見事に騙されました。爪の印しさえ付ければ、この演技はほぼ終わったようなものです。デックを観客にシャッフルしてもらい、演者に返してもらいます。爪の印しは簡単に見つけることができるので、デックを5つの山にカットしたとき、どの山に印しのついたカードが含まれるか確認します。

ここで、選別の手順に入り、まず演者が印しのあるカードが含まれていない

2つの山の上に、人差指を置き、観客に、取り除く山を訊ねます。どちらが選ばれても問題ありません。選ばれた山を傍らに除きます。次に観客の人差指を2つの山に置いてもらいます。もし、そのうち1つに印しのあるカードが含まれている場合、演者は、もう一方の山を指定して、それを取り除きます。次は演者が人差指で2つの山を指定しますが、印しのあるカードを含まない2つの山を選びます。そして観客が選ぶ一方を取り除きます。こうして2つの山が残り、一方には印しのあるカードが含まれています。このときは演者が、取り除く山を選ぶので、最後に印しのあるカードの山が残るよう、選択します。

そして、最後に残った山をテーブルの上で広げます。このとき、印しのあるカードがどこにあるか、そして同時に、何枚のカードが残っているかを数え、もし偶数のカードが残っているなら、最初に観客に人差指を2枚のカードの上に置いてもらい、演者が取り除くカードを選びます。もし奇数なら、演者が最初に人差指を置きます。こうすることで、最後の2枚のうちの1枚を選ぶのは演者ですから、もちろん、最後に残すのは、印しのあるカードです。

コメント：1980年代半ばに、ジェームズ・ランディーがこの爪の印しを使った手順を演じているのを私は初めて見ました。古いアイデアでしたが、私は見事に騙されました。この方法をさらに活かすために、PATEOフォースと組み合わせることを考えつきました。このフォースはRoy Bakerの名とともに、ラリー・ベッカーの"World of Super Mentalism"に載っています。2つのアイデアが補完し合い、この2つのうちの1つを選ぶ手順が生まれました。

前に述べたように、この手順は即席ですが、ドラマチックな演出が可能です。頭の片隅に残しておいて損はないでしょう。

● **言語化された思考**
現象：観客に、思考を投影する実験に参加してみないかと提案します。それかデックを借りて、自由にシャッフルしてもらいます。そして、デックを半分にカットして、好きな方を演者に渡してもらいます。

2人で1枚ずつ自由にカードを選びましょうと言って、演者は自分のパケットからカードを1枚取って、裏向きでテーブルの端に置きます。観客にも同じようにやってもらいます。

そして、演者は、今まで行ったことを復唱し、公明正大だったことを説明してから、自分が選んだカードを誰にも見せずに、自分の持っているパケットの中に差し込みます。観客にも同様にしてもらいます。

　観客に持っているパケットを裏向きでテーブル上に置いてもらい、演者のパケットも裏向きでその上に置きます。

　そしてその観客に、もう1人 "受信者" 役の人を選んでもらいたいのだが、より難しい状況を作り出すために、この部屋の中で、最もその能力が弱そうな人物を選んでください、と頼みます。

　やや失礼な方法で選ばれた人に、デックを渡します。そして、玄関とか部屋の隅など、邪魔の入らない場所に移動してもらい、そこで「ゆっくりとデックを広げて見て行って2枚の、特別に感じる、あるいは他と何かが違うと思うカードがあったら、そのカードを抜き出し、残りのデックは揃えてください」と頼みます。

　好きなだけ時間を掛けていいと言って、その "受信者" を安心させます。そして、もしカードを選んだ2人の思考を感じ取れないようなら、そう伝えてくださいと言います。それから演者はデックをその "受信者" に渡し、部屋の隅か玄関に行ってもらいます。

　カードを選んだ観客に、選んだカードに集中してもらいます。

　少し時間が経過したあと、"受信者" が部屋に戻ってきます。演者は、2枚のカードをデックから取り除いたか訊ねます。

　そのあと、まず演者が、自分の選んだカードを言い、次に観客にも選んだカードを言ってもらいます。

　"受信者" に、デックから取り出した2枚のカードを見せてもらうと、それは言われたカードと同じです。

方法：いわゆる "即席のサクラ" を利用した手順です。言い代えれば、"受信者"

を格好よく見せる演出にして、トリックの中に巻き込みつつ、彼が秘密を守るように仕向けています。一方で、その"受信者"をも騙しています。その人が理解している現象と、他の観客が目の当たりにする現象は異なっているのです。

　実は、"受信者"はデックのなかで2枚だけ裏向きになっているカードを見つけ、それを取り出しています。しかし、他の観客には、その状態を知ることはできません。

　この演技は、ウォルター・ギブソンのダブル・リバースを基にしていますが、全く異なる見た目、用途になっています。

　まず、デックをシャッフルして、デックのおおよそ半分を演者が持ちます。その半分のデックから人の注意が離れたときに、デックを表向きにして、その一番上のカードを覚えてから、そのカードを裏向きにして表向きになっている半分のデックの上に戻しておきます。そして、別の1枚を抜き取り、裏向きでテーブルの上に置きます（このカードは見ないようにします。そうすれば先ほど覚えたカードと混乱して間違えることが無くなります）。今の状態は、裏向きの1枚がトップにある表向きのデックの半分を持ち、トップの裏向きのカードだけ覚えています。そして、何のカードか分からない1枚のカードが裏向きでテーブルに置いてあります。

　次に観客に、演者と同じことをしてもらいます。すなわち、半分のデックを持ち、その中から1枚のカードを選んで、覚えて、テーブルに裏向きで置いてもらいます。彼がそれを終えたら、今までのことを復唱し、公明正大に行われたことを説明します。

　それから、演者は、観客が選んだカードをテーブルから取り上げ、裏向きのまま自分の持つデックの半分の中程に差し込みます。観客にも同じことをしてもらいます。それから、観客のデックの半分を裏向きでテーブルに置いてもらい、演者はさりげなく手を返してデックの半分を裏返しながら観客の置いたデックの半分の上に置きます。

　全て合理的に行われたように見えますが、実際は裏向きのデックの中で2枚のカードだけが表向きになっています。演者がテーブルに置いたカードは、観

客がデックの中にいれたときに、同じ表向きになっているので、この時点では関係なくなっています。

　次に、観客に"受信者"役の人を選んでもらいます。やや、失礼な言い方をしていますが、それは、カードを見つけるときに黙っていてもらうため、という理由があります。私は、友人を不思議がらせるためにこの秘密を数年間守り通した"受信者"役の人を知っています。

　また、"受信者"は演者の回しによって、表向きで広げたデックの中にある2枚の裏向きのカードの意味に気づいてくれます。

　"受信者"が戻ってきたら、取り出した2枚の裏向きのカードを目立つように持ってもらいます。

　ここで演者は、「私は（例えば）スペードのQを選びました。あなたが選んだのは……？」と言って1人目の観客に、先ほど選んだカードを言ってもらいます。"受信者"にカードを表向きにしてもらうと、正に言われた2枚のカードであることがわかります。

コメント：これによく似た現象は数多く存在します。しかし、怪しさがなく、シンプルということで言えば、最も優れていると思います。同時に、即席で、テクニック無しで、借りたデックでも演じることができます。

　カードの現象として説明しましたが、メンタリズム的な雰囲気で演じてください。

　最も重要な点は、受信者が、秘密を守り続けることであり、彼がそう行動するように台詞が構成されていることです。この現象の説明をもう一度読んでもらって、どのように彼の行動をコントロールしているか理解してください。少なくとも、"受信者"となる人物を「世界で最も超能力の素質を持たない」と呼ぶことで、あとで彼がトリックを明かす可能性は低くなると思います。

　私が"二重の現実"と呼ぶこの概念は、非常に強力な道具と成りえます。しかし、気を付けて使う必要があります。この現象は、少しだけ変更が加えられ

て、多くのプロマジシャンに利用されています。「最も超能力の才能の無い人間」という代わりに、もっと聞こえの良い表現をしても良いかもしれません。

　受信者が2枚のカードを持って帰ってきたあと、パーティーに参加している他のメンバーは驚き、受信者はそのあとでスター扱いされることでしょう。突然、受信者に感謝されたりすることもあります。

―― エッセイ ――
演出で秘密を隠す

　観客の前で演技を行うということは、観客を楽しませて、熱狂させることです。

　例えテレビ番組上でも、パフォーマーが演技を行っているのを見れば、観客の心を掴もうと、驚くほどに多くの技術を駆使して構成されていることがわかるでしょう。

　その事について考えてみよう。ショーをゆっくり組み立てるか、早いペースにするのか、本当の生活を誇張して見せるのか。観客はそれを、技術面も含めて理解しています。それゆえに、観客を技術的に騙すということも可能になります。なぜなら、多くの人は意識的には騙しの技術が使われていることを意識していません。例えば、彼らがその技術を意識したとしても、芸術の一貫と判断するためです。

　これはメンタリストにも当てはまります。またこれは、メンタリズムを劇場で演じることができる理由の１つでもあります。もし、トリックではない本物の超能力を行ったら、観客は何を見て、何を聞くのでしょう？

　「こんばんは、あなたは５を思っていて、あなたは甲状腺機能のことを考えていますね。そちらの男性は南国に旅したいと思っていて、そしてそちらのご婦人、あなたの子供は……、残念なことに将来、芸術学校を退学します。それではごきげんよう、さようなら」

　これが娯楽となりうるでしょうか？

　観客は、どんなショーでも劇場で演じられるのであれば、それに合わせた服を着て自分自身も楽しむことを長年の経験から知っています。観客はまた、

ショーの中にドラマがあり、緊張と笑いがあることを期待し、淡々と無味乾燥と進められるテクニックの実演には興味を持たないでしょう。

　私の"レブロンから来た女性の演技"―― 3人の観客が選んだ特徴を持つ女性が現れる演技 ―― は、良い方の例に当てはまります。

　知性的な観客がこの演技を見たときの感想はこうでしょう。演者は何かしらの方法を使って自由に選ばれた観客が指定する瞳の色、髪の色、服を前もって予言していました。そして、演者はそれをステージの演技に合わせて、より面白くして見せて演技を面白くすることは、ステージ上の演出と受け止められると同時に、観客の、あなたの予言の能力について疑う考えを阻むことにもなります。

　一方で、観客のそういった予想を利用して、それ以上直接的に達成できない奇跡を作り上げることもあります。

　直接的な例えとしては、私の"テレパシーと千里眼（30頁）"があります。この中であなたは異なる情報を3枚の紙に書きます。それらは別々に折り曲げることで、観客はそれぞれの紙の中身を知ることができません。そして、誰も、どの紙がどこにあるか知りません。

　それらの紙はよく混ぜて、"誰にも特定ができないようにする"ことは理にかなっています。しかし実際は演者が、紙に書かれた番号と異なる番号を読み上げることを隠すための手段となっています。1枚の紙が選ばれ、他の2枚の紙は破り捨てられます。演出によって、1枚の紙を密かに読み取っていることを隠しています。

　演出によって公明正大なように見せかけ、秘密の作業を隠した例です。

　いかに論理的にこの考え方を利用するか、という観点から、センター・ティアについても言及しましょう。

　数十年のプロとしての演技のなかで、紙に情報が書かれてから破られるまで、この技術が問題になったことは一度もありません。そこには論理的な理由が存

在します。

　破った紙を燃やす瞬間は、ドラマチックに緊張が高まります。そして、視線は、煙と、その状況に吸い寄せられ、超能力の印象が強まります。正直、紙を千切る必要はないのですが、紙を完全に、素早く燃やす手助けになるという論理的な理由もあります。

　そして、古くから使われる理由付けも存在します。すなわち"紙に書くことで、記憶に留める手助けになる"つまり、記憶に残したあと、必要なくなった紙を破る、という理由付けです。

　私がよく行う戦略としては、まず、紙を４つ折りにしてもらってから、紙を返してもらいます。そのとき、「以前、書いた内容を忘れた人がいました。それどころか、嘘をついて書いたことと違う内容を言う人もいました」と言って、誰か他の観客に紙を渡し、内容を見てもらいます。それを再び折ってから演者の手元に戻してもらいます。それから演者は「これでもう必要ないですね」と言って紙を千切ります。

　別の方法では、観客に紙を渡し、観客にはそこに何かしら記入をして、４つ折りにしてもらいます。演者は書かれた内容を読み取ろうと集中し、しばらく難しい顔をしたあと「難しいですね」と言って、誰か他の観客に紙を渡してもらうよう促します。その観客に、増幅器役になってもらうと言って、紙を見てもらいます。紙を再び折り曲げ、演者に手渡してもらい、それを千切りますが、実際はセンター・ティアを行います

　これらの２つの方法は、即席のセンター・ティアでも使えるプロの方法です。センター部分を盗みとってあとで読み取る場合は、より複雑になります。

　"演出で手順を隠す"考え方をセンター・ティアに応用した個人的なお気に入りは、"ジグソーパズル"の現象です。このエッセイの最後に、その事について話しましょう。

　以前、私はショーの前の仕込みができない状況では、"絵の複製"の手順を、センター・ティアを利用し、ほぼ即席で演じていました。最初、私は、「誰か他

の人に紙を渡して、集中してもらう」戦略を使っていました。上手く行ってはいたものの、同時に、情報を紙に書き、破る、その行動にもっと合理的な理由はないものか、いつも考えていました。

　そして、私のお気に入りが生まれたのです。紙切れを観客に手渡し、そこに簡単な絵を描いてから、4つ折りにしてもらいます。その紙を観客から手渡してもらったあとに、演者は観客に、ジグソーパズルは得意かと訊ねます。演者は紙切れを小さく破り、観客の前に落とします。そして、観客に、その紙を元の絵の形に並べてもらいます。もちろん、その観客はなんの絵が描かれていたか知っているので、すぐにそれを戻すことができます。しかし、その間に、演者は観客の心を読み、観客が絵を並べ終える前に同じ絵を紙に描き終えています。

　単なる"絵の複製"と比較して、より複雑で、興味を引く演出になっていると思います。すべてが1つになり、美しい手順になっています。秘密の作業も、論理的動作の中に上手く隠されているだけでなく、より演出を強力にしています。もし、ショーの前の準備や、他の印象深い技術を使って情報を得たとしても、やはり紙を千切る必要があります。そういった手順と比べても遜色無いでしょう。これこそ、演出によって秘密を隠した最も良い例の1つでしょう。

人々を読み取る

●クロイゼット現象

現象：演者は封筒を観客に示し、その中には近々起こることが書かれていると言います。そこには、あなたが知らない、会ったこともない、しかし、今日の会場にいる誰かについて書かれています。この予言の信憑性を高めるため、今からその人物に特別な質問をして、その答えが封筒の中に入っていることを確かめてみましょうと言います。

最初に、その人物は女性なので、観客の中の全ての女性に立ち上がってもらいます（もしくは手をあげてもらいます）。

そして演者は、その人物は黒髪だといいます。黒髪の女性を残して、他の人には座ってもらいます。

次に演者は、身長は、約170～176センチ位だと言い、該当する人だけ立っていてもらいます。こうして選別を続けていくと、最後に1人または数名が残ります。

もし数名が残っている場合、演者は、ここに残っているうちの1人が、その特別な人物だと言います。そして、彼女たちに3桁の数字を思い、言ってもらいます（場合によっては、秘密の言葉やパスワードを言ってもらっても良いでしょう）。

それから、封筒を開けて、中に書いてある内容を大きな声で読み上げます。そこには、先ほどの女性のうちの1人が言ったのと同じ番号が書かれています。

もし、選別のあとに1人の女性が残っている場合は、その人に数字かパス

ワードを訊きます。それから、他の数名の観客にもそれぞれ思った数字を訊ね、それぞれの答えが異なることを確かめます。そして封筒を開けて、演者は予言を読み上げ、そしてそれを観客に見せます。最後に立っていた1人が言った数字がそこに書かれています。

方法：このマジックは観察力が鍵になります。私が言いたいことを体現したマジックでもあります。色々なことを不可能に見えるやり方で予言する方法は多々ありますが、このマジックではちょっとした観察で予言が可能であることを示しました。また、表現方法によって、観客が考える内容をミスリードしています。

　このマジックは少ない人数の観客に向けて演じたとしても、例えばその内の1人に合うような一般的な生活習慣を、予言の一部に使うことによって、現象に信憑性をもたせることができます。

　一例として、黒髪で、身長170～178センチ位で、頭痛持ちの30歳前後の既婚の女性は、観客の中にどれだけ存在するでしょうか？　それほど多くは居ないはずです。

　もし、予言に出てくる女性を見つけるためにこの選別を行って、それでも複数の女性が立っている場合、さらに特別な条件を加えることもできます。例えば、遠くに住んでいて、2人の子供がいて、青い車に乗っているといったことです。1人が残るまでそれを続けます。

予言の準備：封筒の裏面の下辺近くを4角く切り抜いて窓を空け、この封筒の中に、予言を書く紙を入れておきます。その窓から封筒の中の紙に3桁の数字（あるいはパスワード）が書けるようにセットしておきます（図1）。

　観客が3桁の数字（またはパスワード）を言ったら、あなたはネイル・ライターで、封筒の切り抜き窓から、中の紙

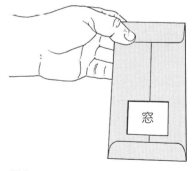

図1

にそれを書き込みます。これで秘密の仕事は全て終わりです（図2）。

●**予言の一例**
　予知夢の女性の説明に関して一例です。
「昨晩、私はある女性に関しての予知夢を見ました。彼女は善人で、自立していて、人生を楽しみ、例え悲しいことがあったとしてもそれを人生の起伏として受け入れます。彼女の身長は、170〜178センチ位で、健康的な外見をしています」

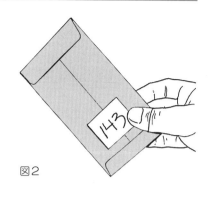

図2

「彼女ははっきりした顔立ちで、黒髪です。今、彼女は人生における様々な重圧を受けていますが、それでも、彼女の内側には光輝く強さがあります」

「この予知夢のイメージが消える前に、私は彼女にある数を訊いてみたいと思います。その事によって、私はこの予知夢が本物だと証明することができると思います」彼女はそれに答えます。

「この予知夢を証明する番号は＿＿＿＿です」

　見て分かるように、これは手順のあらすじに過ぎません。最終的にはあなた自身の演技スタイルに合わせて演じることが大切です。

コメント： 1986年に初めてこの現象を発表してから、多くの人から、面白く演じることができ、実践的で、秘密は上手く隠されているといった好評を得ています。

　ジェラルド・クロイゼットは、有名なヨーロッパの超能力者です。彼の予言は、ランダムに選ばれた観客の個性や、生活習慣、状況等まで仔細に説明しました。私は、超能力によって個人情報を読み取るという現象に魅了され、自分の演技を面白くするためにこの方法を利用したのです。結果的にそれは上手くいったと考えています。

この演技は、大観客に演じるために考えました。そして、大人数の中から"目的の人物"を選別する方法を含んでいます。

　演じ方は複数ありますが、ここでは、過去に演じた中で最も効率のよかった方法を記載しました。

　このあとに、バリエーションである「クロイゼット再び」を載せています。その中でも、予言の印象をより強くするために今までの予知夢の説明内容を加えることができるでしょう。観客は、あなたが何かしらの方法で、金髪で身長１７４センチメートル前後の観客の言う数、あるいはパスワードを予言したと思うでしょう。

　しかしもし、あなたが、その人物しか知り得ないことを言えば、現象はより強まるでしょう。例えば、その人物が飛行機を怖がっているとか、テニスかゴルフをしたときにかかとを痛めた、といったことです。場合によっては、予知夢の情報を少し間違えることもあるかもしれませんが、気にすることはありません。観客はその事はすぐに忘れて、結果に驚くだけです。

●クロイゼット再び
現象：ショーの前に、貴人やショーの主催者といった信用できる人物に予言の封筒を送っておきます。予言は、紙に書いておくか、音声、ビデオなどでも良いと思います。

　ショーが行われる夜に、演者は、数週間前にこれから起こることを予言として書き、あとで細工ができないように、信頼できる人物に送っておいたことを説明します。演者は、送ったあと、その封筒には触っていません。

　手紙を送られた人物に、その封筒を開けて中にあるものを見せてもらいます。中には、もう１つ、小さな封筒が入っています。封筒を良く調べてもらってもそれ以外は何も入っていません。

　演者はその小さな封筒に１から１００の間の数を１つ書きます。その数は観客に見えないようにします。数名の観客の中から、１人を選び、ステージに上がってもらいます。そして、１から１００の間の数を選んでもらいます。その数

は封筒に書かれた数字と一致しています。

　そして、観客に封筒を開けて中の予言を読んでもらいますと、数週間前に送られたその予言の中に、ランダムに選ばれたその観客の容姿が頭から爪先まで予言されているのです。

方法：あなたは既に「クロイゼット現象」を理解しているので、このマジックの裏側で何が行われているのか、理解できたでしょう。

　このマジックでは、予言の内容に合った外見をした観客が必要です。予言には、一般的な外見の男性、または女性を記しておきます。そしてネイル・ライターも必要です。

　予言の紙（あるいはCD、ビデオ）を封筒の中に入れて密封しておきます。それを大きい封筒に入れて、ショーの数週間前に信頼できる人物に送っておきます。

　演技の最中に、その封筒をステージ上に持ってきてもらい、開けてもらいます。小さな封筒に予言の数字を書くふりをします。

　封筒の中の予言に合った外見の観客がいたら、その人に1～100の間の数字を1つ言ってもらいます。演者はその番号をネイル・ライターで封筒に書きます。彼にステージまで来てもらい、予言を読んでもらえば現象が完成します。

　いくつか付け加えておきますと、まず、ここでの予言は鉛筆で書く必要はありません。油性ペンで書いても良いです。数字だけ鉛筆で書くことになります（もしネイル・ライターに鉛筆の芯を使っているなら）。

コメント：クロイゼット事件の末尾で書いた予知夢の内容は、この現象にも応用できるでしょう。目的の人物の、ごく一般的な特徴を書くだけでなく、普通は知り得ない情報を加えることで、観客は論理的な推察をできなくなります。

●カード占い
現象：演者は、占いを行う相手に、タロット・カードをシャッフルしてもらいます。良くシャッフルしてもらったあとに、軽くカードの表を見せ、その内の

何枚かのカードの意味を説明し、それがシンボルになった絵がカードに描かれている、と言います。演者は、座っている観客の前にタロットのデックを置き、その人に何枚かのカードをカットして、そのパケットを纏めて表に向けて、もとのデックの上に置いてもらいます。それから、観客に、もう１回同じことをしてもらいますが、今度は、先ほどよりも多いカードのところでカットし、裏返してもらい、デックの上に戻してもらいます。今、デックの上には少数枚のカードが表向きに置いてあります。それから占いが始まり、演者は、今デックの一番上で表向きになっているカードの意味を読み取り始めます。そして、それが終わると、そのカードを傍らに除いて、２枚目の表向きのカードの意味を読み取ります。

表向きの全てのカードを読み終えるまでそれを続けます。そのあとに、それらの結果を踏まえて、演者は客の人生について語り始めます。

それから、演者は現時点でデックの一番上にある裏向きのカードを示し、このカードこそが、観客の人生を示す非常に重要なカードだと言います。偶然にも、それは観客の不安を取り除き、希望をもたらす答えとなるカードです。

方法：これは、よく知られたヘンリー・クライストのカット・ディーパー・フォースに、超自然的な味付けをした現象です。トップカードを知っておき、デックの上部のパケットをカットしそのパケットを表向きに返してデックの上に戻します。次にもう少し多めのところでカットしてそれらをひっくり返してデックに戻しますと、表向きのカードの束の下にある裏向きのカードの一番上にあるカードは、最初にトップにあったカードになります。カット・ディーパー・フォース自体には、それほど興味を引かれたことはなかったのですが、この現象では、表向きのカードの示した意味の続きを、次の裏向きの"一番重要な"カードが示す演出なので論理的です。

占いの準備を行うとき、相手が何を心配しているのかを読み取ることができれば、その答えとして最適なカードを、デック全体を見せるときに探して、それをカットしてトップに持ってきておきます。

相手の心配事を知る方法は色々ありますが（ショーの前に調べる、聞いておく、など）、もし、そういったことができなければ、単純に、相手を勇気づけ、

喜ばせる意味となるカードをトップに置いておけば良いでしょう。

　いつものように占いをして、表向きになったカードの意味を読み取り、そのあとはカット・ディーパー・フォースの応用により相手をその結果に満足させます。

　もし、この手順でも印象深くならないのであれば、少しだけ演出を変えます。占いを始める前に、演者は、封をした封筒を相手に手渡しておきます。表向きのカードの意味を読み取ったあとに、相手に封筒を開けてもらい中の紙に書いてある内容を読んでもらいます。それは例えば以下のような文章になっています。

　「今日の瞑想中、私には、問題を抱えたお客様が私のところに来る場面が見えました。その方は最悪の事態を恐れていましたが、同時に、私には×××のカードも見えました。それは、良い未来と幸運を暗示するものです」その×××のカードが、フォースするカードです。

コメント：この手順は、初心者が短い占いをするときに使い勝手が良いでしょう。しかし、より経験を積んだ占い師でも実際にこれを利用しています。正当な占いの方法と、マジックの方法を合体させることによって、強力な演出を行えます。もちろん、タロット・カードでなく、トランプを使っても良いと思います。

　ボブ・ブラウンは、シカゴとアイオワを拠点に活躍したマジシャンで、彼はこの方法を占いに応用していました。古典的な方法ですが、占いをより印象的にすることができます。また、エンターテイメント性を持たせることもできます。私が彼にこれを見せたあとに、この方法は彼のお気に入りとなりました。また、彼は一般的なアルカナ・タロット・カードを使うことを提案してくれました。このカードは全部で22枚なので、手順を短くすることができます。素晴らしいアイデアです！

●占いのためのマーク
　誰かが、タロット・カードの占いをしてほしいと言ったとします。演者は、古代の考え方、火、水、空気、大地について説明します。それからタロット・カードをシャッフルし、4つの山にカットして、この山はそれぞれ、左から、火、隣が水、その隣が空気、そして最後が大地を示すと説明します（図1）。そして観客にそれぞれの山をシャッフルしてもらいます。演者は後ろを向き、観客に

質問を考えてもらいます。もしそれが観客自身に関することなら、火の山から１枚カードを引きます。質問が、誰か、気になっている人に関することならば、水の山からカードを引いてもらいます。そして、会ったことの無い人に関しての質問なら、空気の山からカードを引いてもらい、物に関しての質問なら、大地の山からカードを引いてもらうように言います。

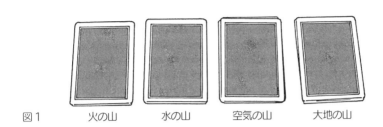

図1　　　火の山　　　水の山　　　空気の山　　　大地の山

　続けて演者は次のように説明をします。もし、その質問が情熱や愛に関することなら、火の山からカードを引いてもらい、最初に引いたカードの上に置いてもらいます。それが、健康に関することなら水の山から、学校や教育に関することなら空気の山から、お金に関することなら大地の山からカードを引いてもらいます。

　占いに必要な十分な数のカードが選ばれるまでこれらの手順を数回繰り返します。

　何も書かれておらず、観客に関しての情報は一切無いものの、あなたは信じられないほど正確な占いを行うことができます。

方法：これは古典の、20の質問のゲームのバリエーションです。誰かになにかを思い浮かべてもらい、その人に20の質問をすることで、それが何であるかを当てるというゲームです。

　タロット・カードのデッキは明確に４つのパートに分けられています。そしてそれぞれのグループごとに秘密の印しを付けておき、それぞれのグループのトップカードをショート・カードにしておきます。デッキを軽くフォールス・シャッフルしてから、デッキをショート・カードのところで分けて４つの山を作ります。

カードを選んでいくこの手順（あるいは儀式）によって、どの山のカードを選ぶかによって、いろいろな情報を得ることができます。火、水、空気、大地が何を意味するかと言った説明は、あらゆる人に当てはまると思いますが、相手に合わせて変更しても良いでしょう。

　演者は後ろを向き、選ばれたカードを演者は受け取ったら、広げてみて、カードがどの山から、どの順番で選ばれたかを確認して相手の質問を推測していきます。

　準備していない、借りたデックで即席的にカード占いを演じる場合は、まず相手にデックをシャッフルしてもらい、デックを返してもらいます。デックをカットして4つの山に分けるときに、各山の側面に爪で傷の印しをつけます。その位置は山ごとに変えておきます。手順を進める準備ができたら、相手に山からカードを選んでもらいます。そのカードを受け取ったあと、カードの側面を見れば良いのです。爪痕を見て、そのカードがどの山から選ばれたのか見分けられるようになるには、少し練習が必要でしょう。

コメント：もし、占いに上手く利用できる手順を探しているのなら、これこそ、観客の心を読むのに適した手順でしょう。公明正大に行われ、秘密は上手く隠されています。ただ、毎回状況が異なるので、それに合わせて対応する必要があります。

●占いの心理面から考えた概要
　コールド・リーディングの考え方の起源は太古まで遡ります。我々は1人ずつ個性や違いがあると言いつつ、基本的に同じ恐れや期待を持つ生き物なのです。

　私の占いの台詞は、基本の概要に特別な情報を加え、組み立てています。それは、できる限り範囲を広げつつ、多くの人に共通する内容となっています。

　以下に説明する台詞は、一度に全てを使うべきものではありません。しかし、占いを行う対象の、特別な情報を集めるためには役立つでしょう。

　以下を読み進めてください。一度も会ったことの無い誰かが、あなたに対して、あなたの個人的な情報を正確に話しはじめたら、驚くのではないでしょう

か？　もちろん、より優れた占い師は、客の反応、話す内容や外見（何を着ているか、ボディー・ランゲージなど）から、さらに多くの情報を得るでしょう。

●占いの台詞

「あなたはもともと謙虚な性格です。また、物事に対して、なげやりになったりはしません。また、若い時点で、人より優れていると気づいているはずです」

「あなたにとって学校はいつも心地よい場所というわけではありませんでしたね。子供達がいっぱい居るなかで、あなたは孤独だと感じていました。それであなたは他の子供達とは距離を置いていました。幸運なことに、その事はあなたを幸せから遠ざけることはなく、むしろあなたの人生全体に良い影響を与えています。そしてそれは時間が過ぎるほどより顕著になっています」

「あなたは小さい頃に、決めることが難しい、非常に大切な選択に直面したことがありますね。"これをすべきか、こうであるべきか？　自分は今、正しい選択をしているのか"と、様々なことを追いかけて、真実が何か分からなくなったりしましたね。最終的にその状態になったとき、あなたは最も良い選択をして成長することができました。他の道を選んだら、悪い結果になっていたでしょう。悪い選択をしたら、あなたの現在とはかけ離れた状態になっていたはずです」

「そして、異性への興味があなたの人生に影響を与えています。新しい地平が開け、新たな希望、欲望が満たされずにいます」

「あなたの人生に奇妙なでき事があったことが感じられます。信用できて、素晴らしいと思っていた人物が、そうでないことに気づいた瞬間がありましたね。そのことが幻想を取り去り、あなたは心の成熟と共に、物事の決断を早めて、世の中の見通しが良くなりました」

「あなたのこれからの人生は幸せに包まれていることでしょう。ただ、そのタイミングははっきりしていません」

もし、相手が結婚している場合は、以下のように続けても良いです。
「あなたは、結婚したことを少し不安に感じているようですね。パートナーとの関係性というよりは、結婚そのものについて。過去のロマンスがあなたの心

に影響を与えているのでしょう」

「ずいぶん昔のことになるのでしょうが、あなたの心を掻き乱す事件がありましたね。そのことがあなたの心に残り、あなたを弱くしています。それは身体の病気の原因になっているかもしれません。そしてその事は話しにくい内容なので、あなたは常にその事を心に抑圧しています」

「あなたは、だれもあなたのできることを決められないと分かるまで、自分の能力に関して疑問を持っていましたね。あなたの健康と幸せこそが、他の何よりも大切なことなのです」

「あなたは、世の中の下らないゴシップや、裏切り、闘争などにうんざりしていますね。あなたはそのような行いをするような人ではありませんから」

「あなたは、パートナーと過ごすよりも、自分のボスのために働くことを好むタイプですね」

「あなたは真剣になりすぎてしまい、しかもそれを表には出さないタイプの人ですね」

「誰か、あなたと同じような存在を感じます」

「あなたは優れた直感を持っているようですね。しかし、それをあなたは信じていません。あなたの心の内側にもっと触れれば、もっと信じられるようになります」

こういった言葉は、誰にでも当てはまる内容ですが、その人にとっては、自分に対して当たっていたように聞こえるでしょう。マジックショーに使うには重すぎる内容かもしれません。しかし上手く適応させて使えることができれば、読心術の達人として噂を呼ぶ存在になるでしょう。観客の内面を探る（あるいはあらゆるコールド・リーディングの）コツは、あなたの精神を特定の観客の中に置いて考えることです。もし、あなたが観客の1人なら、何を考えますか？

あなたが宝石を身に付けた女性にカードを選んでもらったとき、その人は決

断に時間をかけましたか？　もしそうなら、「私があなたを選んだのは、あなたが芸術的なセンスのある人だからです。あなたは多くの友達と異なる考え方をしますね。あなたは人が予想しないようなことを行って、人を楽しませることがよくありますね」

あなたが、一番隅の角に座っている人に手伝ってもらったとします。良い状況なら、次の台詞を試してみてください。「あなたは決断に自分の時間を使う人ですね。あなたは自分の決断を疑っているわけではありませんが、決断のために多くの情報を得るべきで、自分が何をすべきか見極めようとするタイプの人です」

コメント：もしあなたが、こういった読心術を行うことができたなら、個々の内容について、少しは同意できない部分があったかもしれません。もちろん、あえて曖昧な表現にしているので、個人の背景の全てを述べてはいません。

最初に説明した通り、これらの台詞は観客に合わせてどう演じるのか、あなたが考えて観察する余地を残してあります。

一方で、ほとんどの観客は、これらの台詞に同意するでしょう。これは、私たちが如何に似ているかを表すものだと、私は考えています。占い、"読み取り"の大切な秘密は、生活の中にあります。

マジシャンがこういった"読み取り"を練習する方法としては、演技の最中、観客に覚えてもらったカード（あるいは数や色）を訊ねるときに、短い"読み取り"を付け加えるのです。一例としては以下の通りです。

箱に入ったデックをテーブルの上に置き、あなたは「スーザン、心を鎮めてください。今から１枚のカードを言ってもらいます。最初に心に浮かんだカードを言ってください」

観客が何を行うのか理解してから、あなたは急に「今です。カードを言ってください」と言います。

観客は「クラブの２」と答えます。

あなたは満足そうな笑みを顔に浮かべ、「そう言うと思っていました。今夜、あなたを見たときにそのカードを選ぶ気がしたのです」

あなたはデックを手に取り、続けます。「あなたは、誰もが選ぶようなカードを選ぶタイプの人では無いようです。あなたは想像力豊かで、疑い深いところもあるけれど、それでも自分の人生を大きく世の中に広げています」

「クラブの2を選ぶ人は、芸術家の心を持っている場合が多いです。ただ、常にその心を持ち続けることは難しいようです」

そして、あなたはインビジブルデックを箱から取り出し、こう続けます「あなたは、正しい選択を行ってきてはいますが、いつも、それが本当に正しいのか疑っているようですね」

「このデックの中で1枚だけカードが裏返っています」

「これがクラブの2です！」

「スーザン、いつもあなたの直感を信じてくださいね」

もし、真剣な様子で演じているならば、この手順はとても印象深いものでしょう。どんな反応が返ってくるか、想像してみてください。嬉しい気持ちになるだろうと思います。

●ネルソンの偉大な秘密

これから説明する考え方は、"読み取り"の手順を行うときに役立つでしょう。最初に読むと、ふざけた内容に思えるかもしれません。しかし、このコンセプトは、実際に行われる現象を、より強力な印象にします。

こういった場面を考えてください。あなたはテーブルに着いて、短い"読み取り"を行っています。その間、あなたは観客の方に体を傾け、その人にだけ聞こえる小さな、優しい声で、何か、その相手にとってとても大切な占いの結果を囁きます。すると観客は、あなたが話すその結果を肯定するように頷いています。そして、それが何度も繰り返されます。それを見ている人には、あな

たの占いが当たっていて、しかし対象にとって聞かれたくない内容なのだと見えます。

方法：ロバート・ネルソン（20世紀にもっとも成功した読心術師で、優れた占い用具の販売人でもあった）は、1人の女性の占い師から占星術表の大量の発注を受け、個人的に、発送していました。ある夜その女性占い師が客を占っていた時に、それが高確率で当たっている様子に彼は興味を持ちました。客は座りながら何度も頷き、占い師の話した内容を肯定していました。ネルソンは、その占いのあとに、どうやってそのように当てることができるのかと占い師に質問しました。その秘密は驚くほど簡単なもので、ネルソンはとても驚くことになりました。

　占いの間、占い師は相手に顔を近づけ、優しい表情で見上げ、穏やかな声で、「私の声が聞こえますか。大丈夫ですか？」と訊ねていたのです。

　もちろん相手は、体を前に傾けて、「はい」と答え、頷きます。まるで占い師の答えに肯定しているように見えています。

　占い師と客との間には、何の意図もありません。当然の反応が返ってきただけのことです。しかし、それを第三者から見ると、それが全く異なる意味を持つ様に見えます。すなわち、占い師が客を占い、その結果が100％当たっている様に見えるのです。これが、ネルソンの行っていたことです。私は、この方法をいくつか発展させた改案を作り出しました。

　この方法で重要な点はボディー・ランゲージです。占い師の言葉が当たっているとしたら、その言葉に対して、相手は反応して頷きます。もし、占い師がただ単にOKか？と訊ねたら、観客は言葉で肯定するだけになります。ここでの目的は、言葉による反応だけでなく、相手を頷かせることです。

　想像してください。もしあなたが誰かと話していて、上体をその人に近づけて、優しい声で語りかけていたら、何か個人的な内容をその人に話そうとしているように見えるでしょう。そして、相手もまた同様に応えるでしょう。あなたのボディー・ランゲージが、個人的で重要な内容を伝えている様子に見えます。もし、あなたが質問しながら頷いて（肯定でも否定でも）いるとしたら、相手はそれに応えるように頷くでしょう。

占いにおいて、このボディー・ランゲージと言葉による誘導は非常に重要です。占い師の話す内容に相手はボディー・ランゲージを合わせて、同意、あるいは否定しているように頭を動かします。

　そして、ボディー・ランゲージと言葉を合わせるために、自分自身の仕草のパターンを確立しておくことが重要になってきます。

　もし、占いが始まった時にいきなり相手に上体を寄せて、優しい声で「私の声が聞こえますか？」と言ったら、相手は怪訝な顔で占い師を見るでしょう。しかし、最初にいくつか、本当の情報を伝えて、そのあとにそれを行えば、不自然な仕草に思われる可能性は減ります。

　さらに言うと、必ずしも肯定を引き出す質問をする必要はありません。相手の仕草が占い師に合っていれば、他の観客は、占い師が正しいことを言っていると思います。例えば、あなたは上体を傾けて相手に近づき、「その椅子、座り心地悪くないですか？」と囁き、その間、頭を上下に動かしたとします。すると相手も同様に頭を動かします。他の観客からすれば、それもまた、占いの結果が当たったので肯定しているのだと思うでしょう。

　いくつか質問の例を挙げてみましょう。

「私の声が聞こえますか？」

「周りがうるさくないですか？」

「あの方はあなたの夫ですか？」

「食事は美味しかったですか？」

「進みかたは早すぎないですか？」

「あのタロット・カード、綺麗ではないですか？」

　状況と、相手に合っている質問なら、どんな質問でも説明でも使えます。そ

して、その結果、あなたの占いは噂を呼ぶことになるでしょう。

コメント：どんな占い師でも、必要なときに１００％完璧な占いをしたいと思っている筈です。それは難しいことです。また、相手から肯定の反応を引き出し、他の人に、占いが当たっているという印象を与えたいと思っているでしょう。このちょっとした秘訣は、それを可能にする、とてつもない秘密でもあります。

　一方で、これを読んでいると、簡単にできると錯覚するかもしれませんが、実はそうではないので気を付けてください。各人の個性に合わないボディー・ランゲージや言葉を使うと、相手は大声で叫び、あるいは他の人にも分かるぐらいに、占い師を馬鹿にしたような目つきで見るでしょう。適正な方法、タイミングで使いこなしてこそ、偉大な秘訣となります。

― エッセイ ―
否定する人を否定する

　「今夜私が演じるすべてのものは、すべて自然の力によって行なうもので、超能力ではありません。私が行なっている現象は、非日常的な現象に見えるかも知れませんが、実際にはごく普通のやり方で行なっています」

　超能力的な演技をする人が、演技の中でこのように述べているのを耳にしたことがあったと思います。今から、このような責任回避的な口上についての話しをしましょう。演技には超能力などは使われていないと、説明する人たちのことです。

　信じやすい観客が、読心術のショーが「本物」だと信じないようにする人たちに対して、文句を言う演技者もいます。
　私にとって、それが道徳的に正しいと主張するその人たちの意見は、いつも曖昧に感じています。

　道徳的に正しいと考えている人たちの話しはいつもやるせない結果をもたらします。

　私の考えは少数派に属し、主流のマジシャンたちとは異なる考え方を持っているかも知れません。私には何人かの優れたメンタリストの友人がいますが、彼らは私とは反対の考えを持っています。しかし、私達は異なる意見を互いに受け入れて、共通の認識を持っています。

　フーディーニが、既に亡くなった人物の霊を呼び出して会話するというイカサマ霊媒師のトリックを暴いたとき、このやり方が正しいという見解が主流になりました。個人的には、私は死後の世界と交信できるとは思っていないし、誰かが騙されるのを見たくもありません。

話によると、フーディーニは「ベール越しに」メッセージを送ることを信じようとしたようですが、ウィリアム・リンゼイ・グレシャムの本『Houdini : The Man Who Walked Through Walls』によると、フーディーニは本物に似た現象を受け入れることができなかったようです。

　例えば、ボストンの霊媒師マージェリー（ミラ・クラントン）が霊を呼び出したとき、フーディーニは、アシスタントのジム・コリンズにキャビネット（例が出てくるところ）の中に、折りたたみ式の定規を投げ入れるように指示したそうです。それは、霊媒師マージェリーがそういった道具を、彼女が作り出す現象の裏で、秘密の交信の指示のために利用しているとフーディーニが感じていたからです。しかし彼女が人々を騙していたとしても、フーディーニの行動は偽善的だったと私は感じています。

　以来現在に至るまで、マジック界には心霊術や超能力は非難すべきイカサマだという態度を通してきましたが、最近では、ジェームス・ランディーの功績によって、マジック界はそういった霊媒術や超能力を詐欺として攻撃することが常となっています。もちろん、こういった"告発者"は、騙されやすい人々を守る形で利他的な行動というよりは、一般受けする宣伝であることの方が多いようです。

　また、マジシャンは、超能力の演技に関して、簡単に「できる」「できない」で判断する傾向にありますが、説明できない超能力現象を目にする可能性を忘れないことです。あるマジシャンが、曲名のシールを剥がしたレコード盤の溝を「読み取って」曲名を当てるという男を非難したことがありました。しかし、男は本当に溝を読んでいたのです。不承不承彼の能力が本物だと認めざるを得ませんでした。

　さらに言うと「伝説を暴く」というテレビ番組の中で、火の中を歩いて足を火傷した番組ホストの様子を紹介していましたが、これは、「秘密を知れば、簡単にできる」と思ってしまう懐疑主義者のよい例だと思います。

　しかしマジシャンは、どのような「力」を使って一般の人々に信じ込ませるのだろうか？　数年前に、リッキー・ジェイがシカゴで演技をしたときに、地元紙が、彼はデックをすり換えてギミック・カードを使っていたとレポートしたこと

がありました。これに対してリッキーは、演技はすべてスライ・ハンド（手練）だったと反論しました。マジシャンたちは、その記事に憤慨したそうです。

　私はまた、超能力の演技をする人は、ある種の責任回避的な口上を使うべきという意見を持つ有名なカード・マジシャンと話したとこがあります。しかし彼は、例えばカードの順番の記憶や、ミドル・ディールのような「筋の通った」演技には、そのような口上は必要ないという考えを持っていました。

　この話題に対する私の考え方に話しを戻しましょう。

　まず納得のいく答えが得られていないと思う質問が、最も重要だと考えています。どうして責任回避的口上を述べるのか、という質問です。

　否定事項が述べられたあとに、説得力のある千里眼やテレパシーによる、不可能な出来事を見て驚いたときに、はじめの口上を信じますか？　今起こった出来事が本当のことではないと思いますか？

　私は、この質問に対して満足の行く答えを聞いたためしはありません。

　なぜなら、責任回避的な口上の伝統を、自分の演技に加えることが、マジシャンにとって欠くことのできないものになっているからです。メンタリストである前に、まずマジシャンである大多数の演技者は、流行に反したくないので、その口上を加えるのです。誰しも、同業者である仲間のマジシャンの気持ちを逆なでしたい人にはなりたくないのです。

　新しい口上として「私は心理学に卓越し、ボディー・ランゲージにも長けていて、NLP（神経言語プログラミング）も学んでいます。誰でも勉強すればできますよ。超能力は否定しませんが、私はその近くにいます」といった新しい可能性を見付けました。

　個人的には、「私の演じていることは、少しの研究と練習で誰にでもできるようになります」と観客に話している演技者よりも、9歳のときに椅子から落ちて頭を打ち、2ヶ月ほどの昏睡状態から目覚めたあとに、どういう訳かこれから起こる出来事を把握していたのです。という話しの方が好きです。

どれだけの人が「昏睡状態」のあと、超能力に目覚めるだろうか？　極めて少ないと思います。しかし、私は、お金を積んで訓練すれば、そういう「新しい心理学的な技術」が手に入ると考える風潮を憂慮しています。しかも教える資格のない人たちから、ショーの観点からすれば、頭を打って癌ができた超能力者の方が、心理学の勉強でそれができるようになったというよりは、はるかに魅力的だと思います。

　しかし、どんなことにも例外があります。正直に言うと、私も数年前までは、観客に対して中途半端な口上を使っていました。

　観客の集中と協調こそがショーを大きく盛り上げ大成功させる要因であるという思考の基に、観客が絶対に不可能だと思うような出来事を起こすために「あらゆる手段を使って」全力を尽くしていました。

　「あらゆる手段を使う」ことは必要なのだろうか？　もし観客が、その理解を越えた現象を見たとき、演技を正しく理解しようとせずに、簡単に「超常現象」だと極め付けてしまわないだろうか？

　ある有名なメンタリストに、なぜあなたは責任回避的な口上を使うのか、と尋ねたことがあります。彼はシンプルにこう応えました。「私がそうすることで、私のお客さんが楽しんでくれるからだ」この応えに理知的に反論するのは難しいでしょう。

良い波動

● 感情のフォース

現象：演者は、人の手から発せられる"波動"から、人の感情を感じられる、と説明します。

　5人の観客に、ステージに上がってきてもらいます。彼らにはそれぞれ、特定の感情と共に、それに付随する経験を思ってもらいます。演者は続けて、多くの人は"愛"か"嫌悪"の感情を思い浮かべますが、それでは簡単すぎると言います。そこで、観客に、以下の方法でランダムに異なる感情を思ってもらいます。5枚のカードを取り出し、1枚ずつ観客に渡します。そしてペンも渡します。観客には、そこに何かの絵か文字を書いてもらいます。なお、それは、書いた本人にはわかるが、他の人からは、誰が書いたかは特定できないような内容にしてもらいます。

　それが終わったあと、5枚のカードを1人の協力者に渡し、シャッフルしてもらったあとに演者に渡してもらいます。

　演者はペンを手に取り、それぞれのカードに異なる感情を書いていきます。あるカードには"愛"、次のカードには"嫌悪"、続けて、"楽しい"、"欲"そして最後のカードには"誇り"と書きます。演者は、それらのカードを観客に戻したあとに、後ろを向きます。観客には、自分が記入をしたカードを手にして、そこに書かれた感情を読んでもらいます。

　それから、カードはそれぞれ隠してもらうか、あるいは破り捨ててもらいます。そのあとで演者は観客の方に向き直り、観客たちに手を出してもらい、演者はその手に触ります。そして、誰がどの感情を思っているかを指摘すると、当たっています。

（ここではコールド・リーディングの部分が重要になってきますので、演者は、特別な感情がどのように人に影響を与え、どう反応するかを述べておきます）

　そのあとも同様に行い、2つの感情を見つけ出します。最後の2人に対しては、それぞれがどんな感情を持っているかを、指摘して、終わります。

方法：基本的に、これは1頁の"見せかけのテレパシー"と同じです。もちろん、フォースの方法や、使用する道具を変えても良いでしょう。例えば、ESPカード、色、など適切であれば何でも使って良いでしょう。

　前述の演出では、感情をテーマにしていました。それぞれのカードには秘密の印しがあり、カードが誰に渡されたか分かるようになっています。観客がそれぞれに、本人だけがわかる記述をし、演者の手元に戻ってきた時点で、どの絵が誰のものか分かる訳です。そして、適した相手のカードに、適した感情を書けば、終わりです。

　例えば、"愛"（#1）、"嫌悪"（#2）、"楽しい"（#3）、"欲"（#4）そして"誇り"（#5）の5つの感情を使うとしましょう。カードが戻ってきたあと、その印しを見て、その人に適した感情を書きます。例えば、トップカードが#3だった場合、そこには"楽しい"と書きます。残りのカードも同様です。

コメント：私は、サイコメトリーの演技が好きです。初めて、Peter Hurkos(ピーター・ハルコス)が誰かの持ち物に触れてサイコメトリーを行ったのを見たとき、非常に感銘を受けました。私は、その方法は結果を（有無を言わさず）強制している、と思いました。現実にそういうことができないにしても、心を読む方法としては、それ以上のことは難しいでしょう。

　サイコメトリーの演技に合う観客は多くはないので、どう彼らを見つけるかが重要になってきます。そこで、コールド・リーディングと、演技の技術を利用します。もし演者が、本当に感情を読み取ったとしたら、単なる感情のみでなく、多くの情報が付随して、それらが説明されることになります。

　また、演技の中で行うべきでないことも説明しましょう。5枚のカードが5人の観客に手渡され、絵が描かれて混ぜられ、演者に手渡されます。そして、

感情が書かれ、それぞれの持ち主にカードが戻されます。演者は観客に、どの感情を最初に見つけるか訊ね、そのあとに観客に、自分の思うべき感情に強く集中してもらいます。演者は、言われた感情を思っている観客を、テレパシーを使って当てます。

　周囲にあるちょっとした情報の積み重ねが、現象を作りあげると知るべきです。例えば"嫌悪"の感情に集中している人を見つけるとしたら、それを当てるだけでなく、実際の情報もそこに付け加えるべきなのです。例えば、観客が伸ばした腕に触れたときに、演者はショックを受けたように手を素早く引き、彼の方を向き直り、「黒いオーラと、孤独を感じます。ある人のことを考えていますね」と言うのです。その人は心の広い方で、人生の半分以上を、人を助けるために費やしています。しかし、別のある人物はその人のことを誤解しており、日に日に嫌悪感を募らせていると。

　意図は伝わりましたか？　別の例を示します。

　"愛"の感情を見つけるとします。あなたは、美しい浴槽に優しい光が降り注ぎ、心地よい暖気を感じたとします。しかし同時に、"愛"を思っているその観客は、その愛が去ることを恐れてもいます。なぜならその相手は、分け隔てなく人に愛を与えるタイプの人で、"愛"を思っているその観客は「彼女は自分を心地よくしてくれるから、彼女を自分のもとから去ることは考えたくありません」と考えています。

　逆に言うと、演出に十分な情報を述べたり、あるいは作り上げたりすることができなければ残りの現象はダメになります。

　なお、この演出とフォースは、この本の他の章で説明されているマジックにも応用できますので、是非試してください。

●ハマーのサイコメトリー
現象：3人の観客に、サイコメトリーの実験に協力してもらいます。演者は3枚の封筒をテーブルに出します。演者が後ろを向いているうちに、観客はそれぞれ1枚ずつ封筒を取り、中に個人の持ち物を入れてもらいます。

演者は後ろを向いたまま、２人の観客には封筒を交換するよう指示します。つまり１人の観客は自分の封筒を持ったままになります。

演者は向き直り、観客の１人から封筒を受けとります。そのとき、その人には、一切の反応をしないようにしてもらいます。演者は、そこからボディー・ランゲージを読み取ることもできないし一切の情報も読み取ることができません。

演者は封筒を手にしたまま、その品物についてのサイコメトリーを行います。次に、２枚目の封筒を受け取り、再びサイコメトリーを行います。そして３枚目の封筒を受け取り同様に行います。

そして、演者は、次にそれぞれの封筒を正しい持ち主に返す必要があると言います。片手に封筒を持ち、もう一方の手では観客の腕に触れ、"波動を感じ"ます。

最初の封筒に対してのサイコメトリーの内容を繰り返し、その封筒を正しい持ち主に返します。演者は、封筒の中の持ち物が誰のものかと考えるのではなく、それを感じるのだと言います。他の封筒も、それぞれの持ち主に渡されます。

彼らは、サイコメトリーの内容が非常に現実に沿ったものだと感想を言い、封筒を開けると、それぞれの持ち物が正しい持ち主に返されたことが分かります。

方法：説明の長さに反して、非常に簡単に演じることができます。１ヶ所、混乱を招く可能性があるのは、演者が後ろ向きの状態で観客に封筒を交換してもらう箇所です。封筒は、順番に渡すわけではなく、観客が好きな封筒を取ることを思い出してください。

これは、ボブ・ハマーが１９５１年に出版した、"Mathematical Three-Card Monte"を基にしています。

これは、３人の観客がそれぞれ何かを持っていて、そのうちの２人が持ち物を交換したとしても、それでも誰が持ち主か分かる、という方法です。

こう考えてください。もし、ある１人の持ち物が、"交換"を行ったあとに

まだ同じ持ち主の手にあった場合、ほかの2人が持ち物を交換したと分かります。もし、ある1人の持ち物が、"交換"を実施したあとに、ほかの人の手にある場合、もとの持ち主と、その人の間で交換が行われ、3人目の持ち物はそのまま場所が変わっていないと分かります。試してみてください。見た目より遥かに簡単な論理のゲームです。

　1枚の封筒に秘密の印しをつけておき、この封筒が誰に渡ったかを知っておけば、奇跡を行うことができます。

　観客が封筒を取ってから演者は、その封筒の中に自分の持ち物を入れるよう指示をしてからゆっくりと後ろを向くようにすれば、どの観客が印しのある封筒を手にしたか見ることができます。タイミングが重要になります。ほかの2人にもそれぞれ封筒を選びますが、このときは封筒を見る必要がないので完全に後ろを向いています。観客たちに"交換"をしてもらえば、全て終わったようなものです。

コメント：このマジックはハマーの手順のバリエーションのひとつです。なぜ、2つの封筒を交換する必要があるのか？　多くの場合、そこには明確な理由が存在しありません。しかし、この手順では、効果的な説明が為されています。

●第三者のサイコメトリー

　女性の観客に、ステージに上がってもらいます。演者は、実験のためにと言って彼女のネックレスを借ります。封筒の口を大きく開け、演者はその中にネックレスを入れ、封をします。それから演者は別の4枚の封筒を取り出し、ネックレスの入った封筒と共によくシャッフルします。どの封筒にネックレスが入ったのか、彼女には分からない状態にします。

　演者はシャッフルした封筒を一列に横に並べ、2人目の観客にステージに上がってもらいます。その人には、1人目の女性の手を持ち、もう一方の自由な手を、置いてある封筒の上にかざしてもらいます。彼に、どの封筒に彼女のネックレスが入っているか感じてもらいます。そして1枚の封筒を選んで、持ってもらいます。演者は他の4枚の封筒を、他の観客に渡し、中を調べてもらいます。それぞれの封筒からは1ドル札が見つかりますが、ネックレスは見当たりません。演者は、先ほどの女性に、手をカップ状にしてもらい、選ばれた封筒

を開けて、中身をその手に落とすと、それは彼女のネックレスです！

方法：素晴らしいサム・チップの使い方を以下で説明しましょう。この手順では、サム・チップの中に入るネックレスまたはブレスレットを見つける点が最も難しいことです。薄くて、細かい鎖で繋がっているものが適しています。いくつか試してみれば、どれが一番良いか分かるでしょう。

　演技の最中、女性がネックレスを取り外している隙に演者は封筒にサム・チップを滑り込ませます。そして堂々と、封筒にネックレスを入れますが、そのとき、サム・チップの中にネックレスを落とします。封筒のフラップを曲げるときに、サム・チップをネックレスと共に抜き出します。

　その封筒を、他の4枚の封筒と共にシャッフルして、テーブル上に1列に並べます。それから別の観客に出てきてもらい、封筒を1枚選んでもらいます。残った4枚の封筒は他の観客に渡します。中から1ドル札が見つかります（または、硬貨など、ネックレスに似たサイズ、感触を感じさせるものなら何でも良い）。

　演者は選ばれた封筒を開け、中に親指と人差指を入れます（封筒にサム・チップを残してくる）。そしてネックレスが奥にあるため、指が届かないので、女性の手にネックレスを落とす方法に変えたように見せて、サムチップの中のネックレスを女性の手の上に落とします。女性がネックレスを見ている間に、封筒の中のサム・チップを取り出すか、封筒をくしゃっと丸めてポケットに入れます。

コメント：技術的に難しいことや、特別な道具は必要ありませんが、一般の観客にとっては強烈な現象です。

　読者の多くは、方法が簡単すぎるために、このマジックを誤解するかもしれませんが、実際の演技の重圧の中では、しくじることがあります。

　そこで、別の方法を考えました。

　封筒を左手に持ち、口を開けたように湾曲させます。そして、サム・チップは封筒の裏側に持ってきます。封筒が湾曲しているため、前から見ると左手で持った封筒の口が空いているように見えます。封筒の口を少し傾けると、ネッ

クレスを落とす時に、真実味が増します。少し練習すれば、自分の手を見なくてもできるようになるでしょう。

● **究極のサイコメトリー**
現象：１人の女性に、サイコメトリーの実験を手伝ってもらうためにステージに上がってもらいます。演者は４枚の封筒を女性に渡し、普通の封筒であることを確かめてもらいます。演者が後ろを向いている間に、封筒のうちの１つに、ネックレスを入れて封をしてもらいます。演者はどの封筒にネックレスが入ったのか、知ることはできません。それから封筒４枚をよく混ぜて、誰にも、ネックレスが入っているか分からない状態にします。

演者は後ろを向き続けたまま、彼女に、１枚の封筒に手をかざして、しかし封筒には触らないように指示します。それから、彼女に次の封筒に対しても同様にしてもらいます。１枚ずつ、封筒に手をかざし続けて、最後にこれだと感じた封筒の上に手をかざしてもらってから、手を下ろしてもらいます。

演者は向きなおり、どの封筒に最後に手をかざしたか訊ね、それ以外の３枚の封筒は取り除いてから、満足した表情を浮かべて、演者は残った封筒の口を破って開け、中からネックレスを取り出します。

「しかし、４分の１では、幸運にすぎないかもしれませんよね。もう一度やってみましょう」と言って、ネックレスを、別の封筒に入れて封をします。今度は、彼女の超能力を使いましょうと言って、彼女に横に立ってもらい、別の方向を向いてもらいます。その間にあなたは先ほどと同様に、４枚の封筒を混ぜて、テーブルに置きます。

彼女は、見事にネックレスの入った封筒を見つけ出します！

「最後のテストをしてみましょう」と言って、今度は、女性がネックレスを別の封筒に入れて封をします。そして今度は観客の超能力を使うと言います。

演者は封筒を混ぜて、テーブルに１列に並べます。それから観客全員に目を閉じてもらい、１から４のいずれかの数字を頭に浮かべてもらいます。

ここで、1、2、3、4と数えていき、観客には自分が思った数のところで手を挙げてもらいます。そして、一番多く手が上がった数のところにある封筒を開けると、ネックレスが入っています。それを持ち主に返して演技を終わります。

方法：この現象は、どういった状況でもうまくいきますが、大観客の前の方が演じやすいでしょう。

　ショーの前に、超能力に興味のありそうな観客を探しておきます。仮に女性とします。後ほど、超能力で隠された品物を見つける演技を行うので、そのときに手伝ってほしいと伝えます。もし、彼女がそれに対して興味を示した場合には、金色のネックレスを手渡して身に付けてもらいます。これで彼女の"波動"を感じられると説明します。彼女に感謝すると共に、必要なタイミングで彼女をステージに呼ぶことを伝えておきます。

　彼女に渡したものと全く同じ金色のネックレスをサム・チップに入れておきます（もし、可能であれば、本物の金のネックレスを使ってください！）。

　最初の演技では、ネックレスを入れたサム・チップを持っているので、どの封筒が選ばれても良いでしょう。選ばれなかった封筒を脇に片づけます。そして、もし残った封筒が正解の封筒であれば、その中にあるネックレスを取り出します。

　もし、残った封筒にネックレスが入っていない場合は、その封筒を開けたあとにサム・チップを封筒の中に入れて、デュプリケート（そっくり同じ）のネックレスを取り出します。

　正しい封筒が最初から選ばれた場合は、観客に封筒を開けてもらっても良いでしょう。

　第2段の演技では、2種類の可能性が存在します。もし、第1段で間違った封筒が選ばれていた場合、サムチップの中から出したデュプリケートのネックレスを新しい封筒（印しをつけておく）に入れることになるので、今、2枚の封筒にネックレスが入った状態になります。そこで、以下のように「言葉によ

る誘導」によって手順を進めます。

　演者は封筒を混ぜますが、どの封筒にネックレスが入っているかは、印しのある封筒を追い続けておきます。

　そして、今度は彼女の超能力でネックレスを見つけますが、彼女は初心者なので、手順に従って封筒を選択すると説明します。

　演者は2枚の封筒を手に取り上げます。1枚にはネックレスが入っている封筒で、もう1枚は空の封筒を取り上げます。そしてこのどちらかの封筒にネックレスが入っていると思うかどうかを訊ねます。もし彼女が入っていることを肯定したなら、「OK、この封筒のどちらかを残して、どちらかを処分します」と言います。

　演者は、まず、一方の封筒を上げて、「これですか？」そして次に、もう一方を上げて、「それともこちらですか？」と訊ねます。もし彼女が、ネックレスの入った封筒を選んだ場合、「OK、こちらは処分します」と言って、空の封筒を取り除きます。もし、彼女が空の封筒を選んだ場合、もう1つの封筒を処分してネックレスの入った封筒を彼女に渡します。

　もし最初の2枚の選択のとき、2つの封筒にはネックレスが入っていないと彼女が言ったなら、その2枚の封筒は傍らに置いて、残った2枚の封筒で、上記に説明した手順を進めて、最後にネックレスの入った封筒を彼女に渡します。

　もし、第1段で本当にネックレスの入った封筒を見つけていた場合、その封筒を取り除きます。同様にして、残りの3枚の封筒を1枚ずつ取り除いていって最後に残った封筒を取り上げ、その封筒を開けて中にサム・チップを入れ、ネックレスを取り出して、そのあとの手順をつづけます。もし、彼女が第2段でも正解の封筒を見つけた場合には、ショーのあとに宝くじを買ってもらうのが良いでしょう。

　第3段では、2枚の封筒にネックレスが入っています。封筒を混ぜ並べるときにはネックレスの入った封筒を4枚のうちの1枚目と、2枚目に置きます。1から4の間の数字を1つ選んでもらうと、ほとんどの人は2か3を選びます

が、ごく稀に１か４を選ぶ人もいますので、このように置くことで、右から数えるか、左から数えるかによって、１から４までのどの数字にでも対処できるようにしておきます。

コメント：この手順は、単にネックレスを見つけるだけのマジックではありません。ここで使われた方法は様々に応用できます。賢明かつ効果的に、奇跡を起こすことができるでしょう。

　この演技は、大観客の中で、サイコメトリーの実験を行うような演出に合っています。「はい」「いいえ」で続けていく読心術の演技は、長くなり過ぎ、感動的な演出に結び付かないことがあります。結局、他人の個人情報や、ゴシップはあまり好かれないのです。そういった理由から、ショーの中であなたの能力を示し、かつバラエティーに富んだこの手順を作りました。

●２１世紀のサイコメトリー

現象：数枚の封筒を借りるか、何か他の入れ物を観客に準備してもらいます。そして今から、観客の持ち物から波動を読み取るテストを行うと言います。

　テストに参加したいと思っている数名の観客それぞれに封筒を渡します。演者は一旦部屋の外に出ます。その間に、観客に自分の持ち物を封筒に入れて封をしてもらいます。それらの封をした封筒をよく混ぜてテーブルに置いてもらいます。

　演者は部屋に戻って、封筒に手をかざします。そしてその中から１枚を取ります。その結果は、持ち主を当てるだけでなく、さらに持ち主の性格、性別、大体の年齢、そして夢なども当てます。それらが当たっているとその持ち主も認めます。中の品物は持ち主に返されます。演技は、全ての読み取りが終わるまで続きます。

　説明にはいる前に、心に留めて置いてほしいことを以下に記します。

　１．封筒には特別な仕掛けはなく、順番に観客に渡す必要もありません。

　２．サクラは使用していません。

３．ショーの前の秘密のセットアップも必要ありません。

４．誰のことも覚える必要はありません。手伝ってもらう観客は、部屋から出ていっても、身なりを変えても、メイクをしなおしても、座る場所を変えても、結果は何も変わりません。

５．この現象は、ほとんど即席で、どのような環境下でも、演じることができます。

方法：このマジックは私のお気に入りで、創り上げたことを誇りに思っています。トリックの説明の前に、サイコメトリーに関しての説明を行います。

サイコメトリーの演技のためには、コールド・リーディングの知識が必要になります。そしてその読み取りは流暢で分かりやすくなければなりません。なぜなら、本来のサイコメトリーは品物を本来の持ち主に返すだけではなく、その品物の波動から、過去、現在、未来を読み取る能力なのです（T. A. Watersはこのことについて彼の著作、Psychometryで述べています）。あなたが品物をその持ち主に返したのは、品物に残された記憶が持ち主と直結していたからなのです（例えば、「この品物の持ち主は、黒い服を着ているようですね。あなたのものではありませんか？」）。

サイコメトリーの問題の1つは、記憶にあります。私は非常に記憶力が悪く、それを良くすることもできません。Watersが言及したように、演技の中で、"心を読む人"が「あなたの左の人は誰ですか」などと何度も同じ質問するのは不自然です。

さらに、観客が席を移動したり、途中で上着を脱いだりして、品物を返す相手が分からなくなることもあります。5人以上の観客を一度に相手にしていると、覚えきれない場合もあります。そこで、封筒を使うことにしました。ここに記す方法は、各個人流にアレンジして良いでしょう。この方法では、古典的な、マークした封筒を使いますが、まず見破られません。

今まで書いてきた欠点を克服する方法をこれから説明しましょう。

この手順は、"見せかけのテレパシー"、ラーセンの"タロット・テレパシー"そしてダニンジャーの"質問と答え、の演技"の組み合わせであり、さらにスワミ・ギミックを使用します。スワミ・ギミックを使ったことが無くても、読み止めないでください。ここでの使い方は非常に簡単です。

この演技の要点を説明しましょう。観客の分類は、アンネマンが行ったように、どこに観客がいるのかではなく、年齢や性別、そして、コールド・リーディングの能力によって様々に分類できます。これがラーセンの"タロット・テレパシー"の基本的な考え方でもあります。

ここでは、封筒の端の異なる位置に、ネイル・ライターで小さなマークをつける方法を取ります（図1）。

最初は、年齢と性別の情報をマークすることから始めると良いでしょう。図2の封筒のA～Fの6ヶ所の位置に当たる位置に性別と年齢に関するマークをつけます。Aの位置にマークすると若い女性を表します。Bだと中年の女性、Cだと熟年、高齢

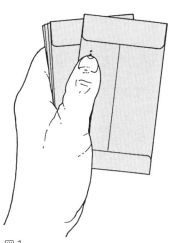

図1

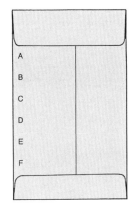

図2

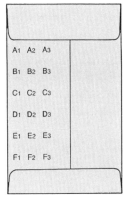

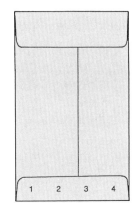

の女性を表します。Dだと、若い男性、Eは中年男性、Fは熟年、高齢の男性を示す。外見と実年齢は合わないかもしれませんが、それでも情報を読み取るときにはどんなに小さいことでも役立ちます。

　この、基本の方法に慣れてきたら、内向的、外交的といった性格の情報を追加することもできます。

　封筒の端から右の方に離れていく順に、内向的、内向と外交の中間、外交的、といったようにマークをつけます。

　内向的であればA1, B1, C1, D1, E1, F1の位置にマークをつけます。中間であればA2, B2, C2, D2, E2, F2の位置にマークをつけます。外交的であればA3, B3, C3, D3, E3, F3の位置にマークをつけます（もちろん、内向的、外交的以外の性格、特性をテーマにしても良いでしょう。例えば、健康状態が良い、悪い、あるいは着ている服の高い安いなど）。見て分かるように、このシステムは非常に自由度が高いのです。テーマにしても、演じたい内容に合わせることができます。例えばあなたが女性の集まりで演じるのであれば、男性の情報に関するマークは必要なくなります。そのスペースを他の情報を記入することに使えば良いでしょう。

　演技の準備のときには、スワミ・ギミックを左手の親指に装着し、封筒の束も同じく左手に持ちます。持っている封筒の半分を2、3名の観客に渡し、それぞれ、手伝ってくれる観客に手渡してもらいます（このとき、最終的に手渡される観客についての情報を封筒にマークできれば、あとで彼らに対しての"読み取り"を行うこともできます）。

　それから、残っている封筒を、後ほど"読み取り"を行いたい人物に渡しますが、それには、一番上の封筒にマークを付けて、それを右手で抜き取り、対象者に渡します。

　それぞれの封筒が渡されたあとに、その中に個人の持ち物を入れて、封をしてもらいます。観客の手で封筒を集め、それを混ぜてもらいます。

　あとは、演出とコールド・リーディングの時間です。あなたは"波動"を敏感

に感じとるふりをして封筒に印されたマークを読み取ります。

　もしあなたが優れた記憶力を持っているならば、封筒に、持ち主を示す印しを付けても良いでしょう。これは、他の印しの邪魔にならないよう、封筒の下部に付ける（図2の右端の封筒I〜Aの鍵）のがもっとも適当でしょう（もちろん、封筒が誰に渡ったか分かっていれば、年齢性別のマーキングは必要ありません）。このマークをすることで、複数の品物を持ち主に返すことができますかもしれません。

　この印しを付ける方法は、様々に応用できますが、使いすぎは良くないでしょう。過ぎたるは及ばざるがごとしです。

　また、この方法を応用して、2人の"超能力者"が協力することもできます。"受け手"の霊媒師は、監視された部屋で拘束され、その間に別の部屋で封筒に何かを入れて、封がされます。そして、霊媒師にその封筒が渡されます。霊媒師は、その持ち主の詳細な情報を当てます。

コメント：この現象は、自由に構成することができ、限りない可能性を秘めています。また、大観客の前でも演じることもできます。初心者向けとは言えませんが、うまく演じられるようになれば、あなたの役に立つことは間違いありません。

―― エッセイ ――
暴露する人たち

　マジックの秘密を暴露する人たちを想像することは簡単でしょう。疑り深く、偽善的な、超能力の秘密を明かすことを好む人々が存在します。実際には彼らは単一ではなく複数の異なるグループが存在します。なぜ彼らは商業用のトリックを暴くのでしょうか。

　そのグループの中で一番多いのは"プロ"です。彼らは自分の名声や、収入のために、断固かつ独善的な態度で暴露を行います。

　例えば、フーディーニもこの"プロ"に分類されるでしょう。彼の論法は他者も利用していたが、彼はそれを利用して成功しました。フーディーニは、彼の道徳心から霊媒詐欺を暴こうとしただけではなく、その事件を自分が有名になるために使い、そしてそのアイデアを基に新しい劇的なショーを作り、随分と金を稼ぎました。しかし前に言った通り、彼は霊界からの声を聞かせるショーをしていたかもしれませんが、彼の、プライベートな立場は、公に見せる姿とは大きく異なっていました。

　彼のアシスタント、ジム・コリンズは、なぜ、フーディーニがマージェリーの霊媒キャビネットに定規を投げ入れたのか説明しています。あなたの周りには、死者との会話をするために多額の投資をして、同時に他の誰よりも、"超能力"で成功した人物がいるでしょうか？

　別の言い方をすれば、私には、彼のショーと、トリック（主に他者に使われている）が、人道的な態度で、詐欺から人々を遠ざけるために使われたとは思えません。つまり、霊媒の暴露は、彼の経歴に花を添えた形になっています。どのように彼が観客を騙しているのかを教え、いくばくかの信憑性を加えて、しかし、彼自身が特殊な能力があるかのように演技を行っていました。

フーディーニのアプローチは、本当は神を信じていない聖職者のようです。彼ら聖職者は、その立場が尊敬を集め、旨い商売と分かったから、熱心に仕事を行います。

　最近では、マジックの秘密の用具、例えばサム・チップのタネをばらすようなマジシャンが現れてきました。マジシャンの大切な秘密をばらす暴力的行為にもかかわらず、彼らは大衆の心を掴むため、つまり自分の人気取りのためにそれを行っています。

　一方で、見た目には尊い目的のために暴露を行い、しかしその影響を理解していない人々がいます。どうやら、これはアマチュア・マジシャンや、無神論者、そして"他の、教育されていない、頭が霧に包まれている大衆よりも自分の方が、頭がいいと思っている人々"に多いようです。

　彼らは、科学の知識と、一般常識を疑う考え方を持っています（これは、科学者を意味するわけではありません。科学者は説明不可能な事象に対して広く心を開いています。Marcell　Truzzi博士はそういった人物の１人です。彼はトリックに造詣が深く、ユリ・ゲラーの友人で、超能力の科学的な研究も行っています）。

　彼らは、世の中のすべてを知っていると思っている人々で、道徳には良いと悪いの２種類しか存在しないと思って、それを強制する人々です。

　説明不可能な事象に対して、心を開き続ける努力をすることは、研究者にとって必要なことです。フーディーニは部屋の中の象を消すことができませんでしたが、それが、超能力研究にとって大切なことなのです。

　"超能力現象"は、表面的な目眩ましを全て取り除いてこそ現れるものです。

　超能力は偶然か、トリック、もしくは本物、いずれかなのでしょう。それらは見た目には、証明やコントロールが不可能で、調査、研究環境下では起こりません。

　合理的に発動する超能力は、結局は偽物だろうと考えています。私がどんな

に信じられなくとも、騙すのは私の仕事です。その逆を考えてみると、あえて偽物として演じられる超能力が、本当の超能力で演じられることもあるのかもしれません。

　あなたがもし、ある超能力現象がどのようなタネで演じられたかを説明したとしても、それは推測に過ぎず、本当にその方法で演じられたかどうかは分かりません。頭を捻ってそれを考えたとしても、それで人々が、超能力が存在すると考える可能性を変えることはできません。

　ほとんどの人は、2番目のカテゴリーに属します。つまり、疑り深い人か、アマチュア・マジシャンです。自分が他の人より知識持っていること（あるいはそう思っているだけ）を見せびらかしたいのでしょう。だから彼らは質問したり、興味のないことに耳を傾けたりすることはありません。

　一方で、全ての暴露者が一概に悪いとも言い切れません。暴露することによって大衆が騙され傷つけられることから、守っている場合もあります。

　ローベル・ウーダンがフランス領アルジェリアに旅をして、暴動を静めたことがあります。フランス政府は、原住民にローベル・ウーダンの優れた力を見せ、信じさせることで、暴動を静める助けにしようと思ったのでしょう。ウーダンは、アルジェリアで"軽くて重い箱"や"弾丸受け止め"を演じて、原住民に、ウーダンの方がイスラム教の妖術師よりも力があると信じさせました。彼はイカサマを暴いて、騙された人の目を覚まさせたのです。

　ローベル・ウーダンは、原住民に、妖術師の力がトリックによる偽物だと理解させようとしたわけではありません。彼の目的は、妖術師よりも強烈で印象に残る演技を行い、原住民に、彼の方が力を持っていると見せることでした。モーセにも蛇を杖に変え、それを再び蛇に戻したという逸話が伝えられています。

　数年前、James Hydrickの超能力が暴かれるという事件がありました。もし興味があれば、Googleで調べれば資料が出てくるでしょう。

　Hydrickが有名になったのは、彼が非常に創造的な演技を行ったからです。正直に認めますが、私も、彼が本当の超能力を持っているのではないかと思い

ました。その現象は、面白くはないですが、彼が本当の超能力を持っていると証明するように構成されていたのです。

　しかし、彼の問題のある性格が少しずつ明らかになってきました。彼は過去に法に触れたことすらあったのです。また、彼が有名になることで、"暴露のプロ"も彼のタネを見破ろうと動き始めました。

　宗教関係の番組で、当時有名だったDanny Korem（私も、彼に会ったことがあります）がHydrickのタネを暴こうとしました。私は夢中になってその番組を見ました。一方で、素晴らしいマジックのタネがばらされてしまうのではないかと恐れもしました。複雑な気持ちで番組を見た記憶があります。

　ショーの最初に、司会者がKoremに対して、直接的な質問をしました。「あなたは、超能力が存在すると信じていますね？」Koremはそれを強く肯定しました。しかし、なぜ、Hydrick現象がイカサマだと思ったのかも説明しました。その暴露の方法は美しいとも言えるものでした。彼は超能力そのものを攻撃することはなく、敬意を払い、一方でHydrickの得意とする超能力のいくつかを、マジックと心理学の知識を使って説明しました。そして、実際、Hydrickに真実を吐かせたのです。

　KoremはHydrickの能力を妨げる方法を見つけ、また超能力を再現して見せたのです。"逆さまに置いた水槽の中で回るお札"に関しては、Hydrickよりもむしろ上手に演じて見せました。そして、Hydrickを追い詰め、自分に超能力はないと告白させました。

　Danny Koremは、Hydrickが、本人の主張するような超能力を持ち合わせていないことを、視聴者に証明しました。KoremはHydrickが"手順"を行えないようにして、彼の能力が働かないようにしました。さらに、超能力を再現して見せました。危険なイカサマ師をKoremが止めてみせたということになるのでしょう。

　人形劇"パンチとジュディ"のパンチなら「これがその方法だ！（That's the way to do it!）」と言うところでしょう（パンチとジュディは、過激な演出で知られる、アメリカの有名な人形劇）。

非常に大きな障害に直面したとき、人によってはそれを、祈りや、オカルトの類いによって解決しようとして、怪しい人物にいいように操られることがあります。そういった人物から傷つけられるような人々がいたら、あなたが守るべきかもしれません。しかし、ただ単にマジシャンやメンタリストの技術を説明する必要があるとも思いません。

　私のアドバイスは、それらを合体させて、あなたのできる、もっとも強力でドラマチックな演出を作り上げなさいということです。

　守られるべき人々が、あなたが奇跡を簡単に再現していることを見ることで、彼らの目を開かせることができるのです。

　単に方法を説明するのではなく、常に、より強力でドラマチックな演出を考え、暴露を行わずして暗い世界に光を灯す。それがあなたのやるべきことです。

マジック

● **写真から語られる物語**

現象：4枚の封筒を観客に見せ、今から、魔法の力を見つけてくれた友人についての物語を話すと説明します。そして演者は、指輪のケースをポケットから取り出して開けます。そこには指輪が入っていて、その指輪はすでに亡くなっている先ほどの友人がプレゼントしてくれたものだと言います。

観客にステージに上がってもらいます。そして演者は、4枚の封筒のうちの1枚にだけに、指輪の持ち主が持っていた品物が入っていて、他の封筒には何も関係のない物が入っていると言います。

観客に指輪を持ってもらい、もう一方の手を封筒にかざしてもらいます。1枚の封筒にだけ、強く引き付けられる感じがする封筒があったら、そこにはその友人の最後の手紙が入っていると説明します。そして、その人物は以前、この指輪には特別な力があると言っていたことを付け加えます。

観客が1枚の封筒を選んだあとに、その封筒を横に移動させ、リングをそこに置きます。そして、友人がいかにその妻、アンを愛していたか、そしてアンがいかにその友人を愛していたかを話します。

残された封筒のうちの1枚を観客に開けてもらい、演者も別の1枚を開けます。例えば、観客が開けた封筒には町の道路の写真が入っています。演者が持った封筒には、レストランのメニューが取り出されます。そして、3枚目の封筒を開けると、今度は食品雑貨のリストがあったとします。そして、観客には、先ほど選ばれた封筒をもってもらいます。

それ以外の封筒に入っていたものは明らかに指輪と何の関連もないものに見

えます。観客に、先ほどの指輪の内側に彫られた文字を読んでもらいます。そこには"わたしのもっとも大切な人、Annへ"と書いてあります。それから、封筒を開けて中に入っているものを観客に取り出してもらいます。そこには、同じ指輪をした女性の写真があり、その写真の裏には、ANNのサインがしてあります。

方法：このマジックはTed Karmelovichの非常に優れた現象を基に創りました。Magickと言う名前で、Bascom Jonesの発行した小冊子に発表されています。

ただ、その現象は、良くできているものの、私の演技スタイルには合いませんでした。

この現象では、2枚の二重封筒（中に仕切りのある封筒）を使います。そのうちの空間の仕切りの一方の方にはメニューか何か、意味を持たないものを入れておきます。そして、もう一方の空間には、裏面に"私の大切な人Annへ"と書いてある（彼の妻ではなく、友達）写真を入れておきます。

2枚目の二重封筒の、仕切られた一方の側には、食品雑貨のリストを入れておきます。仕切りのもう一方には、街を写した写真を入れておきます。つまり、演技の中では、観客の推測の結果によって封筒の中の、当たり／ハズレ、どちらかを示す物を取り出すことになります。

もう2枚、普通の封筒も使用します。そのうちの1枚の中には、演技の中で使うものと同じ指輪をした女性の写真を入れておきます。その写真の裏には"Ann"とサインをしておきます。なお、この写真を、演者のおばさんの写真だと説明して、軽い感じで見せた場合、誰も指輪のことに気づかないでしょう。

一方、もしこの封筒がいきなり選ばれた場合は、例の、内側に文字の彫ってある指輪（図1）を使うことになります。

もう1枚の普通の封筒には、宝石店が写った、とある町並みにある宝石店の写真を入れます。その店の名前を印刷した

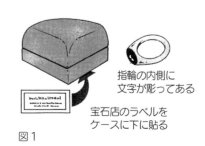

図1

指輪の内側に
文字が彫ってある

宝石店のラベルを
ケースに下に貼る

小さなラベルを、指輪を入れる箱の下に貼っておきます（図1）。この写真は、あなたが以前生活していた街を写したものでもよいでしょう。そしてもし、この封筒が選ばれた場合には、友人の恋人が見つめていた宝石店の指輪をその友人が毎日20時間働いて買った話をすることになります。

　1枚の封筒が選ばれたあと、観客には、残っている封筒の横に立ってもらい、演者はその逆の端に立ちます。普通の封筒は観客の側、二重封筒は演者の側です。
　ここからは観客が二重封筒か、普通の封筒、どちらを選ぶかによって、2つの筋書きがあります。

　もし、観客が二重封筒の中の1つを選んだ場合、それを傍らにおいてから、今度は選ばれなかった封筒を開けてもらうが、そのとき、観客に一番近い場所にある普通の封筒を開けてもらいます。そこに入っているのは、演者の叔母の写真だとあなたは説明します。次に演者は自分に一番近い位置にある封筒を手に取り、開けます。それは二重封筒ですが、その中から食品雑貨のリストの方を取り出します。次に、彼女に、残っていた普通の封筒を開けてもらい、演者は観客が最初に選んだ封筒を受け取り、中からサインの書かれた写真を取り出します。

　観客が普通の封筒を選んだ場合、演者は二重封筒を取ってその封筒を開けます。次に彼女に、もう1枚の、普通の封筒を開けて中の物を取り出してもらいます。演者はそれらに対してもっともらしい説明を行って捨てます。それから演者が最後の二重封筒を開け、観客には、最初に選ばれた封筒を開けてもらいます。もし、その封筒に女性の写真が入っていれば、指輪の内側にかいてある文字を読んでもらい、それから写真の指輪のことを言い、その裏のサインを示します。もし、封筒の中身が、宝石店の写った街の写真なら、指輪の箱の裏側にあるラベルを読んでもらいます。それから、宝石店の名前を見てもらうと、それが一致していることがわかります。

コメント：現在の言い方をすれば、この手順は"奇妙なマジック"といえます。しかし、ちょっとした点を変えるだけで、古典的なメンタリズムのように演じることもできます。

　もし、あなたが物語を劇場で語るとしたら、この演技の物語を本当にあった

ことのように話してみてください。観客は感銘を受けるでしょう。

●儀式
現象：観客の1人（例えば女性としましょう）に、言葉と、思念がいかに物質に影響するかを観察する実験に参加してもらいます。

　その観客に小さい紙切れを渡し、そこに、彼女の人生の中で印象に残っているものを描いてもらいます。それは彼女のエネルギーを奪い、成功を妨げるもののシンボルです。その紙を彼女の手に持ってもらい、そこから感じる感覚に集中してもらいます。そのあと、紙を2つに折ってテーブルに置いてもらいます。

　それか彼女に左手をまっすぐ前に伸ばして、心を静め、楽しくてポジティブなことを考えてもらいます。そして、演者は、彼女の手首を持って腕を押し下げます。それに耐えられるか、強さを試すので彼女にはそれに対して全力で抵抗してもらいます。

　「あなたは創造的な人ですね、ポジティブなエネルギーをあなたから感じとりました」

　それから演者は彼女の右手に、テーブルに置いてある2つ折りの紙を手渡し、先ほどと同じように、その右手を伸ばしてもらい腕を押しますが、先ほどに比べて、彼女の力はずいぶん弱くなったように見えます。

　信じられないことですが、紙に書かれた内容が、彼女の力を奪ったのだと説明します。

　「私はあなたに触れたとき、暗い何かを感じました。それは、あなたを疲れさせたり、悩ませたりするものではないですか？」

　これまでの演技は、心理学によって説明できるかもしれません。しかし、ここからの演技は心理学で説明できないと言います。

　今度は彼女に目を閉じてもらいます。「私はこの紙を近づけたり遠ざけたりします。近づけるとあなたが敏感であればその"波動"を感じます。しかし、離

していけばなにも感じなくなります」と言いながら、紙を彼女から１〜２メートル遠ざけます。それから彼女の腕を押すと、彼女は強く抵抗します。力が戻っているのがわかります。ここで彼女に目を開けてもらい、紙のある位置を見てもらいます。

「ポジティブなエネルギーが戻ってきているのを感じます。よい雰囲気の中で、よりよい力を感じさせてくれますね」

彼女にもう一度目を閉じてもらい、「どこに紙を置くかは言いません。何が起こるか見ていてください」と言って、今度は彼女のとても近くに紙を持ってきます。そして彼女の腕を押すと、その力は再び弱くなっています。彼女に目を開けて、紙が近くにあるのを見てもらいます。負の波動が彼女の力を奪っていたわけです。

「力が奪われるような感覚がありましたか？　あなたの能力が充分に発揮できていないことを感じました。ベッドの中で丸くなって、起きたらその感覚が無くなっているとよいなと思っているようですね」

続いて他の観客に手伝ってもらいます。「私たちのポジティブ、ネガティブな感情は他の人を通すとより強力になることがあります。それを今から見せましょう」とあなたは説明して、２人目の観客には、対象人の手を握ってもらい、最初の観客には、再び目を閉じてもらいます。演者は彼女から１〜２メートル離れた位置に紙を持っていきます。

演者が彼女の手を下に押すと、強い力で抵抗があります。それから彼女に目を開けて紙が遠くにあることを確認してもらいます。

もう一度、彼女に目を閉じてもらい、今度は、２人目の観客に紙を渡し、演者が女性の腕を、指２本程度で軽く押すと、明らかに彼女の抵抗する力は弱くなっています。それから彼女に、目を開けてもう１人の観客が紙を持っているのを見てもらいます。別の人の体を通してでも、負のエネルギーが彼女に影響を及ぼしたわけです。

演者は２人目の観客に礼を言い、席に戻ってもらいます。

「ネガティブなことを考えると、それが影響を与えることがわかったと思います。しかし、今度は、それに正面切って立ち向かう時間です。この実験をポジティブな方向で行ってみましょう。いまから、この紙、すなわちネガティブなイメージを破壊します。そして何が起きるか見てみましょう。」

　演者は例の紙を破り捨てて、彼女に、負のエネルギーから解放された気持ちになってもらいます（これは、あなたの好きなように演出してよいでしょう。儀式的に紙を燃やして、その灰を風にさらして吹き飛ばすなどしてもよいです）。

「これでもう、あなたが負のエネルギーに縛られることはありません。紙を破ることで、負のエネルギーも破壊しました。

　そして、演者は、この実験の最中に感じた"波動"について詳細まで説明します。感じた印象が正しかったかと彼女に訪ねると、彼女は、感じた負の感情が正しかったとそれを肯定します。

　演者が彼女の負の感情と恐れについて説明したあと、彼女の腕を押すと、今までの中で一番力強く反応します。

方法：この手順は、"マスケリンの指輪"をより強力にした手順です。本来の手順がはらんでいた弱点を全て克服し、それをより強力な演出へと変更しています。

　元々の演出は、観客が受け入れるには非現実的すぎました。超能力を信じない観客には、「はいはい、指輪が君を守ったってことでしょ」と考える程度の印象しかないのです。より劇的にするには、現実の延長にある演出が必要になります。

　技術的な面から言えば、この手順は、本来の手順のもっとも難しい箇所を省いています。本来の手順では、演者と参加者が敵対関係になってしまうのです。それが問題になることがあったので、手順を直しました。

　私の手順では、演者は、観客の"助力者"となります。演技を扱う上でも、この方がよほど動きやすいです。また、"筋肉質な男性"を選ぶ必要もありません。

メンタリストが屈強な男の腕を曲げる必要があると誰が決めたのでしょうか。この手順では、力の弱い人物に協力してもらっても効果的になる演出をしています。元々は、あなたがいかに屈強な男を弱くするのかという手順ですが、私の場合は、人の思考が人を弱くするという比喩表現を含む手順になっています。

　もちろん、演技の中で屈強な人物に手伝ってもらっても問題ありません。演技の説明で女性が協力者に選んだのは、力の強さに関わらず、誰に手伝ってもらってもよいことを示すためです。

　さらに、第4段が意味深いものになっています。演技の最後に劇的に盛り上がる形になります。ここで、手順の骨子となる部分を簡単に説明しましょう。腕をまっすぐ前に伸ばした状態で強く抵抗できるほど力のある人は殆どいません。誰かがその人の腕をつかんで疲労を溜めていたら尚更です。実際に行ってみれば、その意味が分かってもらえると思います。2回目に腕を押すと、1回目より明らかに抵抗する力は弱くなります。

　彼女に、紙を握ってもらうとき、その手は下げてもらいます。こうすることで、集中力が分散され、益々抵抗する力は弱くなります。

　しかし、どうやって彼女の力を回復させるのでしょうか？

　このとき、本当は彼女に力が戻ってきているわけではありません。実際は、強く押したふりをしているだけです。しかし、このとき、手首を握ることで（図1）、観客には、演者が本当に力を込めて押しているように見えます。これは、ジェイ・マーシャルが私に見せてくれた方法です。

図1

　第2段で演者が紙を彼女から離して置いたときに、演者は顔を横に向け、優しい声で話します。こうすることで、彼女は紙を遠くにあると無意識に理解します。次に演者が紙を彼女の近くに持ってきたときは、直接話すことで、彼女は再び無意識に状況を理解します。微かな違いではありますが、非常にうまく

行きます。

　第2段が終わったあと、彼女の筋肉は充分に疲労しています。そして"強い、のあとに、弱い"という順番で行ったので、どう反応すべきなのかが、彼女の心に刻み込まれています。そのため、図2のように彼女の腕を軽く押しても、簡単に下がります。あなたが力を込めているふりをするときは、図3のように、彼女の手首を強く握ります。

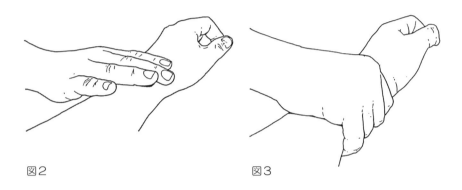

図2　　　　　　　　　　　図3

　次の段階で、他の観客が彼女の腕を持つときには、彼女の腕の力は充分に弱くなっています。最初に腕に力があり、次にそれが弱くなるという流れを、彼女自身も無意識に理解しています。

　最後の段では、最後のテストまでの間に少し時間がかかるので、彼女の腕にも少し力が戻ってきます。この時間を作るために、紙を破り、彼女の負のエネルギーを解放するという演技を行うのです。そのあとに彼女の手首を掴んで押します。彼女自身も、どれだけ強くなったかを示すような反応を見せるでしょう。

　紙に書かれた内容を説明する部分では、センター・ティアを使っています。方法は、技術の章294頁にあるバーンスタイン/センター・ティアを参照のこと。これで、この演技は完全に即席に行うことができます。しかし、ショーの前に何らかの方法で情報を得ることができれば、より効果的な演出を行うことができます（少なくとも、コールド・リーディングをする必要が減ります）。

　観客に提示する情報を増やすことで、演技の印象をより強めることもできま

す。例えば、グリンプスや、"絵の複製"の方法を応用する、あるいは、紙切れをすり替えてセンター・ティアするなど。

　あなたは"波動を感じる"ために何度か紙に触り、"読み取り"を始めます。あなたは、今から彼女を意気消沈させるようなことを言うかもしれませんので、あまり傷つけないように気を付けます。そして紙を破り"儀式"を完了させます。

　コールド・リーディングを行う人ならば、1対1の状況では、この現象がステージ上で行うよりも簡単だと気づいているでしょう。

　最後の段、"曲げられない腕"の演技は、簡単ですが、観客に、さらにこの演技の信憑性を高めさせるものになります。

コメント：この"儀式"の手順の基本的な考え方は、私の他のマジックにも応用できるものとなっています。これを、本当の魔法のように演じてほしいと思います。私は長年このマジックを演じていますが、自分が予想した以上に大きい反響があります。演じればあなたもそう感じることでしょう。

　心理学や、超能力のように演じることもできるし、また劇的な儀式のようにも演じられます。準備が必要ないことも利点の1つです。

　非常に強力で、体験した人をポジティブにする演技です。

　この"儀式"の手順をあなた方に説明できることを非常に誇らしいと思っています。

　本来の"マスケリンの指輪"の手順を改案しようと思ったあるでき事について、説明したいと思います（次項に、その本来の手順を紹介しておきました）。

　私は、"マスケリンの指輪"の手順を数年間演じ、よい結果を得ると同時に、問題が起きたこともありませんでした。

　しかしあるとき、テキサス州ダラスでレクチャーをしたとき、私は同じ人に対して、何度も失敗を繰り返してしまいました。

レクチャーが始まるとき、私は1人の、マジックを趣味としている人物を紹介されました。この人物に協力してもらえば、演技はうまくいくと思いました。もし、私が誰かに参加してほしいと思ったとしたら、その人が都合のよい人であってほしいと思います。その人のことを考えました。彼は身長がかなり（私と同じぐらい）低くて、さらに痩せていました。演技的には問題ない相手だと思えました。

　演技の最初に、指輪が彼の力を奪うと説明して、私は彼の腕を押したのですが、彼の腕は鉄の棒のように、全く曲がりませんでした。あるいはまるで背骨が溶接されていたかのようでした。

　私は、軽く押しているふりをして、実際は全力を尽くしたのですが、全く動きませんでした。

　実際のところ、彼は、押されたときに腰を落として耐えていました。彼は、絶対に私には腕を下げさせないものと心に決めていたようです。

　友人の前で、シカゴから来た人間に簡単に腕を下げられてしまうのを仲間に見られたくない、とでも思っていたのかもしれません。

　その経験は、私にとってよい教訓となりました。協力してくれる人を辱しめ、不愉快にすることは避けるべきであり、そして、彼らをよりポジティブにするべきだと考えるようになり、この"儀式"の演技が生まれました。

●マスケリンの指輪

現象：誰かが演者が身に付けている指輪を見て、神秘的な素敵な指輪ですねとコメントしてきます（あるいは、あなたが事前に、そういう方向に話を導きます）。演者はそう言ってくれたことに感謝の意を表して、これは単なる宝石ではなく、"守護の指輪"なのだと説明します。それによって、"守護の指輪"とは何なのか、どうやって人を守るのか、といった質問を導き出します。少し間をおいてからこの指輪は持ち主に害を為す者から力を奪うのだと説明します。そしてその力を実際に見せることにします。

　できれば、力の強そうな体の大きい観客に手伝ってもらいます。彼に、立っ

て、腕を真っ直ぐ前方に伸ばしてもらいます。演者は、これから腕を押し下げるので、それに全力で抵抗してほしいと説明します。そして、彼の手首を持ち、全力で腕を押し下げようとしますが、全く下がりません。

　ここで、今度はもう一方の手で指輪をしっかりと握ってもらいます。そして、この指輪は、彼の力を奪うと説明します。それから彼の真っすぐ伸びている腕を押すと、驚くべきことに、彼の腕は簡単に下がってしまいます。

　さらに難しいことを試してみます。彼に、手を伸ばしてから、指輪がどこにあるかわからないように目を閉じてもらいます。演者は指輪を男性から１メートル位離れたところに持っていきます。それから彼の腕を押しますが、先ほどと違いびくともしません。彼に目を開けて、指輪がどこにあるか見てもらいます。彼に、再び目を閉じて腕を伸ばしてもらいます。そして演者は、指輪を彼の近くに持って来て、彼の腕を上から押しますと、先ほどより弱い力で押しているにも関わらず、腕は簡単に下がってしまいます。目を開けて、再び、指輪がどこにあるか確認してもらいます。

　最後の段階では、もう１人の観客に手伝ってもらいます。そして、最初の観客には腕を伸ばしてもらい、もう一方の手で２人目の観客の手を握ってもらいます。そうしてから最初の観客に目を閉じてもらいます。あなたは指輪を数メートル離したところに置いてから観客の腕を押すと、腕はそのままで腕の力がとても強いことがわかります。観客に目を開けてもらい、指輪の位置を確かめたあとに、再び目を閉じてもらいます。次に２人目の観客に指輪を手渡してから、演者は指一本で最初の観客の腕を押すと、今度は石が落ちるように、簡単に腕が下がってしまいます。彼に目を開けて指輪の位置を確かめてもらいます。守護の指輪が力を発揮したわけです。

方法：心理学と、筋肉の疲労を利用して、この現象を成り立たせています。今から詳細を説明しましょう。

　そもそも、真っ直ぐに突き出した腕に対して上から力をかけられると、それに抵抗するのは至難の技です。そして、１、２回、下に押されると、腕の筋肉は簡単に疲労してしまい、腕を伸ばし続けることすら困難になります。さらに、左右の腕を別の形にすると、力が分散して、一方の腕の力は益々弱くなります。

第1段で観客に指輪を握らせるときにあなたは「もう一方の手で、指輪を強く握ってください」と指示しています。こうすることで、集中力と力を左右の腕に分散させているため、抵抗する力は益々弱くなっています。

　第2段では、心理学を応用しています。彼は目を閉じているため、他から見れば、彼が指輪の位置を知ることは難しいように思えますが、もしあなたが話しながら彼から離れていけば、彼はどこに指輪があるのか、無意識のうちに理解します。第1段の最初の手順では、彼の力が回復していると本人にも思わせる必要があります。そのために、あなたは彼の手首を掴み、全力を使って彼の腕を押す……ふりをします。

　ただし、やり過ぎてはいけません。下手な演技は逆効果になります。適正に、努力している演技を行えば、押されている本人も、あなたが全力でそれを行っていると思うでしょう。第2段の後半では、彼に目を閉じてもらったあとに話しながら指輪を彼に近づけると、信じられないことに、彼は無意識に指輪の位置が近くなったと意識し、最小の力で押すだけで、簡単に彼の腕は下がります。

　彼は今、誰かが最初に彼の腕を押したときは強く抵抗し、2回目に押されたときは抵抗できない、と言う風に無意識に条件付けをされた状態になっています。

　第3段の最初では、あなたは彼の手首を強く握り、押すふりをします。2人目の観客が指輪を握ったあとは、より軽い感じで彼の腕を押し、腕が簡単に下がることを見せます。

　真剣に演じれば、驚くべき反応を観客から引き出すことができるでしょう。私が演技をした中では、本当に力が入らなくなってしまい、立っていることすら困難になった観客もいました。そのときは、指輪が、その人の力を奪い取ってしまったと改めて説明しました。

　トニー・アンドロジーが、Daemon's Diaryの中で発表した手順のなかでは、力の具合を図るために観客の親指と人差指の先をくっつけておき、それをあなたが離せるかどうかで力が入る具合を調べる手順になっていました。しかし、私は、腕が下がると言う演技の方がより印象深く、また簡単にできると分かりました。

演技のときには、指輪の代わりに他の道具を使用してもよいです。しかし、神秘的な現象を強調するような道具を使うべきでしょう。

コメント：" 儀式 " のコメント欄で説明した通り、このマスケリンの指輪は参考のためにここに載せました。どのように私が演技を作り替えたか、" 儀式 " がどれほど、強力な演技になったか、理解していただけると思います。
　以下に、はじめてこの演技を発表したときの序文を載せておきます。

　この手順は、トニー・アンドロジー（Tony Andruzzi）、またの名を Maskelyn Ye Maga が " 守護の指輪 " の名で発表した手順を基にしています。Tom Palmer の名前で、彼はイリュージョンとコメディーマジックを演じていましたが、あるとき、自身のキャリアをステップアップさせるために今までの方向性を変えて、" ビザー（怪奇）マジック " を演じるようになりました。彼の出版した本の多くは、すでに絶版となっていますが、彼の演技は伝説となり、噂を呼びました。彼1人の手によって、こういった " ビザー・マジック " は大いに成長を遂げたのです。トニーは1991年に亡くなりましたが、彼の魂は特に劇的なマジックを演じるマジシャンの中にまだ残っています。

●ペンジュラム
現象：イデオ・モーター（無意識が筋肉の動きに影響して起こす現象を示す心理学用語）の影響によって、指先でつまんでいるペンジュラム（占いなどで使う振子）が、男性の手の上では直線に振れ、女性の手の上に持っていくと突然回転してしまう様子を見せます。そしてより興味深い現象を、ペンジュラムを利用して見せると説明します。

　小さな封筒の中から、真っ白な名刺を1/4に破って作った20枚の紙片をテーブル上に撒きます。そして、4つの破片に分かれた名刺の切れ端を、今から、観客がペンジュラムを使って見つけ出してもらうと説明します。

　そして、どのようにそれを行うのかをまず説明しますと言って、名刺に観客の名前を書いてもらって、それを観客に4つに切り分け、その切れ端を裏向きにして、すでにテーブルに撒いてある紙と混ぜます。

　全く怪しいところはありませんが、演者がペンジュラムを手に取り、紙切れの

上に持ってくると、ある紙切れの上でペンジュラムが振れはじめます（図1）。こうして、大きくペンジュラムが動いた4枚の紙片を選び、それらを表向きにすると、そこには観客が書いた名前があります。

これと同じことを観客にもしてもらいます。ペンジュラムを観客に渡し、演者が前もってサインした名刺の4つの切れ端を見つけることにトライしてもらいます。

観客は、先ほどあなたが行ったように、ペンジュラムを持って紙切れの上を移動させ、ペンジュラムの動きが大きく振れた紙片を選んで裏向きのまま、最初に20枚の紙切れが入っていた封筒に入れていきます。そして、4枚目の紙片を封筒に入れたところでその封筒に封をします。机に残った他の紙を表向きにすると、全て真っ白で何も書かれていないことを示します。

あなたが先ほどの封筒の頭を切って中の紙切れを取り出すと、その4枚の紙切れには、演者のサインがあります。

図1

方法：真っ白な名刺と、二重封筒、そしてペンジュラムを使います。
（※20センチ位の糸の先端に錘を結び付ければ即席のペンジュラムになります）

5枚の真っ白な名刺を4つに切り分けておきます。もう何枚かの名刺を使いますが、これらの名前には秘密のマークとして、4隅をそれぞれ少しカットするか、削るかしておきます。

1枚の名刺に演者自身の名前を大きく書いて、4つに切り分け、二重封筒の仕切りの後ろ側に入れておきます（もちろん、この場に合っていれば、技術でスイッチをするか、他のギミックを使ってスイッチしてもよいでしょう。二重封筒でのスイッチはあくまで一例にすぎません）。

真っ白な名刺の1/4の紙片と、秘密のマークをつけた名刺を二重封筒の仕切りの前側に入れておきます。これで準備は完了です。

封筒の中から秘密のマークがある1枚の名刺を取り出します。観客に、名刺全体に大きく名前を書いてもらいます。そして、それを4つに切ってもらいます（もし、4つに切り分けるときわかりやすい特徴のある形で切られると、簡単に見つけられるため、できる限り切れ端が同じ形状になるよう、観客に指示します）。

4つに切った紙片を裏向きにしてテーブル上にある他の紙片と混ぜてしまいます。演者はそこから、名刺のマークを頼りに観客の名前のある4片を見つけ出しますが、もちろん、ペンジュラムの力で見つけ出したように演じます。

次は観客の番になります。観客にもペンジュラムを使って同じようにして4枚の紙片を選んでもらい、それを二重封筒にいれて封をします（混乱を招かないために別にしておく。というように演じます）。

テーブルに残った切れ端を表にして示してから、二重封筒の封を切って、最初から封筒に入っていた、演者の名前の入った切れ端を滑り出させます。「あなたは超能力者だ！」と言って称えます。

観客が複数の物の中から正解を見つけ出すという、"バンクナイト"の手順（118頁）に、このマジックのアイデアは応用できるでしょう。観客にしてもらいたいことと全く同じことを演者が先に行うという方法です。

コメント：このマジックはDr. JaksのThe Crystal LockerとCorindaのBirds Of A Featherを合体させた手順です。結果、汎用性が広く、巧妙な手順になっています。また、2段構成にすることで、ペンジュラム自体が反応するという現象がより不思議になります。

●愛の魔方陣
現象：古い魔術の技術である魔方陣を使用することによって、人や物が作り出す波動を見つけ出し、さらに操ることができることを、説明します。

そしてそれを実際に見せると言って、5枚の見た目が同じで封のされた封筒を取り出します。それらをよく混ぜ、観客の前、テーブル上に横一列に並べて置きます。

　観客に、それらの封筒のうち、例えば熱を感じるなど、特別になにかを感じた1枚の上に手をかざしてもらいます。

　観客が1枚の封筒を選んだあと、残った4枚の封筒を開封してもらうと、それらの封筒には白い紙が入っています。演者は手が空であることを見せてから、最初に観客が選んだ封筒の封を切り、中に入っている4つ折りの紙を取り出して観客に渡し、広げてもらいます。

　その紙には、奇妙な絵が描いてあります。演者は、それが中世に発達し、秘密結社が現在まで伝えた、"愛の魔方陣"のコピーなのだと説明します。この絵は、人を引き寄せる強い波動を持っていて、そのせいで観客はこの絵の入った封筒を選んだのだといいます。

　次に、観客に、魔方陣の真ん中の空白に、観客の愛する人またはかつて愛していた人の名前を書いてもらって、4つ折りにしてもらいます。演者はその紙を、千切り、「こうすることで、魔方陣の力が解放されます」と説明します。

　観客に、魔方陣が破られたときに強い波動を感じたかどうかを訊ねます。そして、演者は、紙を破った瞬間に波動とイメージを感じたといいます。そして、そのエネルギーの中で、ある名前が見えたと言います。演者はその人物の性格等を説明して、観客に関係のある人物だろうといいます。そしてその名を言うと、先ほど、観客が魔方陣に書いた名前と一致しています。

方法： それぞれの封筒には、4つ折りにした白い紙が入っています。一方、魔方陣についてですが、真ん中に十分な空白があり、オカルトチックでミステリアス風であればどんなデザインでもよいです。図1の絵が参考になると思います。それを紙に描いて、絵が内側を向くように4つ折りにして人差指の回りに巻いておき、その紙を隠すように、その上にフィンガー・チップを装着しておきます。魔方陣の紙の大きさは、フィンガー・チップに入る大きさに合わせて調整します。観客が1枚の封筒を選んだら、それを演者に渡してもらいます。

そして他の封筒を開けて中身を確認してもらいます。

　もちろん、観客が開けた封筒には白い紙が入っています。観客が4枚の封筒の中身を確認したあと、あなたは手になにも持っていないことを見せてから、最初に選ばれた封筒の封を破ります。そして、中に入っている物を取り出すふりをして、フィンガー・チップを封筒の中に突っ込んで中の紙を取り出します。このとき、片方の手で封筒ごとフィンガー・チップを掴んで、魔方陣の絵を抜き取るようにします。魔方陣の絵を開くしぐさと同時に、その封筒を他の手で、フィンガー・チップが中に入ったまま丸めてしまいます。

図1

　第2段では、観客に魔方陣の真ん中に名前を書いてもらいます。そして、"魔方陣の力を解放するために"紙を破るのですが、このとき、センター・ティアを行って、観客の書いた名前を確認しておきます。

　第3段ではコールド・リーディングを応用しています。センター・ティアで判明した名前から、その人物の性別が分かれば、まずそれを糸口にします。そこからその人物に対してのお世辞のようなことを積み重ねて（名前を書いた人からしてみれば、愛した人には、当然、魅力があると思っているでしょう！）曖昧に、身体的な特徴を説明してから、最後に名前を発表します。そして、それを魔方陣の力だと思わせるように演出します。

　状況によって、魔方陣の性質を"運""力""旅""健康"など、好きな演出に置き換えてもよいと思います。しかし、センター・ティアを行うことで得られた情報は、魔方陣のエネルギーを得たことでわかったという演技をすることは忘れないでください。

コメント：この手順と類似の演技は存在すると思いますが、個人の繋がりを強調することで、この手順をより印象深い物としています。適した環境で、真剣

な様子で演じれば、より印象深い演技となります。

　人は、共感した場合に、より印象を深めます。それを心に留めて演じてください。

●１人で行う交霊術

現象：数名の友人を演者の家に呼んで降霊術を行います。食事を一緒にした場所など、仕掛けの無い普通の部屋を使います。そして友達たちは、部屋のなかを自由に動き回って、家具や、置いてあるものに触ることもできます。特別に用意した暗い部屋の中で降霊術を行うのはいかにも怪し過ぎるので、この部屋で行うことにするのだが、霊をゲストとしてここに呼ぶためには一定の仕来たりがあることを頭に入れてもらいます。

　テーブルを綺麗に片付け、黒いテーブルクロスをその上に敷きます。蝋燭に灯をともし、テーブルの中央に置きます。友達には、テーブルの回りに座ってもらい、演者は彼らに封筒を渡します。そして、その封筒の中に個人の持ち物を入れて封をしてもらいます。封筒を集め、よく混ぜてから脇に置いておきます。

　演者は立ち上がって部屋の電気を消し、元居た位置に戻ります。そして、精霊や魂の話をして、大きく深呼吸をします。今から、自分の体を通して降霊させるとアルファベットが書かれた板"降霊盤"を取り出し、霊に、この部屋に降りてもらえるか、訊ねます。15分後に、"はい"の反応があります。

　それから、先ほど脇においた封のされた封筒から１枚を取り、"占い盤"の前に置きます。演者は、封筒の中に入っている物体の持ち主が誰か、直接、霊に質問し、霊（と、降霊盤）がそれに答えると説明します。その選ばれた封筒は、他の封筒とは別にして置きます。

　そしてそのまま30分待ちますが、なにも起さません。演者は霊に答えが欲しいと訊ねますが、答えはありません。それをもう１回繰り返しますが、やはりなにも起きません。そこで、降霊盤を動かそうとした瞬間、突然大きな音と共に火花が飛び散ります。その影響で演者の手が吹き飛ばされ、キャンドルが倒れ、部屋は真っ暗になります。そしてそれとほぼ同時に、部屋の隅で何かが壊れる音が聞こえます。

演者は、緊張した声で、明かりをつけてもらうように頼み、降霊術が終わったことを告げます。

方法：用意するものは、降霊用の板と、ファンケンリング、安価な板ガラス（簡単に割れるもの）黒い糸、そして"見せかけのテレパシー"で使用した、印しのある封筒（降霊術に合った外見の封筒がよいでしょう）、以上です。

　後ほど演技中にガラスを落とすために、黒い糸をガラスに巻いておきます。糸のもう一方を電気のスイッチの近くにワックスで貼り付けておきます。スイッチを切る時に糸の一端を手にするためです。

演技：封筒に個人の持ち物を入れて混ぜてもらったあとに、明かりを消しますが、そのとき糸の端を持ちます。そして自分の席に戻ります。そして演者は呪文や台詞を言い始め、ファンケンリングの移動をカバーします。

　霊が降りてきて降霊盤に言葉を残したとき、最後の封筒に入った道具の持ち主の名前よりも重要なことは、突然あなたが痛みを感じたように叫ぶことです。そして降霊盤を蝋燭に向けて投げて、部屋を真っ暗にします（突然部屋が暗闇になったことで、降霊盤を投げたことを見られることはない）。少しの間を置いたあとに、糸を引いてガラスを割り、大きな音を立てます。気を付けながら明かりをつける動作の中で、糸を回収してしまいます。これで降霊術の現象が終わります。

　この手順は、少しの準備で簡単に行えます。もし、もっと難しい手順を試して失敗したことがあるならば、この手順を試してみてください。

コメント：1980年代に始めてこの手順を発表したあと、この手順は噂を呼びました。そして、マジッククラブで降霊術を演じるよう要請されることが多くなりました。その反応はとても良かった、と言っておきましょう。演技が終わって明かりをつけると、観客が感動していることがよく分かりました。明かりをつけて30秒後にようやく恐れから解放されて動き出す観客も居ました。

　あるとき、私のお気に入りのファンケンリングが壊れてしまったことがあります。そのあと、代わりのリングを探すのではなく、代わりの手順を考えまし

た。丸めたフラッシュ・ペーパーとライターを膝の上に準備しておき、タイミングを見てフラッシュ・ペーパーに火をつけます。完全な暗闇の中では、強烈な印象を与えることができました。

―― エッセイ ――
情報を集める

　メンタリズムの演技のクライマックスに相応しい手順は、たった1つだと言われています。演者のタイプや、演技の種類に依らず、基本的に、それは"質問と回答"の演技です。見かけは、占星術やサイコメトリーの演技かもしれませんが、最後に起きることは同じです。

　しかし、稀に例外も存在します。それは、古典のバンクナイト、あるいは、リスクのあるテストのかたちをした演技です。ただ、これらは通常の演技に組み込むより、アンコールで演じるとより強力になるでしょう。

　メンタリズムは、優れた直感力の演技として演じられるべきだと考えています。各種の"読み取り"の演技を行ったあと、多くの観客に、自分のことを占ってほしいと言われました。例え、アンビシャス・カードを演じたあとでも、カード占いをしてほしいと言われたことがあります。多くの人は他の誰よりも自分自身のことに興味があります。彼らは、演者のことを特別な力の持ち主と思ったのかもしれません。それは、どんなに素敵な演技をしたとか、絵の透視をしたときにどれだけ正確に絵が描けたか、ということとは関係なく、超能力の印象自体が彼らにとって重要なのです。

　この人間の心理を演技に応用しない手はありません。観客の個人情報、個性を扱う演技を最後に行うのが良いということになります。もちろん、演技のエンディングに使うだけでなく、途中の演目で形を変えて入れても良いと思います。時々の質問があり、それに対しての答えも毎回変わります。ある観客の個人的な事情を、他の観客は言うなれば"覗き見"することになります。ゴシップを聞くような感覚は自然とショーの中で重要な意味を示すことになります。誰でもゴシップに興味があります。演技の中で少しでも、そういった情報を使う演技を行えば、観客はあなたがある種の超能力を持っていると感じるでしょ

う。しかし、ちょっとしたことが演技を素晴らしくも、壊しもするので、注意が必要です。

　それでは、どうやってそういった情報を集めるのでしょう？　それに対する回答は１つではありません。道具を使ったり秘密のメモを使ったり、しかし一番重要なことは、よく見て、よく聞くことです。

　最初にまず、自分のいる環境に目を向けます。そしてそこにいる人々をみて、話に耳をそばだてます。具体的に理解できなくとも、聞いておくのです。例えば、広く開かれた場所で、人に近づかずに、彼らの話をさりげなく聞いておきます。昔、自分の両親の話を、距離をおいて密かに聞いていたときの要領です。大抵の場合、彼らの会話を理解できると思います。また、周りの人からしてみると、あなたは物の蔭に隠れていて見えないか、あるいは意識もされていかもしれません。Dr. Jaksの案ですが、人々の観察や、盗み聞きを行うのにもっとも適した場所の１つは、トイレです。

　また、人々を観察することも、情報を集める手助けとなります。彼らの着ているものやボディー・ランゲージ、どのように動くか、そういった情報の積み重ねで、情報収集のコツを得ることができるでしょう。

　あるいは、劇場に、観客が事前に書いた質問用紙を入れる箱を準備しておき、ショーの前にそれらの紙を密かに取り出して、観客の個人的な情報を読み取っておく手もあります。場合によっては演技の最中に、観客の質問を盗み見ても良いでしょう。

　この本の各章にも、情報を集める私なりの方法を書いてあります。後ほど全ての情報を必ず使うわけではないですが、事前に集められる情報は多いほど良いのです。

　最後に、道具について考えてみましょう。世の中には、情報を集めるための様々な道具が存在しますが、基本的な部分は皆同じです。

　演者自身か、もしくはアシスタントが、ショーの前に観客に、何らかの情報を書いてもらいます。そのとき、その情報を密かに写す秘密の仕掛けを使って、

あとで情報を読み取のです。その仕掛けは大抵クリップ・ボードの形をしていて、裏にカーボン紙が敷いてあります。観客が書いた文字を気づかれずにその後ろに写し取ることができ、あとでその箇所を取り外すことができます。

　しかし、情報収集の方法そのものは簡単ですが、どのように観客に接し、情報を得るのか、その過程にこそ気を付けるべきです。

　もし、複数の観客から多くの情報を得たいなら、複数のメモ帳（または他の、情報の道具）をそれぞれの観客に渡して、書いてもらえば良いでしょう。状況に適した道具を使い、適切な説明を行えば、十分な情報を得ることができます。観客も、その裏で行われていることにまでは考えが及びません。アシスタントに、観客の間を回って、質問事項に回答してもらうよう促してもらいます。そうやってショーの間に情報を集めることもできます。

　最後に、サイコメトリーを演じる場合について説明しておきます。私は、ショーの前に特定の観客に対して予め準備が必要となるような演技を1つか2つ演目に組み込むことにしています。ここに、そういった準備の1例を示しておきます。

　後ほどショーの中で、例えば"絵の複製"などを演じるために、事前に、1人でいる観客を人目を避けられる場所に誘導し、本番のショーでテストを行うときに手伝ってくれないかと頼みます。そして、テストで圧力がかかることは絶対無いとも約束します。もし、彼女が参加に同意してくれたなら、白紙を留めてあるクリップ・ボードを手渡し、「あとで他の観客にも見えるように、大きく絵を描いてください。システィーナ大聖堂や、モナリザを描く必要はありませんが、ニコニコマークのような絵よりは、もう少し複雑な絵をお願いします。そして、私は一旦ここから離れますから、私が見えなくなってから絵を描いてください。私も含めた、あなた以外の誰も絵を見えないように隠してください。もし誰かに見せてほしいと言われても、秘密だといって隠し通してください」そして、彼女に封筒も渡し、「絵を描き終えたら、その頁を切り取って折り曲げ、封筒に入れてください」と頼んで、演者は一旦その場所を離れます。彼女には絵を描き終え、封筒に紙を入れたあとに、彼女の方から演者のところまで来てもらいます。演者は封筒に触らずに、しかしペンとクリップ・ボードを返してほしいと伝えます。これで準備は終わりました。

他の観客の、好奇の視線を避け、その観客には、テストの意味を論理的に理解してもらいました。そして、何より大切なことは、絵が書かれている間、演者は彼女の周りには居なかったということです。

　今まで説明した方法は、もちろん他の手順にも応用できます。

時間の問題

現象：これは不可思議なタイム・トラベルの実験です。体はその場にあり、心だけが時間を越える旅をするのです。現代の科学では説明できない領域に挑戦しますが、そのためには想像力と精神力が必要になります。

　実験の半分は、昨日か数時間前にすでに終わっていることを演者は説明します。そのとき演者は家に居て、テーブルの前でカードをシャッフルしていました。そして同時に多くの刺激に晒されてもいました。例えば、窓の外の町の明かりや、騒音などです。それらを感じつつ、私はカードを机の上に配り、ここで止めるべきと強く感じたところで、その手にあったカードを封筒に入れました。

　さて、現在に戻って話を進めましょう。観客の1人に、実験のもう半分を手伝ってもらうように頼み、彼に演者が封筒にカードが入れたそのときまで、時間を遡ってもらいましょう。と言って、演者は複数の封筒を取り出します。その表にはそれぞれ時間が書いてあります。まず、その時間を、観客に選んでもらうために観客に目を閉じてもらい、演者は当時の外の風景や聞こえる音を説明します。そして観客にもそれをイメージしてから時間を言ってもらいます。

　次に演者はデックを取りだし、観客には目を開けてもらいます。そして実際に演者がテーブルに1枚ずつカードを配っているのを見て、観客には、演者が昨日カードを1枚ずつ配ったときを想像してもらいます。そして、観客に、ここで止めるべきだと強く感じたところで「ストップ」と言ってもらい、そのカードを脇に置きます。

　ここで、観客に"現代に戻って来てもらいます"演者は、今まで何が行われたかを改めて説明してから、まず、観客が言った時間が書かれている封筒を横におき、それ以外の封筒を開けて、中のカードを取り出して見せる。次に、観

客がストップと言って選んだカードを、観客全員に見せます。最後に、選ばれた時間の書かれた封筒の中から、カードを取り出すと、観客が選んだカードと一致しています。

概要： これから説明する内容は、以上の現象を行うための複数の異なるバリエーションです。異なる方法で、精神のタイム・トラベル現象を作り上げるのです。

　カードは必ずしも必要ではありません。カードの代わりに、例えば本を使って、どの本を読んでいたか、そして読んでいた頁の最初の言葉を当てる演技にすればいいのです。また、ESPカードや、サイコロなど、演技に合う道具なら何でも使ってください。

　別の例も説明しよう。演者は異なる観客の名前が書かれた数枚の封筒を取りだします。そしてその中から１人の名前を自由に選んでもらってから（フォースはしません）、その人にデックを渡し、カードを１枚ずつ配って、好きなところで止めてもらいます。ここで、他の名前が書かれた封筒を開けて中にあるカードを見せますが、全て選ばれたカードとは異なるカードです。最後に、選ばれた封筒を開けると、ストップといわれた位置のカードと一致しています。同じ方法を使って、異なる演出をしています。

　さらに別の演技の例も説明しよう。演者は表にESPマークの描かれた５枚の封筒を取りだします。１人の観客を選び、その人にESPマークを１つ選んでもらいます。その封筒だけ脇に置いておき、観客にカードを選んでもらいます（あるいは本を開いてもらう）。そして、他の封筒を開けて、選択の結果とは関係ないカードが入っていることを示したあと、先ほど、脇に置いた選ばれた封筒の中身だけが、選ばれたカード（あるいは、本の頁の最初の言葉）と一致していることを示します。

　このように、この手順は、幅広く応用できる可能性を秘めています。そして、必ずしも、真剣にタイム・トラベルの演技を行う必要はありません。

● バリエーション１
　観客にステージまで来てもらい、前述の通りのプレゼンを行います。そして数枚の封筒を取りだして、横に置いておきます。次にデックを取りだし、表向

きに広げて表を示したあとに、揃えて裏向きにして観客の前に置きます。ここで観客に、今から過去にタイム・トラベルをしてもらうと頼みます（封筒の数は、どのような演出にするかによって変わってきます）。

　観客に、特定の時間を選んでもらったあとに、演者はゆっくりとカードを1枚ずつ配っていきます。そして観客に、好きなところでストップと言ってもらって1枚のカードを選び、そのカードを脇に置きます。そのあとで、先ほど選ばれた、時間の書かれた封筒を観客に手渡します。

　それ以外の封筒を開けて、中のカードを取りだし、すべて異なったカードであることを示します。次に選ばれたカードを見せてから、選ばれた時間の封筒を開けて中のカードを取り出して、2枚のカードは一致していることを示します。

方法：この手順は、実用的な方法と、複数の技法を組み合わせて、知識のあるマジシャンを不思議がらせるように構成してあります。

　5枚のカードの並びが最初から最後まで連続しているデック、つまりコーラン・デックと呼ばれている"ファイブ・ウェイ・フォーシング・デック"を使います。どの場所からカードが選ばれても、その5枚のうちの1枚が選ばれる訳です。

　そして5枚の封筒も必要です。それぞれの封筒には、コーラン・デックの5枚のカードに対応するカードを1枚ずつ入れます。それぞれの封筒には、どのカードが入っているか演者にわかるように秘密の印しを付けて起きます。それ以外の様々なカードを入れた封筒を何枚か準備しておきます。
　そして、スワミ・ギミック（ネイル・ライター）も準備します。

セットアップ：コーラン・デック以外のカードが入っているそれぞれの封筒に、違う時間を書いておきます。しかし選ばれるべき5枚のカードの入った封筒には何も書きません。後ほど時間を言われたら、その時間を、何も書いていない封筒に書き込むことになります。

　すべての封筒を集めて揃えます。何も書いていない封筒は、その束の下に置いておきます。

演技：デックを表にして広げます。コーラン・デックの並びであれば、軽い感じでさらっと全体を広げることで、観客に普通のデックとして示します。デックを揃え、裏向きにしてから、これから1枚ずつカードを配っていくので、ストップと言ってほしいと頼みます。

　次に、観客に、好きな時間を言ってもらってから、演者はゆっくりとカードを1枚ずつ配っていき、ストップと言ってもらいます。このとき、カードはすべて5枚のフォース・カードなので、最初であろうが、最後の1枚でストップと言われようが関係ありません（心の中で枚数を数えていくか、カードの裏にマークしておくかで、どのカードでストップと言われたか分かります）。ストップが掛かったそのカードを脇に置きます。もし、どのカードが選ばれたのかわからなくなった場合は、選ばれたカードを観客全員に見せる過程で演者も見てしまえばいいのです。

　封筒の束を取り上げ、選ばれたカードの入った封筒にスワミ・ギミックで、先ほど選ばれた時間を書き込んでから、その封筒を観客に持っていてもらいます。演者は他の封筒を開けて、中のカードを見せ、選ばれたカードとは異なることを見せます。そして、観客には、手に持っている封筒の封を破り、中のカードを取り出してもらいます。それはテーブル上にある、選ばれたカードと一致しています。

●バリエーション2
　最もシンプルな手順をまず説明しましたが、このバリエーション2では、カードが選ばれたあとで時間を書いた封筒をポケットから取り出す演出で行います。カードが選ばれたあとに、演者はポケットから封筒を取り出します。そしてそれを観客に渡して開けてもらい、選ばれた時間以外の封筒の中にあるカードはどれも、選ばれたカードとは一致せず、選ばれた時間の封筒の中にあるカードだけが、選ばれたカードと一致しています。

必要な物：前述のコーラン・デックを使います。そして、コーラン・デックを構成する5枚のカードが入った封筒を5セット準備します。それぞれの封筒には、5つの時間を書きますが、セットごとに書く時間の組み合わせは同ですが、中に入れるカードの順序を変えて入れます。それら5組の封筒のセットを異なるポケットに入れておきます。演技が始まったら、まず時間を言ってもらい、そ

のあとでカードが選んでもらうことで、どのセットがその時間とカードの組み合わせとなるかが分かります。

演技：最初に何が起こるかを説明したあとに、観客に、５つの時間から１つを選んでもらいます。次に、バリエーション１と同様にカードを１枚ずつゆっくり配っていって、ストップで選ばれたカードと時間に対応するセットをポケットから取り出します。演者は、この封筒は前日に封をしたものだと説明してから観客に渡します。そして、選ばれなかった時間の封筒を開けて、中のカードを取り出してもらい、全て選ばれたカードとは合っていないことを確認してもらいます。次に、選ばれた時間の封筒を開け中のカードが選ばれたカードと一致していることを示します。

● バリエーション３
　これは、バリエーション１をシンプルに構成し直した手順ですが、封筒を見せるタイミングを変更しています。

必要な物：ワンウェイ・フォーシング・デック（または、あなたのお気に入りの方法を使っても良い）と、５枚の封筒を使います。そのうちの１枚には、フォースするカードと同じカードを入れて、その表には何も書かずにおきます。他の４枚には、それと異なるカードを入れて異なる時間を書いておきます。そしてスワミ・ギミックも用意します。

演技：演技の概要を説明したあと、封筒の束を取り出し、観客に、時間を言ってもらいます。彼が時間を選んだあとで、スワミ・ギミック（ネイル・ライター）で、その時間をフォースするカードが入った封筒の表に書き、その封筒の束は横に置いておきます。

　秘密の仕事が終わったあとで、観客にカードをフォースします。そして、フォース・カードと関係ないカードの入った封筒を先に開け、選ばれたカードと異なっていることを示します。

　ところで、４枚の封筒には既に時間が書かれているため、観客が言った時間が、封筒に既に書いてある時間と一致する場合があります。もしそうなった場合、選ばれたカードが入っていない封筒を観客に渡して開けてもらうときに、

封筒に書いてある時間を見られないようにします。そして、この封筒については、書いてある時間とは異なる時間をミス・コールします。

　最初から封筒に書かれた時間とは重ならない時間が言われた場合には、安心してそれらを観客に渡して開けてもらい、その間にネイル・ライターで、フォース・カードの入った封筒に選ばれた時間を書きます。

　この方法の演出は、Basil Horowitz Bank Niteを参考にしています。

● バリエーション４
　この方法は極めて実践的で、かつどのような状況でも演じられるものです。

必要な物： ４枚の封筒を準備します。それぞれの表に、それぞれ異なる時間を書いて、中には異なるカードを入れておきます。どの封筒にどのカードが入っているかを覚えておくか、それが分かるように、印しを付けておきます。そして２種類のフォーシング・デックを次のようにして作ります。１つ目のデックは、２枚の封筒に入っているカードのうちの２種類のカードで、もう１つのデックは、別の２枚の封筒に入っている２種類のカードでそれぞれ構成されています。それぞれのカードはデックの中で１枚ずつ交互に並べておきます。

　カードの裏には、どのカードかわかるようマークをしておきます。

セットアップ： ２つのデックは、異なるポケットに入れておき、どちらにどのデックがあるかを記憶しておきます。例えば、１つ目のデックは右ポケット、２つ目のデックは左ポケットといった具合です。

演技： 何が起こるかを説明したあと、演者は４枚の封筒を取り出し、そこに書いてある時間のうち１つを観客に選んでもらいます。そして、この実験ではカードも使うと言って、選ばれた封筒の中のカードに対応するデックを取り出します。そのデックを裏向きで観客に渡し、１枚ずつ配ってもらい、好きなところで止めてもらいます。フォース・カードは１枚ずつ交互に並んでいるので、今、配られたカードか、観客の手にあるカードのどちらか、封筒の中のカードと一致する方を選ばれたカードとします。あとはバリエーション１と同様に封筒を開け、奇跡を起こします。

●バリエーション5
　これは最もシンプルな方法ですが、あらためを行えない箇所がありますが、その分、セットアップが簡単になっています。

必要な物：フォーシング・デックと、5枚×5セットの封筒を準備します。各セットのうちの1枚には、フォーシング・デックと同じカードを入れ、残り4枚には関係の無いカードを入れます。そして封筒の表には選んでもらうための5つの時間を書きます。封筒に書いた時間と、中に入っているカードとの組み合わせは、それぞれのセットごとに変えておきます。

セットアップ：それぞれの封筒のセットを異なる位置に入れて、どこにどの組み合わせが入っているかを覚えておきます。

演技：フォーシング・デックを観客の前に置き、演者が提示する時間の中から、1つの時間を観客に選んでもらいます。それを聞いたあと、その時間が書いてある封筒にフォースするカードが入っている封筒のセットを取りだし、観客に渡します。そして、カードを1枚選んでもらってから、まず該当しない時間の封筒を先に開けて、関係の無いカードが入っていることを見せます。それから選ばれた時間の封筒を開けて、選ばれたカードと同じカードが入っていることを示します。

●バリエーション6
　個人的にはこの方法が気に入っています。私はこれを1986年にシカゴで開催されたインボケーショナル・コンベンションで演じました。

　今まで説明した方法とは大きく異なっているので、まず、演技全体を先に説明します。

　タイム・トラベルの概念を説明したあとで、観客にステージに出てきてもらいます。演者は異なる時間が書いてある8枚の封筒を取り出して、それぞれに異なった時間が書いてあることを示します（その場で、マーカーペンで時間を書いても良い）。そして、そのうちの1つの時間を観客に自由に選んでもらって、その封筒を脇に置きます。次に、演技の最初からず〜っとテーブル上に置かれていたデックを取り上げ、普通のデックであることを観客に見せてから、そ

のデックを観客に手渡します。観客はカードを1枚ずつ配っていき、好きなところで止めて、そのカードを脇に置きます。

　選ばれなかった封筒を開けて、中に入っているカードを見てもらいます（カードの表裏を見たり、封筒も存分に調べたりするように言います）。

　それから、演者は選ばれた封筒を開けて中のカードを観客に見せてから、手伝ってもらっている観客に、選んだカードを皆に見せてもらいます。2枚のカードは一致しています。

　この手順を達成するためにはどのような方法があるか、一度考えてみてほしい。様々な方法が思い浮かぶでしょうが、私の方法は極めてシンプルなものです。また、ちょっとした注意で、リスクを最小限に抑えています。

必要な物：ここでは私は、26枚の同じカードと、もう26枚は異なるカードで構成されたフォーシング・デックを使っています。まず、表向きで上から5枚に異なるカードを置き、その下に26枚の同じカード、そしてその下に異なるカードの残りを置きます。

　観客にデックを見せるときには、デックの下半分の方を広げて、異なるカードだけを見せて、デックを閉じていきますが、観客に話しかけながら、半分ほど閉じたあたりでカードを手前に倒すようにして、カードの表を長く曝さないようにしています。軽い感じで行うことで疑念を抱かせないようにします。

　以上の他に、8枚のフォース・カードと同じ表のカード、もう8枚の異なるカード、そして表に8つの異なる時間が書かれた封筒、そして固めのマジシャンズ・ワックスを準備します（このマジックがはじめて発表された頃から比べると、マジシャンズ・ワックスの種類もずいぶん増えましたが、あなたが自分で使いやすいと思う粘着力のワックスを選んでください）。

セットアップ：少量のマジシャンズ・ワックスを、8枚のフォース・カードの両端のインデックスのところに付けてから、8枚の異なるカードの裏にそれぞれ貼り付けて、ダブル・カードを8枚作ります。

演技に入る前に、ダブル・カードの貼り付き具合も試しておきます。普通に扱う分には簡単には外れないが、もしカードのうち1枚を親指で引き、反対側のカードを残りの指で押したときに、簡単に外れるぐらいの接着力が良いので、ワックスの量を調整して、ちょうど良い具合を見つけてください（このダブル・カードの使い方については、他に、"怠け者の予言（178頁）"の手順が参考になるでしょう）。一度ワックスの量を決めておけば、あとは簡単です。ダブル・カードをそれぞれの封筒に入れて、セット完了です。

演技：デックの表を見せてから、観客の前に裏向きで置きます。次に封筒を取り出し、どれかの時間を選んでもらい、選ばれた封筒を観客の前に置きます。他の封筒は横に置いておきます。次に、デックを示し、観客にカードを配っていってもらうように頼みますが、その前に、演者は説明のために最初の5枚を裏向きで1枚ずつ配って見せます。それらのカードはデックのボトムに戻しますが、そのとき、カードの表がちらっと見えるように扱って、それとなく普通のデックであると思わせるようにします。

　観客に、先ほど選んだ時間を再確認したあとに、カードを裏向きで1枚ずつ配ってもらいます。そして、強くなにかを感じたところで配るのを止めてもらい、選ばれたカードを横に置いてもらいます。

　演者は選ばれなかった残りの封筒を取り上げ、1枚ずつ書いてある時間を見せたあとに、中にあるダブル・カードを取り出し、裏を軽く示しながら表を見せます。

　次に演者は、選ばれた封筒を取り上げて封を破ります。そして、今まで起こったことを改めて説明します。その説明をミスディレクションに使って、封筒の中に親指と人差指を入れてカードの上端を挟み、親指を下に押し、人差指を引き上げるようにして、ワックスで貼り付いたダブル・カードをずらして2枚に分けてしまいます。こうして、異なるカードを封筒の下に落とし、フォース・カードを取り出し、表向きにして観客が選んだカードと一致していることを示します。封筒は丸めて片付けておきます。

　もし、ワックスの量に自信がない場合は、少な目にする方が良いと思います。もし何らかの理由で、選ばれなかった封筒の中でダブル・カードが分かれてし

まっていた場合は、フォース・カードを封筒の中に残し、封筒は観客に渡さずに、異なるカードだけを取りだして見せているだけにします。

● バリエーション7
　この手順はバリエーション6に似ていますが、そこまで強力ではありません。しかし、その分、セットアップが簡単になっています。

　今までの手順と同様に観客にデックを見せてから、午前か午後を選んでもらいます。その答えを聞いたあと、演者は数枚の時間が書いてある封筒を取り出します。もし午後と言われていたのなら午前の時間帯の封筒は取り除きます。次に、観客に、早めの時間か遅めの時間かを尋ね、封筒を取り除いて、他の封筒と一緒に置きます。これを続けていって、最終的に1枚の封筒を残します。この封筒の時間が、観客がタイム・トラベルする目的の時間になります。

　今までのバリエーションと同様にカードを選んでもらったあとで、選ばれなかった封筒を観客に渡して、それぞれ破って中のカードを取り出してもらい、それらのカードは選ばれたカードとは異なるカードであることを示します。それから、観客が選んだカードを見せてもらい、そのカードと、選ばれた封筒の中にあるカードが一致していることを示します。

必要な物：カードの一面がすべてフォース・カードと同じで、もう一面はすべて異なるカードになっているダブル・フェイス・カード（2枚のカードの裏面同士を貼り合わせて作ったダブル・フェイスでも使えます。カードの厚みに気づかれることはまずありません）。この他に、使用するダブル・フェイス・カードの2倍の枚数の封筒と、ダブル・フェイスの一面（フォース・カードと異なる）と同じ表の普通のカードが必要です。

セットアップ：封筒は2セット分作っておき、どちらのセットも半分の封筒には午前中の時間、もう半分には午後の時間を書いておきます（午前、午後は重要ではないのですが、構成上、観客の選択で封筒を半分に分けることが必要なため、このようにしています。あなたの演技に合わせて変更しても可）。

　セットの一方には、ダブル・フェイスを午前の時間の書かれた封筒に入れ、他の普通のカードを午後の封筒に入れておきます。もう一方のセットでの方

は、に午後の封筒にダブル・フェイスを入れ、午前の封筒に普通のカードを入れておきます。2つのセットは異なるポケットに入れて、どちらにどのセットが入っているかを覚えておきます。

演技：観客に時間を選んでもらうとき、午前か午後のどちらの時間に戻るかを訊ね、その答えを聞きながら、演者は手をポケットに入れ、その時間帯の封筒にダブル・フェイスが入っている方のセットを取り出します（もし演者がジャケットを着ているなら、内ポケットにセットを入れておきます）。

　封筒についての説明を行い、選ばれなかった時間帯（午前か午後）の封筒を観客の近くに置き、残った時間帯の封筒の中から最後の1枚の封筒が選ばれます。選ばれなかった封筒は演者の近くに置きます。

　カードを選んでもらい、そのカードは横に置いておきます。それから観客の近くにある、選ばれなかった時間帯の封筒の1枚を開けて中を見せてもらう。その間に演者は、自分の近くに置いてあるダブル・フェイスの入った封筒を開けて、中のカードの選ばれなかったカードの面を見せます（これが、ダブル・フェイスの入ったカードを演者の近くにおいた理由です。この操作を、選ばれなかった封筒の中身をすべて見せるまで続けます）。

　最後に、観客に選んだカードを表にしてもらい、演者は封筒の中のダブル・フェイスを、選ばれたカードの面を表にして取り出して示します。

●バリエーション8

　この方法は最も直接的かもしれません。古典的な方法だが、実用的です。そして、ほぼ即席で演じることができます。

　演者はデックと封筒を観客に見せ、どの時間に戻りたいかを訊ねます。観客には自由に時間を選んでもらい、選ばれた時間以外の封筒は横に置きます。

　次に、カードを1枚ずつ配っていって、1枚のカードを選びます。そして、選ばれなかった封筒の中に入っているカードを取り出して見せます。次に選ばれたカードを見せ、最後に選ばれた封筒の中に入っているカードを取り出して、カードとカードが一致していることを示します。

必要な物：封筒、フォーシング・デック、そしてマジシャンズ・ワックス。

セットアップ：フォース・カードと同じ表のカード1枚にマジシャンズ・ワックスを付け、封筒の裏側に貼り付けておきます。

演技：デックを見せ、次に封筒を見せます。そのとき、ワックスのついている方は観客には見せません。封筒に書いてある時間を選んでもらうとき、封筒をファン状に広げ、その下でワックスで付けてあるカードを外し、時間が選ばれたところで、その封筒の下にカードを付着させてその封筒を取り出して、テーブルに置きます。封筒にカードがうまく貼り付かないことがあるので気を付けましょう。

　他の封筒を別の位置に置いておきます。観客が選んだカードを見せたあとに、演者は選ばれた封筒を下のカードごと取り上げ、封を切って、指を封筒の中に入れるふりをして、実際は親指を封筒の外に出してフォース・カードに当てます。そして、封筒の中からカードを取り出したように見せて観客に示します。

●バリエーション9

　このバリエーションでは、観客に自由に時間を思ってもらうのではなく、腕時計を使用して時間を選びます。デックを観客の前に置き、数枚の封筒を観客に手渡します。演者は観客に、手で持ち運べるタイム・マシーンの話しをしてから、自分の腕時計を取り外します。この時計の持ち主は、体はそのままで、心だけがタイム・トラベルする話しをしてから、観客に、腕時計を裏向きにして竜頭を引き出し、時間が見えない状態で好きなだけ竜頭を回してもらい、腕時計を裏向きのままテーブルに置いてもらいます。

　次にカードを配って1枚を選んでもらいます。そしてテーブル上の時計を表に向け、時間確認します。先ほど観客に手渡した封筒のうち、時計の表示と異なる時間の封筒を開けて、中のカードを取り出し、それぞれのカードが異なっていることを示します。次に、選ばれたカードを確認し、最後に時計の表示と同じ時間の封筒を開けて、中のカードが選ばれたカードと一致していることを示します。

必要な物：フォーシング・デック、1から12までの時間を書いた封筒。観客に

フォースしたい時間を書いた封筒にフォースするカードと同じものを入れて、他の封筒にはそれぞれ異なるカードを入れておきます。

そして、アナログ式の腕時計で、日付と時間の表示があって、それぞれの表示を竜頭の異なる高さで設定する構造のものが必要です。竜頭の１つ目の位置で日付、２つ目の位置で時間を設定といった具合です。この竜頭の構造を利用した時間のフォースは古くから知られています。

演技：デックと封筒を取り出したあと、タイム・マシーンに関しての説明をします。そして演者は自分の時計を外して見せて、今から観客が行うことを実演しながら説明します。そのとき、竜頭は完全に引き出して回転させ、針が回転していることを見せてから竜頭を完全に押し込みます（観客は、竜頭を引き出した状態で回すと針が回転するのを何気なく見せるわけだが、それをわざわざ説明すると却って怪しまれるので注意すること）。

演者が実演をしているときに、フォースする時間の近くまで時計の針を合わせておき、ゆっくり裏返しながら針を正しい位置に調整して竜頭を押し込みます。そして、説明のあとで竜頭を半分まで引き出して観客に時計を渡します。これで必要な時間をフォースする準備完了です。観客に、演者が説明したように、竜頭を回転させてもらいます。しかし、竜頭を半分だけ引き出した状態だと時間の針が動くことはありません。

あとはプレゼンテーションの問題だけです。カードが選ばれたあとで観客に時計の時間を見せて、異なっている時間の方の封筒を破って、その中のカードを先に見せます。その次に選ばれたカードを見せてから、選ばれた同じ時間の封筒の中のカードを見せて、演技を終わります。

●バリエーション１０

この方法はバリエーション９と良く似ていますが、カードのフォースが、より自由に見え、封筒に触れる回数も少なくなっています。

カードを配っていって観客がストップと言ったあと、ストップの掛かったカードの前後のカードも見せることができます。ストップと言ってもらうタイミングが、早いか遅いかで、他のカードになっていたという演出で、前後の

カードを見せられるところが良い点です。一方で、封筒は演者自身が開けなくてはならないという欠点もあります。

必要な物：3種類のカードが同じ並びで繰り返す形でデック全体を構成したフォーシング・デックを使います。そして、カードを横にしても入る幅を持った、やや大きめの12枚の封筒を準備します。そのうちの1枚に、フォーシング・デックを構成している3枚のカードを入れておきます。3枚のうち、真ん中のカードだけ縦にして入れ、その両側のカードは横にして入れておきます（図1）。そして、どのカードがどれか、位置を覚えておきます。他の封筒にはそれと異なるカードをそれぞれ1枚ずつ入れておきます。そして、バリエーション9で使用したものと同じタイプの腕時計が必要です。

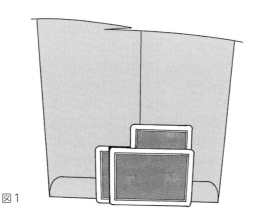
図1

演技：バリエーション9と同様に、腕時計を使って時間を決定します。観客自身にデックからカードを配ってもらい、好きなところで止めてもらい、そのカードを裏向きのまま横に置きます。演者は、止めてもらったカードの1枚前と、1枚あとのカードも観客に見せ（異なっていることを示す）てから、封筒を開けて中のカードを見せます。次に、選ばれたカードを観客に表にしてもらい、それと同時に、演者は選ばれた時間の封筒を開けて、封筒の中の3枚から、選ばれたカードと同じカードを取り出します。他の2枚は封筒に残したままにします。封筒のなかで、カードをスムーズに取り出せるように置いておくことが重要です。

● **バリエーション11**
　この方法に続く2つのバリエーションは、他のものとは大きく異なり、私の

好みでもあります。

　演者はデックと大きな封筒を取り出します。それから観客に目を閉じてもらい、前日の戻りたい時間を思い浮かべてもらいます。次に観客に、カードを配ってもらい、好きなところで止めてもらって１枚のカードを選んで横に置きます。そして、先ほど選んだ時間が明るい時間帯か、暗い時間帯かを訊ねます。

　その答えを、演者は大きな封筒に書き留めてから、さらに質問を続け、観客が心に思った時間を推測して、封筒に書き込みます。それを、最終的にその時間がわかるまで行います。

　そして演者は今まで持っていた封筒を開けて、中に入っているものを取り出します。その中には、異なる時間が書かれた小さな封筒が何枚も入っています。選ばれた時間の封筒を横に置き、残された封筒の中にカードが入っていることを見せます。

　次に選ばれたカードを見せてから、最後に、選ばれた時間の封筒を開けます。その中に入っているカードが、選ばれたカードと一致しています。

必要な物：フォーシング・デック、小さな封筒を数枚。その内の１枚の中にフォース・カードと同じカードを入れ、残りの封筒に異なるカードを入れておきます。そしてカーボン紙を入れた大きな封筒を準備します。

セットアップ：小さな封筒それぞれに、同じカーボン紙と、あとで演技に使う筆記用具を使って時間を書いておきます。これは、あとでカーボン紙を使って時間を書き込んだときに違いを出さないためです（フォース・カードの入った封筒には何も書きません）。

　小さな封筒を大きな封筒に入れ、一番手前にフォース・カードの入った封筒をセットします。その手前にカーボン紙を入れておきます。

演技：デックを取り出し、観客に、戻りたい時間を思ってもらいます。そしてカードを選んでもらいます。演者は大きい封筒をカーボン紙のある側を自分の方に向けて持ち、観客に選んだ時間を訊ねます。その時間だけを中の封筒

（フォース・カードが入っている）に書き込むことになりますが、他の質問の答えはどこにも移らないようにカーボン紙に触れないところに書きます。質問の最後に選んだ時間を言ってもらい、それをフォース・カードの入った封筒にカーボン紙を通して書きます（場合によっては、封筒を下敷き代わりに使って質問の答えを紙に書いても良い）。

　大きな封筒を開けて、小さな封筒を取り出します。今しがたカーボン紙を通して時間を書いたフォース・カードの入った封筒以外の封筒を観客に渡します（他の封筒にも、すべての時間が書いてあるので、フォース・カードの入った封筒に書いた時間と同じ時間の封筒がもう１枚存在しています）。演者は、まずフォース・カードの封筒と同じ時間の封筒を取り上げ、異なる時間をミス・コールしながら、観客にどのように行うのかを説明する意味で封筒を開け、中のカードを取り出します。そして、その他の、異なるカードが入った封筒も観客たちに開けてもらい、中のカードを取り出します。それから選ばれたカードを表にして見せてから、最後に選ばれた時間の封筒を開け、中のカードを見せて、心のタイム・トラベルが成功したことを示して終わります。

●バリエーション１２
　これはカードを使うのが嫌だという人のための方法です。

　観客に５つ時間を提示して、その内の１つの時間を選んでもらいます。そのあとで、演者は封筒をポケットから取り出し、この中には、観客の言うであろう結果を前日に準備しておいたものが入っていることを説明します。

　他のバリエーションと異なり、観客には、選んだ時間に何をしていたか思い出してもらいます。

　演者はさらに、そのとき行っていたことを異なる角度から質問します。そしてそれを、手に持っている封筒に書き込みます。最終的に、観客に、何を行っていたか言ってもらいます。

　そして封筒を開けて中身を取り出すと、そこには、複数の折り曲げてある紙片（もしくは名刺）が入っています。それぞれ、表に異なる時間が書いてあり、内側には行動が書いてあると演者は説明します。そして、指定してもらった時

間の紙片を横に除け、まずその他の紙片を開いてもらって、そこに書いてある行動と時間は、観客の言ったものとは異なっていることが分かります。このとき、演者は紙片には触りません。

最後に、選ばれた時間の紙片を開いて、観客に読んでもらうと、そこには、そのとき観客が行っていた行動が確かに書いてあります。

必要な物：25枚の紙片と、5枚の封筒、そして5枚のカーボン紙を使います。

セットアップ：自分なりのボディー・インデックス（どの封筒がどのポケットに入っているか、わかるようにする）を考え出す必要があります。それぞれの封筒の中に5枚の紙片を入れます（1枚は白紙で、他の4枚は何かの行動が書いてあります）。

最初のセットについて、5枚の紙片の1面にそれぞれ5つの時間を書き、そのうち4枚のもう1面（折り曲げたときの内側の面）に何かしらの行動を書きます。残りの1枚はその面を空白にしておきます。2つ目のセットは、最初のセットと同様に5枚の紙片の面に、先ほどと同じ5つの時間を書きますが、空白にしておく紙片の時間の組み合わせを変えておきます。他の4枚には行動を書きます。以上のように、5つのグループを作ります。それぞれのセットには5枚の紙片があり、そこに書かれている時間も、それぞれのセットで同じ組み合わせにますが、空白になっている紙片に書いてある時間だけが異なっている状態にします。

また、カーボン紙の小片を用意して、それぞれ、紙片の空白の面に挟んでおきます。この5セットの封筒を異なるポケットに入れれば、準備完了です。

演技：観客に、時間を選んでもらいます。そして、演者は、その選んだ時間が書いてあり、内側が空白になっている紙片の入った封筒を取り出します。そのとき、カーボン紙を挟んだ紙片が一番手前に来るように持ちます。観客が言った行動を封筒に記録するなかで、カーボン紙を通して封筒の中の紙片に、観客の行動を写してしまいます。封筒から紙片を取り出し、今まで行ったことがいかに不可能なことかを改めて説明してから、選ばれた時間の紙を取り上げ、中に書いてある内容を読み上げて拍手をもらいます。

コメント：ここで使われる技術は、他の方法でも置き換えることができます。テーブルに封筒を置いて、メモパッドにメモを取ります。そして封筒を手にした時に、それを密かに封筒の後ろに持ち、他の紙片が封筒から滑り出るときに、その紙片も加えてしまいます。あるいは、カーボン紙を使う代わりに、穴を開けた封筒を使い、そこから書き込む手も使えます（これは前のバージョンでも同じです）。

ギミックのある財布を使っても良いだろうし、この他にも様々な方法があると思うので、あなたが最も使いやすい技術を使ってください。例えば、穴の空いた封筒と、スワミ・ギミックの組み合わせなどもそのよい一例です。

●バリエーション13

現象は今までのバリエーションと同じです。演者はデックと、5枚の封筒を取り出し、今までのバリエーションと同じ話をします。そして観客に、戻りたい時間を選んでもらったあとに、カードを選んでもらいます。最後に、選ばれた時間の書かれた封筒の中のカードと選ばれたカードが一致します。

必要な物：デックの中の5枚のカードに秘密の印しを付けておきます。印しはシャッフルしたあとでも簡単に見付けられるタイプにしてください。これにはテッド・レズリーか、ボリス・ワイルドのマークド・カードが最適です。

セットアップ：印しをしたカードと同じカードを5枚の封筒の中にそれぞれ入れておきます。そして、封筒の表に異なる時間をそれぞれに書いておきます。このとき、どの時間の封筒にどのカードが入っているかを覚えておきます。

演技：観客にデックをシャッフルしてもらい、カードが良く混ざっていることを確認してもらってから、演者はデックをテーブル上でリボンスプレッドして、観客に、戻りたい時間を訊ねます。次に演者は、前日に封をしておいたという数枚の封筒を取り出します。ここで演者は言葉による誘導（マジシャンズ・チョイス）で、戻りたい時間の封筒の中に入っているカードと同じカードを観客に選ばせます。

リボンスプレッドしてあるカードの中で、裏に印しあるカードを選ばせるわけですが、慎重に言葉を選んで、カードをフォースします。例えば、広げたカー

ドの上で手を端から端まで動かしてゆき、観客にストップと言ってもらって、その場所のカードの下に人差指を置きます。そしてそこから右にあるカードを全てまとめて（フォース・カードの位置によって、左にあるカードをまとめます）全て取り除き、残ったカードをもう一度観客にシャッフルしてもらいます。そしてそれらのカードを再びスプレッドして、同じ操作で人差指をカードの上に降ろし、今度はそのカードから左にある（または右）カードを取り除きます。

　同じ操作を、カードが数枚残るまで続けてから、よく知られているマジシャンズ・チョイスを使って、観客が選んだ封筒に入っているカードと同じカードが最後の１枚として残るように操作します。そして、封筒のカードと選ばれたカードが一致し、タイム・トラベルがうまく行ったことを見せます。

　この演技で大切なことは、前日に演者が選んだカードが、選ばれたカードと一致することが自然に演技の中で組み立てられることです。

コメント：この、タイム・トラベルの現象のコンセプトは、最初（演者の好きな時間をセットできる）、ギミックのある腕時計を使った手順として考え出したものです。

　基本の流れを作ったあとで、ギミック腕時計は必要ないことに気付きました。また、バッテリーを使用する時計は実用的ではなかったし、私自身、ギミックの使用を極力避けています。ギミックは、大抵、最も壊れてほしくないときに壊れることが多いからです。

　そのあと、ここで書いてきたように、様々なバリエーションを作り出しましたが、それでも難しい点が残りましたが、バリエーションを作り出していくと、より簡潔な手順ができ上がりました。結果的に、自分では再び演じることがない手順も残ったのですが、読者の役に立つ部分があると思うので、ここでいくつか、その点について説明しておきます。

　まず、観客が目的の時間を選ぶことに関して話しましょう。多くのバリエーションでは、その点はそれほど重要ではありません。ボディー・インデックスや、腕時計では、重要な役割を占めています。時間を選択する方法は、直接的で簡潔であるべきだが、演出面から考えると、いつでもそのようにできるとは

限らないのです。

　エンターテイメントの観点から考えると、道具（観客の腕時計）又は興味を引く流れ（あなたは朝型ですか、それとも夜型ですか？　と訊くなど）によって演技をより深めることができます。これはメンタリズムに限らず、演技をより面白くするためには、型に嵌まった演技の方法は使えないと言う意味にもなります。

　しかし、そのことであなたの演技の効果が薄れると言うことはありません。知的な観客に対して尊敬の念を持ち、あなたの演技が論理的で、演技の幅を持って、より面白い方向に状況をコントロールできれば、疑われやすい技術を使うときにもうまくカバーできるでしょう。

　逆に言えば、知性的な観客が、「なんで結果をあらかじめ言わずに奇妙な方法で封筒を選ぶ必要があるのか？」と考えることはあり得ることです。「あの人が超能力者なら、なぜ宝くじを買わないのか？」という疑念もあります。

　観客が演者の超能力テストをどのように考えるのかを考える必要があります。観客は「それじゃ、私が今何を考えているか当ててみてよ」というかもしれないし、演技の最中に突然、カードの束を掴んでこのカードが何か当てろと言ってくるかもしれません。それは単純にあなたに挑戦してきている、ということなのだろうか？　彼らの考えはむしろ、あなたの好む状況下ではなく、自分たちがコントロールする状況下で演じてほしいというものなのでしょう。

　もし、演者の演技の中に不自然な状況があっても、観客をそれ以上に楽しませることで、観客の無意識に生じる違和感を取り除くことができます。

　バリエーションのひとつとして説明した、腕時計を使った手順が、その良い例です。単に腕時計を取りだし、「心理的な影響を排除し」公正を期してランダムに時間を選んでもらうために、この時計を使います。と言ってもいいのかもしれないが、今まで説明したような問題を発生させるかもしれないので、「今までタイム・マシーンを見たことがありますか？」と言う件から始めて時計を取り出します。こうすることで、興味を引く道具を取りだし、面白い流れを作ることで、よりうまく、秘密を隠すことができます。これは、必ず私の演出で演じ

ることを勧めているわけではありませんが、私の演出を念頭に置いた上で、自分の方法を作り出してください。

　また、「あなたが選んだ時間のときに、私の回りにあったもの」の概要を、観客に説明することも意義があります。手伝ってもらう観客には、演者と協調してもらう必要があるので、もしも彼がそうしてくれない場合、あなたの試みは意味がなくなってしまうし、演技も全体として失敗する結果になります。つまりトリックが使われたという疑念を観客の頭に残してはいけないので、そのため、同調、協調してくれそうな観客を探すことに多目に時間を費やすべきです。実際、良い観客は、あなたの言葉に対して催眠にかかったように、あなたの表現する、選ばれた時間帯の現場の詳細、例えば臭いや音、何が見えるかを、実際のでき事のように感じることができます。さらに、ちょっとした工夫がさらに演技に深みを持たせます。例えば、コーヒーカップを手に持っていたとか、シャワーを浴びて髪が濡れていたと言う表現を組み込むのです。もしあなたが催眠の技術を知っているなら、観客の反応によって、同調しやすいかどうかを判別することが容易になると思います。

　この現象の概要がはじめて頭に浮かんだとき、こういった演出は前に見たことはなかったので、結構驚きました。もちろん、広く考えれば、他のメンタリズムやカード・マジックの「Do As I Do」の手順に似ている手順とも言えますが、そう言う意味では、演者の役割を観客が果たすマジックに、この演出は応用できると思います。

　コーラン・デックとインデックスを使うバリエーションを最初に考え出しました。私は、観客に封筒を開けてもらいたかったのですが、結果的に観客の仕事が多くなってしまったかもしれませんが、それでもバリエーション１は私のお気に入りの１つです。

　腕時計のバージョンは、最初に書いた通り、ギミックバージョンを最初に考え、そのあとに思い付いた手順です。

　その次に、ダブル・フェイス・カードを使う手順を考え出しました。観客に封筒を開けてもらう点を十分には解決してはいませんが、論理的な演出によって、それをカバーしています。

問題の対処方法を異なる観点から考えたのが、カーボン紙を使う方法です。いくつか方法がありますが、それぞれ満足したできになっている。完全に自由に選択できる部分が気に入っているのです。

　次にワックスを使う方法についてですが、これはタイム・トラベルのアイデアを考え付いた直後に思い付きました。マジシャンに見せても解決法がわからない方法になっただろうと思っています。

　最初、カードを貼り合わせたことが問題を起こすかと思いましたが、封筒をトスするることで一応解決しました。

　もう一方のワックスのバリエーションは、ほぼ即席でできる解決法として載せました。

　最後に、マークド・カードを使う方法は、他の方法に比べて、より強力で、準備にも時間がかからない利点があります。

　今まで見てきてわかる通り、このマジックの進化の過程を説明することが必ずしも必要とは思いません。そこから意味を見いだすか、興味を持ってもらえたら嬉しい限りです。また、実際に試してみてください。このマジックの観客は、演者の友人のメンタリストではなく（彼らにわからない方法もいくつかあるだろうが）、一般の観客に演じたときに、どれだけ彼らに強い衝撃を与えるかを味わってみてください。準備と練習は必要ですが、真剣に演技を行うことで、きっと楽しい良い思い出になる筈です。

役に立つ技術

　エッセイ"練習について（291頁）"でも書いていますが、私は、作曲家であり、メンタリズムのクリエイターでもあります（その他に、優れたブーメランを作ったこともありますが、これも別の話です）。

　何人かは気づくかもしれませんが、ジャズの世界では技術を高めていくと、演奏者はチョップを効かせて演奏するようになります。

　もし読者が優れた技術を持っているなら、"良いチョップ"について考えるときです。多くのアートにおいて、良いチョップを効かせることはある意味基本でもあります。もし貴方が最低限必要な技術を持っていないなら、それは基本を持っていないことになるので、もっと真面目に取り組むことです。あなたが自分の選んだ道で働きたいなら、地獄で生き延びるぐらいの気持ちが必要です。

　クラシックやジャズの奏者が一日にどれだけの時間を基本技術の練習に割り当てるのか、想像もできません。あなたはそういった、トップの人々のことを知っているでしょうか？　彼らに、どれだけ練習しているのか、そしてどれだけそれが楽しいかを聞いてみると良いでしょう。嫌な練習を、情熱でがんばることもあるでしょう。しかし、それが成功への道を開くのです。諦めずに継続して練習することが必要です。それは、メンタリズムを含む全てのアートに共通します。それでは、いったい何を勉強していけば良いのでしょうか？

　最初に、"ショー・ビジネス"に関しての技術を説明しましょう。

　まず、良いステージと言うものは演技をする相手の観客に合った見た目から始まります。Ross Johnsonはこう言っています。「ステージの全ては演者自身です。……もし演者が愚か者でなければ」

演者はステージ上で上手に話し、動いているでしょうか？ James Earl Jonesや、Fred Astaireのようになる必要はありませんが、台詞や動作につまずきの無いようにすべきです。

これらはこの本で説明すべき内容から外れていると思われるかもしれませんが、とても基本的かつ重要なことです。不思議のエンターテイメントにおいて、観客は不思議を見に来ているのだから、キャラクターを演じる必要はない、と信じている演者もいるようです。しかし、カジュアルな雰囲気の歌手やコメディアンにしても、そういったキャラクターを演じていると言うことを忘れてはいけません。

さて次により細部についての話をしましょう。不思議を演じるエンターテイナーはどういった"兵器"を準備しておくべきでしょうか。

１．情報を集めること
この分野において知っておくべきことを列記しましょう。

簡単にできるセンター・ティアをまず知っておくべきです。もちろん、自分の考案したものが一番良いと自分では思っていますが、アル・ベーカーのものでも、新しく考案されたものでも良いと思います。紙さえ借りられれば、どんな環境でも演じることができます。

ビレット・スイッチも知っておいて損はありません。いくつかのバージョンはこの本の中で説明しています。注意して欲しいのは、何度も練習して初めて実践で使えるということです。シャトルパスなどの方法にしても、考えないで体が動くようにしなくてはいけません。

良いピーク（盗み見）の技術も使い勝手が良いと思います。私は普段、センター・ティアで切った紙を開くためにこの技術を使っています。Milland LongmanのAcidusのバリエーション、または、Richard BuschのZen Billetは私のお気に入りです。

優れた道具と技術の知識は常に必須です。この本の中でもいくつか解説を行っていますが、他にも無数に技法は存在します。しかし、どんな技術を使っ

ても構わないですが、観客から見たときに違和感なく臨機応変に耐えられる必要があります。そして演者自身が違和感なく行う必要があります。そこまでできて初めて、完成したと言えます。

　情報の集め方は他にもあるでしょう。例えばシンプルな封筒のスイッチについても無数の扱い方があります。実際の演技で使うための調整は必要で、それは少し難しいと思いますが、必要な行程でもあります。

２．秘密の書き込み
　スワミ・ギミックの扱い方を学び、どのようにポケットの中で上手に扱うかを練習で身に付けておく必要があります。そうすれば、小さなマークを書く、２桁程度の数字を書くといった以上のことができることに気づくでしょう。毎日、何かを書くときに何回かギミックや技法を使って、読める文字や記号を書く練習をするのです。これらの方法は、メンタリストにとって非常に強力な道具となりえます。

３．人間の性質を理解する
　人が何を考え、物事をどのように知覚するのか、どう脳が働くのかを理解すべきです。これは、コールド・リーディングや心理を読む技術に属するものです。こういった分野は、あなたにとっても魅力があり、興味を持って学べる領域でしょう。最も大切な秘密は教えてもらえないものだ、などとよく言われますが、この項目こそ、そういった秘密の１つです。あなた自身の内面を見つめることで、あなたは全てを学ぶことができます。あなたはいったい誰で何を望み、そして何を恐れるのか？　もしあなたが自分に対して正直なら、あなたはあなた自身の最高の先生となりうるのです。それは簡単なことではありません。しかし、あなたが勤勉なら、これを学ぶことでマジックの質のみならず、人生の質を向上させることができるでしょう。

４．提案
　現代催眠術を理解し、提案の方法を利用できれば、あなたの観客を操作する技術は高まるでしょう。少なくとも、台詞のバリエーションを増やすことができます。もしこの分野を追求すれば、演技者に有用な様々なコンセプトを学べることに気づくでしょう。Ormond McGillの"Encyclopedia of Stage Hypnotism"は、１９４０年代に出版されましたが、その内容は今でも色褪せ

ていません。こういった本や、あるいは他の古典にざっと目を通すだけでも、そこからどれだけ多くのことが得られるか、驚くことになるでしょう。

5．ボディー・ランゲージ

　ボディー・ランゲージを読み取ることで、誰かの思考を読むこともできます。小さなことですが、真実です。また、ボディー・ランゲージを読むことで、あなたの演出に幅を持たせ、コールド・リーディングを強化することができます。

6．マインド・リーディング

　これは基本技術の枠を越えているかもしれませんが、学習リストに加えることをお勧めします。これらの技術は、本物のマインド・リーディングと言って差し支えないものでしょう。ましてや、即席で、何のギミックも必要ありません。学ばない理由があるでしょうか？

　さらに、この技術を"3.人間の性質を理解する""4.提案""5.ボディー・ランゲージの読み取り"と組み合わせれば、あなたの他人への需要性を高め、先入観からの選択より、直感を高めることになります。

　そして、何をしたとしても"マッスル・リーディング"と呼んではいけません。

7．筆跡鑑定、音声鑑定

　この項目も、基本に含めるべきではないかもしれません。しかし、いざというときのための保険として有効です。情報を集める以外にも、あなたの感覚をより鋭敏にして、先入観で誤った判断を下す可能性を減らします。また、誰かがあなたの演技を邪魔しようとした場合の保険にもなります。はっきりと答えがわからなくとも、彼らが何を従っているかわかるだけでも意味があります。

8．マジシャンズ・チョイス

　マジシャンやメンタリストでなくとも言葉による誘導が、強力な道具であることは理解できるでしょう。同時に、最も誤解され、悪用もされています。この技術は学んで損はありません。マックス・メイヴェンのDVD、Multiplicityには詳細に渡ってこの解説があります。使えば使うほど、より強力な道具となり得るでしょう。

練習について

― エッセイ ―

　非常に優れたマジシャンたちは、この章を読み飛ばしても構いません。しかし私の経験から言って、読者のほとんどは、この項を何度も読むべきでしょう。

　"練習"と"リハーサル"は、不思議の体現者の、蔭の仕事です。マジック用具の宣伝文句をざっとみても、10商品の内9個には、"簡単にできる"という言葉が踊っています。あるいは、あらゆるマジックディーラーが好む、"セルフ・ワーキング"という言葉然りです。

　そこから考えると、私たちが行っているような、カードの技法を学んで練習することや、1枚2枚のコインの扱いを練習することは、社会の大多数とは異なった振る舞いということになります。また、ディーラーの言葉が本当で、用具がうまく働くとしても、そういった用具は非常に高価です。

　古い諺に「追われていないのに、なぜ逃げるのか？」とあり、必要以上に難しいことをやる必要があるのかと、と問われれば、

　私の答えは単純です。"練習のため！"です。

　もしあなたが、優れた演技者（あるいは、人生の中で何か優れたもの）になりたいのなら、あなたの限界を押し広げなければなりません。エンターティナーは最初に基本の演技の流れを作ったあとで、何度も、その内容や表現を考え直します。何度も考えた結果、変わることもあれば変化しない場合もあります。

　不思議を司る演技者は社会の中で少なくとも、尊敬され、あるいは真似されてきました。演技者が忘れがちなことだが、今日通用したものが明日も通用するとは限りません。様式や環境は常に変化するものです。あるいは、種をばら

す者もいます。不思議の創造者は、不思議を残し続けなければなりません。もしそうできない場合、他の娯楽のように使い捨てにされてしまいます。

　メンタリズムやマジックに加えて、私は作曲も行います。音楽の世界では、継続的な修練が必須です。技術のレベルを高め音楽を理解します。もし、継続的にそれを行わない場合、技術は衰えてしまいます。成功している人々は同じ重圧を感じ、努力してその技術を得たのです。

　ある演技者から「あなたの本に載っている"ジョーで食事しよう"の手順は素晴らしいと聞きました。そして、私の明日のショーにちょうど良さそうです。お願いだから、電話でその内容を教えてくれませんか？　もちろん、いずれ本も買います。しかし、明日のショーで演じたいのです。そしてそのショーは私にとってとても大切なのです」

　私は、それを聞いて言葉を失いました。しかし、こういった話は良く聞きます。私は、こういった相談を持ちかけられたとき以下のように返しています。「明日、と言いましたよね？　私は、少しのリハーサルだけで演じることはまずありませんよ」もちろん、優しく言うようにはしています。

　どのように私はリハーサルを行っているのか？　私がレクチャーあるいは演技を行うときには、遅くとも予定日の１週間前には何を行うか決めます。そして、自分の演じる内容を具体的に決めるために２日間かけます。そして遅くとも予定日の３日前から全体リハーサルを毎日行います。そして全く失敗がなく最初から最後まで続けられるまで練習します。もちろんこれはあくまで私のパターンです。あなたにはあなたに適した方法があるでしょう。そしてそれは私に合わないかもしれません。最適なあなたの方法を見つけてください。一旦うまくいく方法を見つければ、それは他の場合にも応用できるでしょう。

　スワミ・ギミックの練習方法を例にあげて、練習についての説明をしましょう。この30年で大きく発展を遂げた分野の話です。私が初めてメンタリズムの世界を深く掘り下げて研究したとき、スワミ・ギミックや、ポケット・ライティングを使っている人は非常に少数でした。そして、私はその少数の１人でした。私は、演技者にこういったギミックを広めたいという責任感を感じていました。

練習について

　私にとってわかりきったことでしたが、こういった道具は、十分な練習なしには、賢い観客を騙すことは難しいのです。

　しかし、メンタリストの90％は、悲しいことに、スワミ・ギミックよりもフォールス・シャッフルやダブルリフトの方を長い時間練習しています。

　そこで、私がこれらの技術を学ぶときには（この本に書いたように）、継続的にできる練習の方法を開発する必要がありました。そして、私は練習になる手順を考えました。左手にメモ帳を持ち、右手の親指にスワミ・ギミックを付けて2桁の数字を書き続けます。あるいは約5センチの大きさの数字を、何度書いても鉛筆で書いたのと同じように書けるまで練習します。

　最初に"01"、次に"12"そして"23"と言う風に、異なる2桁の数字を書き続けました。さらに、そのあとにはAB, そしてBC, CD……と言う風にアルファベットを書き続けました。毎日15分の練習を数週間続け、結果、完璧な文字と数字を書けるようになりました。そのあと、練習を続け、短い文章も書けるようになりました。

　練習を毎日続けるのは、楽しくはないですが、演技のときには瞬きをする瞬間に不可能な事象を起こせるようになりました。

　それは替えがたい価値です。

技術

● バーンスタイン／センター・ティア

　センター・ティアは、典型的な隠された情報を得る最も有効な手段の１つです。そして、即席の方法の中では最も実用的で、練習する価値がある技法です。その応用の幅の広さがセンター・ティアの強みです。

　カード・マジックから個人情報の入手まで、演じ方は無限大で、これから説明する即席のセンター・ティアを練習しておくことで、急にマジックを演じるときにも役に立ちます。

　以下に基本テクニックを示します。

　１０cmほどの４角い紙を準備します。縦に真半分に折り、さらに横に真半分に折って４つ折りにします。折り目の中央の角を右上にします（左利きの人は説明を逆にします）。紙の開いた４つの端は左に来ています（図１の１）。

　この４つの折りの紙を縦に半分に切り、分かれた２片のうちの右上の折り目の中央の角を手前にして重ね、それを９０度回転させて（このとき、図１の４のようにずらします）再び半分に破ります（図１の２～４）。

　紙の折り目の中央の角を再び手前になるように重ねます。

　こうして小さく千切って重ねた紙片を右手の親指と他の指先で摘んで持ちます。手前に当てている親指を右に引き、他の指で折り目の角の部分以外の全ての紙片を左に押し出して、折り目の中央の角の部分だけを右手の中に残します。
　この操作は、２枚のカードで行うモンテ・ムーブの動きに似ています。

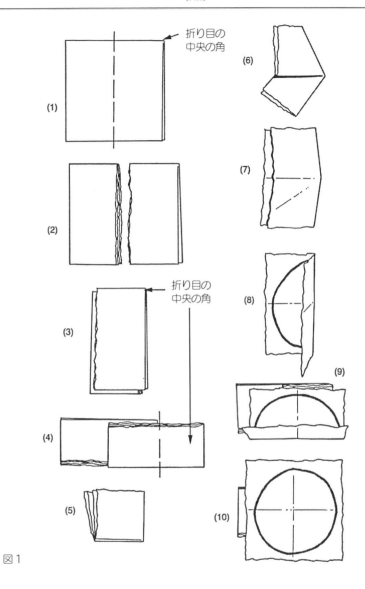

図1

　このあと、折り目の中央の角の部分を右手で広げます（図1の6〜10）。もし、読者が始めてセンター・ティアを学んでいるなら、この中央部分の大きさに驚くだろう。その大きさは、紙を開くと、5センチ角ほどになり、ここに、重要な情報が書かれているのです。

この基本技術は比較的簡単に学ぶことが出来ます。自転車に乗るのと一緒で、最初に何度か行ってコツを掴んでしまえば、そのあと決して忘れることはありません。一方で、もし、より技術を伸ばしたいなら、まずはオリジナルを学ぶことをお勧めします。オリジナルを知っていれば、もし、演技中にちょっとした失敗をしてしまったときでも、それをうまく回避することができるからです。

　私の知る限りでは、基本のセンター・ティアは、数十年前にでき上がっていたと記憶しています。これは、個人情報を読み取りたい神霊師の誕生と共に始まったのだろうと推察できます。もし、パピルスの発明の直後に出来上がっていたと聞いても私は驚きません。紙切れ1枚で簡単にできる上に、非常に見抜かれにくい素晴らしい技術であると言えます。

　一方で破った紙の中央部を"こっそり盗んで"気づかれずに折ってある紙を開いて読むという操作は大変に難しいともいえます。

　また、中央部以外の残された紙片を、そのままにしておくと、中央の部分がなくなったことに気づく人間も出てくるかもしれないので、灰皿で燃やした方がよいでしょう。

　テッド・アンネマンは、センター・ティアを奇術専門誌Jinx第6号に掲載したことで、マジック界から多大な賞賛を得ました。この技術は触れて行うマインド・リーディング以外では、即席の方法として最も優れたメンタリズムの技術でしょう。

　ただ、その名声と簡便さのため、"マジシャン"たちによって、一般の人々にもタネが明かされてしまった結果、その技術と演技は時代とともにより進化しています。

　アル・コーランの、優れたア・イデアについて記載しておきます。アル・コーランは工場で女性がタイプライターのリボンを片手で切っているのを見て、片手のセンター・ティアを考案しましたが、コーランは他にも優れたセンター・ティアの使い方を考案しています。センター・ティアした紙を、それを書いた人でも演者でもない、他の誰かに見せて、その人物が予言したように演じ方です。何と大胆な方法ではないでしょうか（アル・コーランのレクチャーノートを参考のこと）。

これらは優れたアイデアであるものの、片手でのセンター・ティアには、それを折りたたむことを考えると、特殊な紙が必要になります。もし、読者がこのセンター・ティアを行う場合、何も失敗が無いことを望むだろうが、それに対処するには自分自身の予言として読まない方がよいかもしれません。

　アル・ベーカーの方法はなかなか使い勝手がよく、彼の方法は多くの問題を解決するように出来ています。彼の方法では紙を破りながら中央を開いて読んだあと、さらに紙を破り続けています。

　アル・ベーカーの方法を読んだあと、１つの大きな問題に気づくかもしれないが、私はそこに適した方法を採用しています。そのことには後ほど触れるとして、まずは「アンブレラ・ムーブ」について触れておきます。これは、紙を完全に破り終わる前に、中央部を密かに開く技法で、ミスディレクションによって成り立っています。非常に難しく、また、失敗のときは壊滅的になる危険があるので、ほとんどのマジシャンは使用していないようです。

　他の優れたテクニックは、アル・マンやリチャード・オスタリンドなどなど多くのマジシャンによって考え出されていますが、私的には満足していません。

　山ほどの雑誌や新聞を破り続け、インクのしみを２０年間指につけ続けたあとに、私は非常に実用的なセンター・ティアを考え出しました。

　この方法の優れた点は
- どのような紙でも使用できること
- あらかじめ紙に折り目をつけておく必要が無いこと。
- 紙を密かに見るのは、紙を２回破ったあと、最も観客が油断するときです。
- 真ん中に残る紙は非常に大きくて見やすいこと。

　この技法を説明します。展開図の助けを借りて、図１は、紙の扱い方の概要です。

　説明を続けていくために、実際の演技を想像してみましょう。まず、観客の女性にテレパシーの実験の協力者になってもらいます。

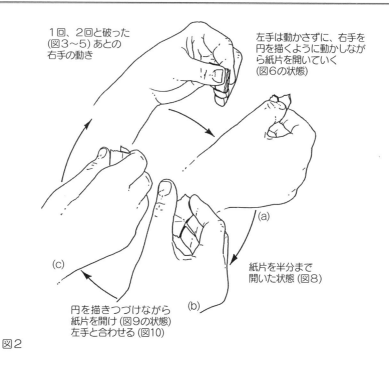

図2

　彼女に、簡単な図形を思い浮かべてもらい、「記憶を明確にとどめるために」紙の中央にその図形を書いてもらいます。さらに、彼女に2桁の数を思い浮かべてもらい、それを図形の中央に書いてもらいます。

　場合によっては、演者は後ろを向いて演じ、女性が書き終わったと伝えてきたあと、女性本人にその紙を縦、横と2回折ってもらいます。これで彼女が書いた図を誰も見ることが出来なくなりました。

　演者は紙を受け取り、紙の両側を何気なく見せてから、女性の目を見て、「あなたが何を選んだか、信じてよいですか？　それともこの紙を他の方にも見せておきましょうか？」
　彼女は「はい」と答えるだろう。

　それから演者はその紙を破り始めます。

紙を図3のように持ち、中央を縦に破ります。右手で持っている半分の紙片を左手半分の紙の手前に持ってきます（図4）。

重ねた紙片を時計回りに90度回転させて紙片の中央部を右側に持ってきます。これで2回目に紙を破る準備ができました。

左手の親指で手前の側の紙を半分ほど右に押し出します（図5）。

それから破線で示したところを破り、破った紙を両手でそれぞれ持ちます。実際は、折り目の中央部だけを右手の親指と人差指で破いたのですが、観客には紙を1/4に破ったように見えています。

紙の中央部だけを右手の親指と人差指で持ち、残りの紙片を左手で持っています。この右手に持っている中央部を右手で開いていくのですが、ここで、次のような心理的な誘導が重要になります。

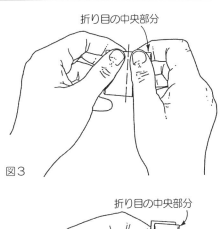

図3

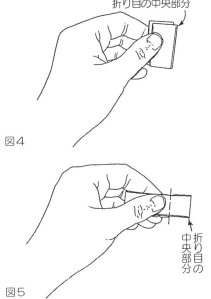

図4

図5

観客の目の前で紙を軽い感じで縦横に1回ずつ破ったあと、演者は、「これで紙ふぶきの準備が出来ました」といって細かく切れている紙をテーブル上に置きます。この数秒がミスディレクションになり、紙を開く動作を隠すことになります。

紙を2回破った図5のあと、右手で円を描く動作をしながら（図2）、右手の親指で紙を少し前方向に押し、人差指では少し手前に紙を引くようにして紙を

開きます (図6)。大切なのは、軽いしぐさで行うことです。もしこの動作が難しいと感じた場合は、演技の前に親指、人差指、中指を若干濡らしておきます。

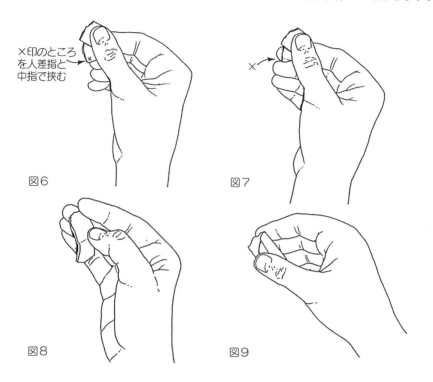

図6　×印のところを人差指と中指で挟む
図7
図8
図9

手前側に来ている紙の端を人差指と中指で挟み、親指を放します (図7)。こうすると、押さえを失った紙が半分まで開きます (図8、9)。

右手を左手に近づけながら、右手親指で、半分開いた紙をずらし、中を読めるところまで開きながら (図10)、左手の指先で挟んで持ちます (図11)。右手で紙片の右側を持って (図12)、最初と同じように紙片を縦に破ります。

この動きは、2秒から4秒程度で終了しますから、紙片をテーブルの上に置く直後に中央部の図形をちらっと見て紙を破ります。

演者には何の情報も残っていないように見えますが、演者は観客が考えたことを知ることができます。

技術

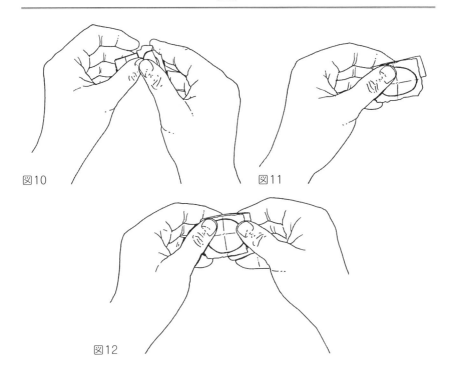

図10　図11

図12

● テクニックの概要
1. 紙を4つ折りにし、中央が右上に来るようにして紙を縦に半分に切ります（図1）。
2. 左手は静止させ、右手を図2のように円を書く動作をする。
3. 両手が合わさってから、紙を右に90度回転させます（図4）。
4. 右手のカバーの下で、左手の親指で手前の紙を右にずらします（図5）。
5. 再び紙を破ります。このときは紙片の中央部分だけ破ります。
6. 右手で円を描く動作を行い、同時に破いた紙を置くところを探します。
7. 右手で円を描きながら、右手の親指で紙を上に押しそれ以外の指で紙を引いて、紙を少し広げ（図6）、うまくいかないときは、強く押しすぎているかもしれないので丁寧に弱い力で行うようにします。
8. 紙の端を人差指と中指で挟んで、さらに開いていって（図7、8）、
9. 半分開いた紙を親指でずらして完全に開き、中に書いてある内容を読み取ります。この動作は円を描く動作が完了する前に終わらせるようにします（図9）。

うまくいかないときは、親指と人差指、中指をあらかじめ濡らしておきます。
10. 左手の親指でほとんど開いている紙片を保持します（図11）。右手で紙を持ち直し、書いてある内容をちらっと見てから、紙を再び破る準備をします（図12）。
11. 紙を破ってテーブルの上に置きます。

● **異なる演出について**

　Jinxの6号に載っているアンネマンの方法では、雑誌や本など、印刷頁を切って、その紙片の中にある言葉の1つを円で囲ってもらっています。この方法は、そのような紙を使うことに理由があるため、現象も強力ですが、一方で、弱点も存在します。

　例えば、言葉の1つを選んで円で囲んでもらうとき、その言葉が紙の中央周辺に無い場合が問題です。

　コリンダの13ステップ・オブ・メンタリズムでは、この演技のときに紙の中央から言葉を選ぶよう規定していますが、定規で線を引いておくという方法のため、不自然な印象を与えるし、制限が多すぎると感じました。そのあと、私は、中央から言葉を選ばせるより自然に見える2つの方法を編み出しました。2つは類似していますが、演者自身に合ったセリフを考え出すことでより優れた演技になると思います。

　使いたい新聞や雑誌、本を選び、その頁を破ります（もちろんセンター・ティアを演じるのに適した大きさの紙片にします）。それから観客には以下のようにしてもらいます。

　A. まず、紙の上に大きい円を描く。その中に、少し小さい円を描きます。その中にさらに小さい円を描いていって、"的"のような図にして最終的に、1つの言葉が円の中に残るようにしるのです。こうしてランダムに言葉を選んだあと、観客に紙片を折りたたんでもらい、演者はセンター・ティアをします。

　B. "的"を描いてもらうのではなく、渦巻きを描いて、ランダムに1つの言葉を選んでもらう方法です。観客には、紙の端ぎりぎりから渦を描き始めても

らい、最後に線が到達した言葉を選んでもらいます（図13）。

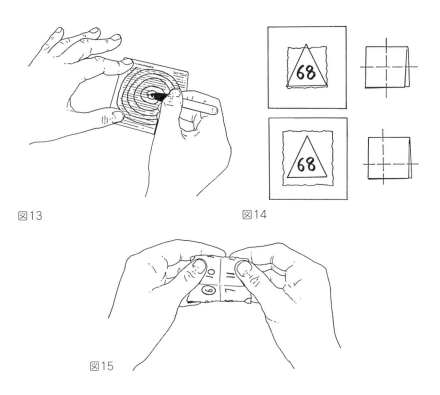

図13　　　　　　　　　　　　　図14

図15

　この方法であれば、99.99％の確率で、演者に都合の良い位置の言葉が選ばれる筈です。

　また、先ほど述べたとおり、私のセンター・ティアの方法を使えば、少し練習するだけで一般的な方法よりも広い中央部を確保できます。その方法を説明しよう。
　図14に示してある通り、下の図の点線で指示してあるところを破ることで、上の図より大きい範囲を確保できます。

　センター・ティアで文字を読むときには、指で押さえている箇所を読むことは出来ないが（図15）、図14の方法であれば、紙に書いてある内容の80％の情報を知ることができるので、より多くの可能性があります。

マジシャンやメンタリストなどの前で演じる方法についても説明しておきましょう。

図16のように段列で数字を並べたものを使います。そしてどこでも良いので、数字に丸をつけてもらいます。中央でなくても問題はありません。

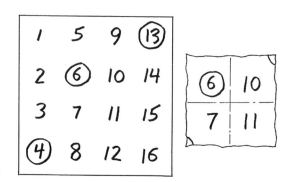

図16

センター・ティアすると、図16の右図のように数字につけた丸の一部（右上角と左下角）を見ることができますから、数字そのものを見ることはできないが、そこに何が書いてあったか知っていれば、演技を行うことができます。数字でなくても、名前、場所、星座のマークなど、いろいろなバリエーションが考えられると思います。

記入された記号の位置を憶えられるようになれば、丸が付いた記号を問題無く当てられます。

さらに、このマジックを一歩進めることもできます。

3本のペン、もしくは鉛筆を準備します。それらは、色の濃さや状態などから、どれがどれだか、判別できるものを使います。演技のときには、どの観客がどのペンを取ったか記憶しておき、センター・ティアしたときに、どの人物がどの円を書いたか当てることができます。

コメント：数十年前から私は自分のバージョンのセンター・ティアを使い続けていますが、今でもこれがもっとも優れていると考えています。

今まで数千回とセンター・ティアを演じてきた中で気づいたことをお伝えしよう。

　多くの人は、情報の書かれた折られた紙を受け取るときに、無意識に強く折り目をつけようとする傾向があります。

　実際の生活の中では、親指と人差指の爪で紙の折り目を強くしごいて、紙が開かないように強く折り目をつけることがありますが、演技の中でうっかりこれを行ってしまうと、あとで紙を開こうとするときにうまくできなくなるので注意してください。

　他には、演技を始める前に右手の親指、人差指、薬指を湿らせておくことの重要性について説明しておきます。

　指を湿らせておくことで、紙を自然に、疑いをもたれずに扱うことができるようになります。また、紙を破り、開くときにもスムーズに行うことができます。観客が紙を折り曲げて爪で強く折り目をつけたときには、紙を開くときに、湿り気は必須です。指を濡らすのに最も適したタイミングは、観客が紙の上に何かを書いているときに、演者が違う方向を向いているときです。

　他には、演者が紙を破るとき、できるだけ丁寧に、紳士的に破ることをお勧めします。異なる種類、サイズの紙で練習、演技を行い、より多くの経験を積むことをお勧めします。大きい紙でも十分演技が成り立つことに、驚くかもしれませんが、大きい紙で演技をしたほうが、細かい部分での技術の失敗が少なくてすみます。

● 実用的なスワミ・ギミック
　頻繁に論議に上がり、頻繁にデザインが変更される、スワミ・ギミック（ネイル・ライター）についていくつかの考え方を述べておきます。

　全てのスワミ・ギミックは、道具を適正な位置にセットするときに、うまくいかずにイライラさせられる事が多くあります。セットしやすいようなホールドが付いていたとしても、それでも演技のときのセッティングには結構気を遣うものです。また、使用するタイミングにも気を使います。

他にも問題はあります。良い道具だとしても、演技の前に芯が折れてしまっては使い物にならなし、スワミ・ギミックに適した鉛筆の芯の硬度、太さ、濃淡を見つけることも難しいです。

　こういった問題がいろいろあるにもかかわらず、私はスワミ・ギミックを使用して強力な現象を作り出しています。今から説明する方法は40年以上使い続けているものです。私はスワミ・ギミックをコインや鍵と一緒に普段から持ち歩いています。もちろん、芯が折れる心配も無い物で、必要なときには親指の最も適した位置にすぐセットできる物です。さらに言えば、安価で、簡単に作成できてどんな鉛筆の芯でも使える物です。

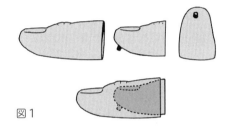

図1

　厳密に言えば、これはスワミ・ギミックを発展させたというより、サムチップを適した長さに切断したもので、その先端に穴を開け、鉛筆の芯を接着した物です。私はバーネット・スタイルのサムチップの指先を切って、そこに、使用する芯より小さい穴を開け、瞬間接着剤を少量穴に落として芯を接着して「実用的なスワミ・ギミック」を作っています（図1）。

　簡単でしょう？　同じデザインのスワミ・ギミックをアンネマンも使用していました。私はホルダーにもサムチップを使用しています。

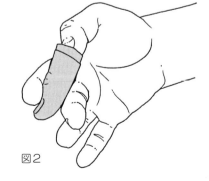

図2

　これこそ、完璧なホルダーです。切断したサムチップは、同じサイズのサムチップの中に、ちょうど納まり、芯も保護されます。ポケットの中に、鍵と一緒に置いてあっても問題ありません。さらに、指にセットするときに、方向を間違えることも無く、簡単にセットできます（図2）。

　このホルダーにはさらにもう1つ優れ

ている点があります。それは、ホールドに使っているサムチップも、当然使用できるので、それを利用した別の「即席」の演技を行うことができる点です。

コメント：今から話す方法は、見た目、愚かしい方法に見えるかもしれないが、このスワミ・ギミックの用法に適していると思うので、ぜひ試してほしい。

　291頁の、"練習について"のエッセイで、このギミックをどう活用するか、学ぶかのヒントを載せています。このギミックは世界で最も強力なメンタリストの道具だと思っています。ぜひ活用してほしいと思います。

●サムチップを利用したスイッチ

　アル・ベーカーの、サムチップを利用した紙のスイッチは、とても素晴らしい方法ですが、紙片を交換するときの煩雑な手順をうまく省いている一方で、交換のときにどうしても不自然さが残るのです。私はその方法を自分なりに発展させましたが、まずアル・ベーカーの本来の方法を説明しておきます。これから交換する予定の紙を左手の掌の上に置きます。そして、もう一方の紙はサムチップの中にあって、直接親指の腹に触れています。右手の親指を左手の紙の上に持ってきて、左手を軽く握ります。そして、左拳から右手の親指を抜き出すとき、サムチップの中から紙を抜き出して指先に持って示します。左手は、サムチップと、元々持っていた紙を握ったまま、体の横にさりげなく下ろします。

　アル・ベーカーのこのスイッチは、シンプルで効果的であると思いますが、1点だけ、私が気になる点があります。それは紙片をわざわざ手から手に渡すしぐさが不自然だと思ったのです。実際に行ってみれば、私の言いたいことがわかると思います。

　そこで、次のような異なる手順を考えました。観客から借りた紙幣を折りたたんで左手の掌の上に置き（図1）、右手の親指と人差指（場合によっては中指も使う）で、その紙幣を掴もうとします（図2）。そして左手の指を曲げていきながら、観客の紙幣と、サムチップを左指で押さえ（図3）、右手の親指でサムチップの中の紙幣を引き出しながら取り出します。これは、アル・ベーカーの方法とほとんど違いが無いように見えるかもしれないが、実際はこちらのほうがはるかに自然である。

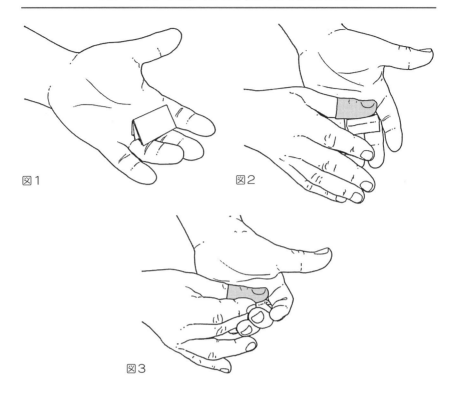

図1

図2

図3

コメント：もし、読者が、紙幣、名刺、お札など、のスイッチを1つだけ覚えるとしたら、最も簡単で、見た目も自然なこのサムチップを使ったスイッチをお勧めします。

● **片手でのスイッチ**

効果的で易しくできるアンネマンの片手で行う、紙幣のスイッチを自分なりに作り変えた方法を以下に示します。

どのように見えるか：観客に質問や、数字、絵、名前など簡単な情報を、名刺に書いてもらってから、その名刺を縦横に1回ずつ折ってもらって、皆に見えるようにテーブルに置いてもらいます。

演者はテーブルの上からその名刺を取り上げて、観客の1人に渡します。怪しいところは全くありません。

見た目は上述の通り全く公明正大ですが、その名刺は他の名刺にスイッチされています。

方法：この方法は、私が知っている中で最も簡単な片手でのスイッチだと思います。必要な物は、緩めのサムチップと交換に必要な同じ名刺または紙片2枚です。そのうちの1つを、縦横に折りたたみ、右手の親指の爪の上に置いてサムチップを付けておきます。

サムチップを付けている右手で、観客が何かを描いて机の上に置いた、折りたたんである紙片を取り上げ、何気ない様子で手を広げ、取り上げた紙片を見せます（図1）。そして、演者は観客の方へ顔を向け、紙片を渡す相手を探しているふりをしながら、手を閉じて親指を軽く握り、親指の爪で小石を弾くようにして、サムチップから紙片を出してきて（図2）、人差指と親指で持って（図3）、観客の1人に渡します。

図1

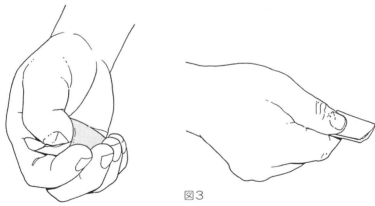

図2 図3

コメント：非常にうまくいくので、ぜひ、試してみてほしい。作りこみすぎている感もあるかもしれないが、もしあなたが本当に観客を騙したいなら、この技法が一番です。

● メモパッドを利用したスイッチ

　紙片のスイッチのもう１つの方法です。この方法は、バート・リーゼの方法を読んだあとに思いついたものです。

現象：演者は観客数人に紙片を１枚ずつ渡し、そこに簡単な絵を描いてもらってから、誰にも見せないようにして折りたたんでもらいます。そのあと観客の１人に紙片を混ぜてもらって誰のものか分からなくします。

　演者はメモパッドを左手に持ち、観客の１人に紙片のうちの１つを取り上げて、演者の右手に置いてもらいます。このとき、紙片を変えたければ変えてもらいます。最終的に紙片が決まったら、それをテーブルの上に置き、その上にメモパッドを載せます。こうして、この紙片に書かれている内容が分からないようにしておきます。

　演者はペンを手に持ち、メモパッドの紙に絵を描きます。メモパッドをどかして下にある折りたたんだ紙を開くと、そこに描いてある絵とメモパッドの絵はほぼ一致しています。

方法：スイッチしてメモパッドの下に置く紙片を準備して、そこには演者が最後に描く絵と同じ絵を描いて、同じ外見になるように折りたたんでおきます。メモパッドを左手の上に置き、親指を上、他の指を下にしてメモパッドを持ち、準備した紙片をパッドの下で中指の先で保持しておきます（図１）。

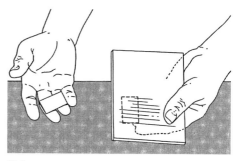

図１

　メモパッドは机とほぼ平行状態で持って紙片が見えないようにします。

　観客の１人に紙片を１つ選んでもらい、演者の右掌の上に置いてもらいます。

　演者は両手を１５センチほど離しておき、右手を返して、手の上の紙片をメモパッドの下にトスする動作で、右手の親指で紙片を押さえ、同時に左手の中

指で押さえていたメモパッドの下の準備した紙片を落とします（図2）。これは、コインなどで行う、シャトルパスと似た動作です。右手は紙片を投げ終わった動作でパッドの近くに留めておきます。

タイミングが良ければ、単に、右手の紙片をテーブルに投げ落としただけにしか見えません。

そして、絵を当てる演技を行うために、メモパッドを紙片の上に置き（図3）、ペンを取り出すために、ポケットに右手を入れたときにパームしている紙片を処理します。

以上で、描いた絵がメモパッドの下に置いた紙と同じであることを当てる準備ができました。

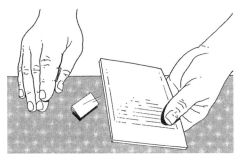

図2

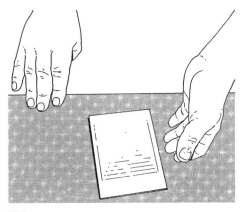

図3

スイッチをメモパッドの下で行わないようにします。そして、上に置いても自然なものであれば、メモパッドの代わりに何でも使えます。

コメント：私はこのスイッチが大好きで、有名なメンタリストたちを何人もこの方法で騙してきました。完璧な幻覚を作り上げられていると思っています。

最後に付け加えておきますが、私は、スライディーニの大ファンで、彼のコイン・スルー・ザ・テーブルを学ぶために6ヶ月を費やしたことがあり、ここで学んだ技術がこのスイッチに大いに役立っているのです。ハン・ピン・チェン・ムーブを知っている人なら、このスイッチのどこが影響を受けたか、よくわかるでしょう。

影響とハイライト

～ドン・アランからユリ・ゲラーまで～

　自分の作品を見返してみると、自分が作った作品に、逆に自分自身が影響を受けていると改めて思いました。その根本をたどっていくと、元々若い時代にマジックに興味を持ち、それが1960年代には、オカルトや超能力の現象への興味に変わっていったことに由来します。

　子供の頃の私は、ドン・アランの"マジックランチ"や、マーク・ウィルソンの"魔法の島・アラカザン"に熱中していました。そしてテレビの中で演じられるマジックに飽きたらず、どうやってその現象を起こすのか、それを解明することに夢中になりました。そうして読んだのが、Ottokar Fischerの"Illustrated Magic"という本でした。初心者向けの本、とは言い難かったものの、自分を啓発するには十分でした。さらに、私は不可能を作り上げることに開眼しました。

　私が10歳の時、隣に住んでいる友達が、メンタリズムを演じました。メンタリズムを生で見たのは初めてでした。彼は本を別の隣人に渡し、好きな頁を言ってもらうと、私の友達は、どの頁であれ、最初に書かれている言葉を言い当てるのでした。それは私にとって神秘の感動を呼び起こすものではなかったものの、興味を引かれました。なぜなら、その演技をするために、友人は、全ての頁の最初の言葉を覚える必要があると思ったためです。それは簡単ではない筈です。

　しかし、学校で友人がやる程度のマジックは、シカゴのダウンタウンにあるマジック・ショップ、その名も"アイルランド"への興味とは全く比べ物になりませんでした。数年間は、土曜日になるとバスに乗ってアイルランドに行く生活でした。そこは小さい店で、ある意味で幸運なことに、子供は無視されていました。そして、私はその店の空気感に浸ることができました。他に、シカゴ

のマジック・ショップ "熊の宝箱" も忘れられません。そこでは多くの著名なクロースアップ・マジシャンが実演していました。今でも私はエド・マーローがカウンターでボール＆ベースを演じていたことを覚えています。その2階にはプロ向けのショップがあり、オキトがそこで働いていたことを何年もあとに知りました。

　他にも、私はシカゴ郊外のエヴァンストンにある "トップハット・マジック" も見つけました。私の住んでいる地域に近かったので行きやすかったのです。そこは私が新しいマジックを探すときに最初に訪れる場所にもなりました。また、トップハット・マジックのオーナー、ロバート・トレイシーは、子供達には用具を安く売ってくれたこともあり、彼の店には頻繁に通いました。

　私がマジック中毒になる土壌は、その子供時代に育まれたと思います。

　1960年代の頃、私は10代半ばになりました。その頃になると一般的に子供の頃とは異なるものが好きになります。私も例外ではなく、音楽にハマり、バンドを組みました。他にも様々な興味を引くことが身の回りにありました。そして、東部の気質なのか、神秘主義やヨガなどのいわゆるカウンター・カルチャーも目立っていました。

　疲れきった10代を過ごしたあとで、私はマジックを知っていることを仲間からの冷やかしに勝つためにしか使っておらず、若干恥ずかしい思いすらしていました。それでも、当時のテレビに出演していた、Amazing Kreskin や Peter Hurkos には魅せられました。彼らのマジックはとても不思議で、"アイルランド" "宝箱" "トップハット" などのマジック・ショップを巡っても、彼らの演じるマジックを見つけることはできませんでした。私は自分がマジックのことをよく知っていると思っていましたが、私は彼らの演じるマジックは解析できませんでした。それで、私は彼らが演じていたように、"心を開いて" 特別なパワーを使おうとしました。最初は、彼らの演技がトリックによって行われているようには見えませんでした。

　そのあと、私は、自分で読める限りの本を読んで、Kreskin が、メンタルマジックの鉄人であることを知りました。もし、メンタリズムの殿堂が存在するならば、彼は殿堂入り間違いなしでしょう。それほどの人物なのです（他には、

ダニンジャーの名前もすぐ頭に浮かびます。しかし、残念なことに、私は彼の演技については微かな記憶しかありません。彼は第1人者だったが、私に影響を与えたかどうかはわかりません)。

　Peter HurkosはKriskin以上に私に影響を与えています。彼は太った中年のオランダ人で、サイコメトリーの演技の最中、ずっと汗をかいている有り様でした。彼は昼のテレビ番組によく出演していて、マイク・ダグラス・ショーにはレギュラー出演していました。

　彼の演技は、このようなものでした。まず数枚の封筒の中にそれぞれ観客の持ち物を入れて封をしてもらいます。それらの封筒をばらばらに机に置いてもらいます。そのあと、彼はトランス状態になり、封筒に対して集中します。そして、そのうちの1つの封筒にことさら興味を示します。彼は興奮を抑えられない様子でその封筒を持ち、封筒の中にある物が発生する"波動"を感じとり、持ち主の特徴や、生活の状況を話し始めます。

　私はHuskosに完璧に騙されました。彼の演技は非常にシンプルで、何も怪しいところがあるようには見えませんでした(そのあと、何度も彼の演技を見て気づきましたが、彼の演技の素晴らしい点は、観客の女性をリーディングするときに、何か妙な内容を入れている点です。例えば彼は、自分の顎の下に両手を当てて、女性が寝るときにうつ伏せで顎の下に手を置く癖があると言いました。すると、女性はすぐにそれに同意しました。彼はどうやってその女性の寝るときの癖を知ったのでしょうか。何年もあとで理解したことは、その台詞には、ほとんどの人が同意するのです)。

　もし、本物の超能力者が存在したとしても、彼はその仲間だと誤解されることでしょう。　Kreskinの演技も、素晴らしかったのですが、どういうわけか私は、いつもその演技に何かトリックがあるように感じていましたが、あるとき彼が、観客のお札の番号を間違えたときに、"もしも彼がトリックを使っていたなら、間違えるはずはない……"と思ったことを覚えています。

　ここで、文章を続ける前に、Kreskinをよく知り、この本を読み終わった人に、彼に関して詳しく話をしたいと思います。そして、弁解したいことがあります。

私がマジック社で働いていたときに、近くの劇場でKreskinのショーがありました。そのとき、フランシスとジェイ・マーシャルも働いていて、私たちはショーを見るためにそのショーのチケットを持っていました。

　彼のショーではいつも、観客に紙が配られ、そこに各々の個人情報を書いてもらい、それをKriskinが"超能力で"当てるという演技を行っていました。

　最初、私はそこで何か面白いことを書こうと思いました。しかし、紙を回収するときに彼が近くに来ることはないと思ったので、深くは考えずに、私は下のように書きました。

```
Magic Inc
James Randi
Beethoven's 7th
```

　そのあと、紙が回収されましたが、そのときは各列の紙を一旦通路側の席に集めて、それを彼とそのアシスタントが取りに行く形を取っていました。

　私は、マーシャル夫婦を始め、マジック社のメンバーと一緒に座っていました。すると、驚いたことに、Kriskin本人が私たちの紙を回収しに来たのです。彼は私の近くに来て、紙を早く集めるように促したのです。そして、紙を渡したとき、私の紙を抜き取ったのが見えました。

　信じられませんでした！そしてその瞬間、後悔しました。もし、彼が私の情報を使うことを最初から分かっていたなら、人生に一度きりの体験なのだから、なにか素敵なことを書くべきでした。しかし、多分、Kriskinは私の紙を見て"下らないマジシャンが知ったかぶりをして！"とでも思ったでしょう。

　私の弁解はここで止めて、話をもとに戻しましょう。

　ある日の午後、マジック・ショップ"熊の宝箱"に行ったときのことです。そのとき、あとに私のメンタリズムと催眠術の先生となるLee Wayne氏に初めて会いました。彼はディーラーとして働いていました。

彼はショップのレジの周辺を素早く片付け、「少年、カードを１枚言いなさい」と言ってきました。私は「クラブの１０」と答えました。彼は満足した表情で、「OK, ずっと前から置いてあったこのカードを表にしてみなさい」と言って、カウンター上に最初から裏向きに置いてあったカードを示しました。

　私がそのカードを表向きにすると、それはクラブの１０だったのです！それまでの人生の中でもっとも強烈に驚かされました。その印象は今でも変わらないと言って過言ではありません。本物のメンタリズムの妙技を味わいました。どれだけの間、唖然とした表情で立っていたか自分では覚えていません。私の頭の中がショートしたようでした。不可能にしか思えませんでした。テクニックに頼っていない、これこそが本当のマジックだと思いました。どうやって私が心に思ったカードを彼は準備したのでしょう？　一方で、この現象をマジック・ショップで見たからこそ、なにかしら種のある現象なのだと推測もできました。

　１０代後半から２０代前半にかけて、私はまたいくつも興味のあることをやろうとしていました。当時は、面白いことがいっぱいありました（そして、私は６０年代のことを覚えている数少ない人間の１人です！）。しかし、マジックや、超能力はテレビでよく放映されていました。中でも、ダグ・ヘニングは目立っていました。彼は、HuskosやKriskinのように人間の可能性の不思議を表現する例でもありました。

　その頃の私は、親から離れて楽しみたい年頃でした。楽しいことは色々あり、目移りしていました。あるとき、友人と輪になって座って、なにか今までにない楽しいことはないかと話していました。私はこう口を開きました。「僕がマジックを好きで、簡単なトリックができることは知っているよね？　みんなでパーティーをして、僕らが全員マジックを勉強して、参加者同士で披露するってのはどうだい？　もし全員が演技をしなくてはいけないとなれば、全員が楽しめると、思うんだ」

　その当時、アイルランドは改装して、マジック社となり、シカゴの北の私たちの町の近くに移動していました。私はショップの住所を友人たちに教えました。

　面白いことに、彼らは全員がしっかりマジックを覚えてきました。そして、７月４日にマジック・バーベキュー・パーティーが行われました。

それは素晴らしく面白いでき事となりました。何も知らない１人の少女以外、全員がマジックの準備をしていました。そして、非常に奇妙な会にもなりました。マジック・ショップがどんなに怪しい場所か、皆で話題にしたり、皆が非常に緊張しながら演技を行ったりしていました。特にそのうちの１人は、特別に緊張していました。彼は、マジック・ショップに行くことを強く拒否し続け、最終的に本から学んだマジックを演じていました。

　その日は皆が特別に熱くなっていました。劇的な演技のせいというよりも、バーベキューにですが。私はそのとき、皆に先んじて、プロフェッサーズ・ナイトメアと、ビリヤード・ボールの演技を行いました。そのあと引き続いて、皆が演技を行いました。皆が言葉を交わさずとも同じ気持ちになっていました。

　そのあと、先ほどの、「マジック・ショップで売っているマジックは演じないんです」の彼が演技を始めました。彼は、信じられないほどに緊張している様子でした。彼は、観客に、デックからカードを選んでもらい、デックに戻しました。それから、生玉子を数個割って、小鉢に入れました。次に、明らかに選ばれたカードと異なるカードを千切って、小鉢に落としました。そして泡立て器で玉子を泡立て、そのあとに、選ばれたカードがスペードの５だっただろう、と言いました。しかし、観客は、そのカードではないと言いました。それから、彼はカードが何だったか観客に問いました。彼は混乱して、マジックがうまくいかない様子でした。

　私たちは、彼が不満な様子をすることに、笑いを噛み殺していました。彼は他の人にカードを選んでもらいました。彼は、有名な仏陀のカードトリックを行うと言いました。そして、座禅を組んでデックを頭に置き、しばらく待ったあとに、カードを言いました。しかし、それはまたも外れていました。

　我々はとうとう笑い始めました。明らかに、彼の失敗を笑っていました。しかし彼は、さらにもう１回トライし始めました。３枚目のカードが選ばれ、しかし、私は笑いすぎたので、どうやって彼がカードを見つけようとしたのかすら覚えていません（多分、観客の心を読んで当てると言う演出だった気がします）。私は笑いすぎて涙を流していたほどでした。

　３度目も、彼は失敗しました。彼は、私たちを数分間笑わせ続けたあと、彼の

様子は、それまでの恥ずかしそうな態度から、突然、余裕のある態度に変わりました。私たちは驚いて、笑うことを止めました。今まで選ばれたカードが何だったか、彼は私たちに改めて確認しました。観客がそのカードの名前を言ったあと、彼は空の手を見せて、その手でポケットから3枚のカードを取り出しました。それらは、選ばれたカードだったのです！

　その日のパーティーは素晴らしく、特に私の未来にとって重要なことが起きた日でもありました。それこそ、彼の演技から学んだことです。それを切っ掛けに私のマジック熱は以前以上に燃え始め、マジック社の売り物に、メンタリズムの項目を見つける切っ掛けにもなりました。

　私はマジック社で、より多くの時間を費やすようになりました。当時はWalter Gydesenがメインで売り場に立っていました。幸運なことに、彼はメンタリズムが好きではありませんでした。道具のコレクション集めと、ステージマジックが彼の主な興味の範囲でした。そのため、彼にメンタリズムについて訊くと、彼は奥に入ってその道具や本を持ってきて、私の前に置いたまま放っておいてくれました。そのため、私は好きなだけトリックを練習したり本を読むことができました。

　また、マジック社の社長は、ジェイ・マーシャルでした。当時、私はシカゴを拠点に活躍するダンス・グループの作曲家として働いていました。ジェイとフランシスによい印象を残したかったので、私はそのダンス・グループの公演に彼らを招待し、私の作曲したピアノ曲とダンスの共演を見てもらいました。

　そのあとで、彼らは舞台裏で、公演を楽しんだこと、そして私に話したいことがあるから店に寄ってくれと言ってきました。私は、自分を彼らに強く印象づけられたと思いました。そして、優れた作曲家だね、と言ったふうに誉められると思いました。

　そして店に言って彼らに会うとジェイは「個人的な話だが」と口を開きました。それを見たフランシスは苦痛の表情を浮かべて「あなた、どうかそれは言わないであげてちょうだい」とジェイに言いました。私は混乱しましたが、ジェイが何を言おうと受け止める覚悟を決めました。彼は、フランシスと共に生活している、ショップの上にあるアパートに私を連れていきました。

そこでジェイは大きなクッションのついた椅子に座り、すると彼らの飼い猫であるボンゴがジェイの膝に飛び乗ってきました。彼は、私に椅子に座るよう示唆しました。
　その様子はあるいはジェームズボンドの映画に出てくる悪役のようでした。

　彼は私の目を見つめて、失望したように「君は、演技と言うものを分かっていない」と言いました。そのあと、彼の30分にわたる演技の指導、そしてどのように私の個性を演技に反映するか、アドバイスしてくれました。フランシスは私が不満を持つのではないかと不安に感じていた様子でしたが、私はその指導に大いに満足できました。

　ジェイと話し、彼から学んだことはそれ以外にも2つあります。1つは、短いジョークを言うこと、もう1つはよい結婚をすることです。幸運なことに私は、私のクレイジーな部分を受け止めてくれる唯一の女性と結婚することができました。そして、ジョークもできる限り言い続けています。

　土曜日にはTerry Nosek (ステージネーム：Sigmund Fraud)という人物がマジック社で働いていました。彼はメンタリズムの知識を豊富に持ち、好人物でもありました。彼は他にも仕事をしていましたが、メンタリズムを愛していたので、パートタイムで店でも働いていたのです。私は地元のメンタリストから多くのことを学びました。

　Tim Felixも、マジック社で働いていた1人です。私がマジック社に入り浸ってからよく知るようになりました。彼はシカゴ郊外にあるミッドウェスト・マジックのオーナーでもありました。彼はマジックを愛し、情熱を持っていました。また、私にも優しく知識を分け与えてくれました。彼は他の誰よりも幻惑の技術に優れた人物でもありました。あるとき、私はアンネマンのプラクティカル・メンタルマジックを買おうとしました。すると彼は店の奥から雑誌Jinxを3冊持ってきて、こう言った「"Edtrivia"のコラムだけが、その本の値段だけの価値があります。これだけを買いなさい。悪い方向には行かないから」

　実際、彼は正しかったのです。

　ジェイの妻だったフランシス・マーシャルは、私のことを気にかけてくれま

した。私が新しいトリックを発明して店に持っていくと、彼女は、土曜日にそれを売ってみないかと訊いてきました。そのときはすぐに答えができなかったのですが、あとにTerry Nosekが仕事を辞めたあと、フランシスは改めて、土曜日に仕事をする気はないかと私に訊きました。そのときはすぐに受け入れることにしました。そして、少しずつですが、私はマジック社での仕事の時間を延ばし、また、その仕事をより愛していくことになりました。プロのマジシャンは、マジック・ショップでの仕事も同時に行わないと生活が難しいと言われていました。収入だけではなく、その仕事から得られる知識や、あらゆるタイプのマジックの練習ができる点も含めての意味です。

　私も素晴らしい時間を過ごすことができました。Tim Felixはロープ・マジックのコツを教えてくれました。彼は、観客を騙すコツを良くわかっていたし、あらゆる種類のマジックに精通していました。そして、いつも、もっとも勉強すべきものを教えてくれました。

　マジック社で過ごした時間は"黄金の時代"というよりは、"銀色の時代"ではあったものの、近くに来たマジシャンは誰もがジェイとフランシスに挨拶をして、なにか新しいものを買って帰りました。ショップで交流される知識や技術は特筆すべきものがありました。クロースアップ、メンタリズム双方において、そこで交わされるエネルギーの熱さは、今まで見たことがありませんでした。

　当時の私は、演技そのものよりも新しい現象を作り出すこと、あるいは改案に夢中になっていました。最初に、目をつけたのは、ポール・カリーのアウト・オブ・ディス・ワールドです。私はこのマジックの自分のバージョンを多くの人に演じて、うまく騙すことができました。"恋人たち"という演技として、この本にも載せてあります（162頁）。そこで、私はその方法を書いてカリーに送りました。しばらくあとで、彼から返事が帰ってきたときには本当に驚きました。彼は"恋人たち"はアウト・オブ・ディス・ワールドの最高の改案だと誉めてくれました。さらに彼は"恋人たち"を売り出すか、出版すべきだと勧めてくれたので、そうすることにしました。

　多分、私にとって、この"不思議の芸術"は、子供時代にファンタジーに感じたものがそのまま残ったものでしょう。もちろん、お金の稼ぎかたについても多少は学びましたが。しかし、金銭は重要ですが、それ以上のものではあり

ません。型がなければ良い製品は作れないのです。

　今まで説明した人物以外にも、私の人生とマジックに影響を与えた人物がいます。Tony Andruzziとして知られる、Tom Palmerもその１人です。彼は、コメディーマジシャンとして成功しながら、彼の演技についての本を出版した数少ない人物でもあります。彼は酒好きで、マーシャル夫妻始め、シカゴの町のマジシャン全員の友人でした。彼は私にも優しくしてくれました。ちょうどそのとき私は、マジックとメンタリズムのすべてを知りたいと情熱を持っていた時期なので、彼のことは印象深く憶えています。

　そのあと、彼は、演技のキャラクターを変え、ビザー・マジックの父とも呼べる存在となりました。彼は各地のメンタリストと強固な繋がりを持ち、ビザー・マジックの情報交換の基点のような働きもしていました。コメディーマジシャン時代も含め、彼は、マジック界で尊重される存在になりました。

　彼はシカゴの若い優れたマジシャンにアドバイスし、育てもしました。彼は"エルダーズ"という自分のマジック・ショップを持っていました（ちなみにエルダーズは、マジック・ショップアイルランドを改装した店です）。彼は、この商売をあらゆる角度から知っており、優れたディーラーでもありました。彼の"Invocational Convention"は他のどんな催しとも違っていました。

　彼の伝説的な催しに、私も立ち会ったことがあります。マジシャン、コレクター、メンタリスト、そして出版業社として有名なメキシコ人のCraige Snaderは年に２回ほどアメリカを訪れ、毎回、巡礼のように、マジック社を訪れました。彼とTony Andruzziは昔からの知り合いのようでした。あるとき、TonyはCraigeと私にランチをしないかと声をかけてきました。彼は自分のアイデアを私たちに見せたかったようです。
　ランチのときに早速、Tonyは自分の演技を見せて、私たちもそれに協力し、様々な素晴らしいアイデアの論議が交わされました。なんと素敵なランチだったことか！

　その他に、私に影響を与えたマジシャンというと、Ross Johnsonがいます。彼は、古典的なメンタリズムの名手でした。彼のショーは世界一と言っても良いほど素晴らしいものでした。同時に、彼のマジックはプロとして細部に

まで気を使うことのできる人物でした。それこそが彼の演技を最高峰に高めた理由でしょう。彼とTonyは私を十分にサポートしてくれました。彼らは、私に対して、必要と思えば厳しいアドバイスもしました。それこそ、私にとって光栄なことです。

　George Johnstoneは、シカゴに拠点を置く、マジシャンかつコメディアンでありました。彼はマーシャル夫妻と仲が良く、マジック社でも働いていました。私も、彼と共に店で時間を過ごしました。また、彼はアル・コーランとも仲が良く、店ではよくアル・コーランの話をしてくれました。

　彼から聞いた話のなかでも、特に忘れられないエピソードがあります。あるとき、彼が目を輝かせながら、やや恥ずかしそうにアル・コーランの新しい本が入荷したか訊いてきました。私が「ありますよ」と答えると、彼の笑みが少し増し、そのコピーを貰っても良いかと尋ねてきました。

　「チャーチル婦人がアルの演技に感謝を述べた手紙が載っている頁を開いてくれ。そして、そのなかに間違った記述を見つけたら教えて欲しい」と彼は言ってきました。変わった要求だなと思いつつ、その頁を開き１、２分、読んでみたものの、なにも特別なところは無いと思えたので、そう答えました。そこで、彼は再びこう訊いてきました。

　「Windsor Castleのスペルはどう書くか知っているかい？」

　私は、そのスペルを知っていましたが、手紙には、"Winsor"と書かれていることに気づきました。どういう事情で、チャーチルはスペルを間違えたのでしょう？

　私が混乱した様子なのを見て、Georgeは何が起きたのか説明してくれました。実は、この手紙は、Georgeがアルのためにタイプしたのです。アルは、本当は王族と仕事などしたことはないし、Windsor Castleで働いたことも無いというわけです。Georgeは、そのとき、Windsorの"d"を打ち忘れました。そこで彼は訂正しようとしたのですが、アルは、そのままの方が面白いからと変えずに残しました。アルはこのやりすぎのジョークを楽しんでいました。この話を聞いたとき、モラル的にどうなんだ、とも思いましたが、興味深い話

であることは間違いありませんでした。

　Johnstoneと同様に、David Hoyもシカゴを訪れると、必ずマジック社で時間を過ごしました。彼は、今だとHoyのブック・テストの発案者として有名です。彼はインディアナ州のエヴァンスビルの出身で、マジック社によく立ち寄ってくれました。以下は、Tim Felixから聞いたエピソードです。彼はそのとき、その場にいたのです。

　マジック社から数ブロック離れたところにある、教会の外でそれは起きました。時は１９８０年代、Hoyは、マジック社主催のマジック収集家の集まりに参加していました。当時はいろいろな催しを、教会を借りて行っていたのです。

　１つのセッションが終わろうとするとき、Hoyは急に騒ぎ始めました。このあとに重要な会合があるので、そろそろ帰らなくてはいけないと言い始めたのです。そして、収集家に挨拶して一旦外に出たものの、すぐに教会の中に戻ってきました。どういうわけか、車のエンジンがかからないのだというのです。

　そのとき、彼は、突然何か閃いた様子で、聖職者に、車に対して祈って欲しいと言い始めました。車に祈る？　おかしな話ではありますが、聖職者は祈り始め、それが終わったと同時に、エンジンが自動的にかかったのです！Hoyと聖職者は、そこから少し離れた歩道にいたにも関わらず。

　今日では、リモートスイッチはもはや日常で見かけることができますが、２５年前、それは非常に希少でした。しかし、Hoyはそれを持っていたのです。多分、当時の最先端だったでしょう。そして、それだけでは大した現象にもなりませんがそのときは聖職者がいました。そして、Hoyの車の運転手は、タイミングを見てスイッチをオンにしたのです（私もこれをやってみたかった！）。

　Max Mavenも、私の考え方に大きく影響を与えた人物です。彼の頭の回転の早さ、機転、チャレンジ精神、個性は、メンタリズムの世界のみではなく、もっと広いフィールドで考えたとしても一級品です。彼の伝説は増え続けていますが、個人的には、彼がダイ・バーノンの"説明できないトリック"を演じたときのことを忘れることができません。

このマジックは、借りたデックを使って、最初からそれが予定されていたかのように、カードをフォースしたり、または見つけ出すのですが、実際は完全に即席で行うというものです。

　彼はそれを、昼前の比較的空いた時間にマジック社で見せてくれました。彼は、礼儀正しくコーヒーを飲んだあとで、デックを貸して欲しいと言いました。彼は借りたデックを手にして、私たち数名に演技を始めました。彼の、精密な頭脳が働き始めたようでした。彼は少しずつ調子を上げ始め、音楽で言えば、ジャズの旋律がより生き生きと演奏されているようでした。幸運なことに、そのときは店が比較的空いていたので、演技の邪魔が入ることはありませんでした。

　彼の調子が本番になったときには、彼のマジックが、普段私たちが目にするものとは異なることに私たちは気づきました。彼のマジックは簡素で、しかし、驚異的に不思議なカードを使ったメンタルマジックでした。私はそのようなマジックを今まで見たことがなく、不思議すぎて脳が溶けてしまいそうでした。

　彼のマジックはメンタリズムを知っている人間にとっても不可能なはずだと思うものでした。あとになって、私は、Maxが言わばジャズを演奏する要領でマジックを演じることを知りました。彼はその場の状況を最大限に利用し、自由に演技を変えていくのですが、観客からは、それが最初から準備されていたように見えるのです。

　彼の演技は１時間ほども続きました。私は、その日、あるいはその週のことを他に全く思い出せなくなるほどに、Maxの演技に衝撃を受けました。彼は、バーノンのコンセプトをさらに全く異なる次元まで押し上げました。

　Maxの演技は、Danny Orleansの本に書かれたプレゼンテーションも参考にしている、とここで付け加えておきましょう。同時に、TonyのInvocationalの演目の１つであるカード・マジックも、また、私が今まで見たことの無いものでした。それを思い出すと、今でも鳥肌がたちます。マジック社にいれば、無数のメンタリズムや、マジックの本を無料で読むことができたので、私はますますこの世界の深みに嵌まっていきました。

　ポール・カリー、コリンダ、アンネマン、ラーセン（特に、彼のMental

Mysteries Of William Larsen Sr)、何冊かのAl・Mannの本（彼の本は、実践的というよりもコンセプトが興味深いものではあったが、それでも刺激的な内容でした）、Mickey Hadesの作品、そして、Robert Nelsonの本は、私に特別強い印象を与えています。マジック社にはBascom JonesのMagickは置いていなかったので、私が寄付しました。この本も、私が今まで見たことのある本のなかで、最も示唆を受けたものの1つです。

　マジックやメンタリズムの本ではありませんが、私が影響を受けた本をいくつか紹介したいと思います。まずはミルトン・エリクソンの、催眠と提案的な言葉の使用に関する本。幸運なことに、私はシカゴでマジックに興味を持つエリクソンの教え子に会うことができました。私たちは、マジックとエリクソンの技術をお互いに交換しました。NLPに興味があれば、エリクソンはその中で最も大きい存在です。NLPは彼の大きな遺産です。

　他に、興味深い本と言えばKammanとMarksによって書かれた、The Psychology Of The Psychicsです。これは、知的なはみ出し者達が、超能力とそのショーをどの様に見るのかが書かれています。この本はまだ絶版にはなっていないはずです。素晴らしい本で、観客と、超能力者の両者の視点を教えてくれます。

　そのあと、Herb Deweyによって書かれた本、Red Hot Cold Readingも私の注意を引きました。彼の技術は心理的リーディングを大きく進歩させました。私は彼の本を何度も読んだため、生まれる前から知っていたように詳しくなりました。彼は非常に好人物かつ、親切で、数分会話しただけでも彼のことを抱き締めたくなるような人です。

　以下のストーリーは、マジシャンやメンタリストがよく失敗する、木を見て森を見ない一例です。あるときHerbはコンベンションで"読み取り"のレクチャーを行い、私はそれに参加していました。最初に彼はホテルのロビーで、メンタリストの集まりが有るとは知らない普通の客、数名に、個人情報を明らかにするタイプの"読み取り"を行いました。そして彼らを大いに驚かせてから、一般客を解散させ、マジシャン向けのレクチャーが始まりました。

　Herbの最初のアドバイスは、"読み取り"を始めるときには、まず観客の名

前を聞いて、その名前が演者自身の敬愛する母（あるいは弟か妹など）と同じ名前だと言う、というものです。

　これは、今から"読み取り"を行う相手と、心理的に近くなるためにもっとも優れた方法だと彼は言いました。私は、その素晴らしいアイデアをいつでも使えるように、すかさず記憶に留めました。

　彼のレクチャーが一通り終わったあと、彼は参加者の何名かを集い、ホテルの職員に、今まで教えた内容を使って"読み取り"を行うよう、指示しました。
　しかしそこでは、誰も、"読み取り"の最初に、彼が言った名前に関するアドバイスを実行しているものは居ありませんでした彼らはレクチャーで習った、より複雑で、難しいことには挑戦していましたが、もっとも優れたヒントを誰もが無視していました。

　それが終わったあと、私はHerbのところに行き、彼に自分の感じたことを告げました。すると彼は笑みを浮かべ肩をすくめたのです。彼なりにその重要さを肯定したのでしょう。

　私の回りに存在した、豊富な知識をもって導いてくれた演技者、クリエイター達に感謝しかありません。私は彼らから学んだと言うことを誇りに思っています。

　20世紀最高の演技者、そして創造的な頭脳の持ち主として最後に名前を挙げられるのは、ユリ・ゲラー氏です。彼は、世界の"超能力"に対する見方を、良くも悪くも変えました。彼が現在の超能力という言葉の意味を定義したと言っても過言ではないでしょう。

　この章の最後に彼の名前を持ってきた理由もそこにあります。彼の出現前とあとでは超常現象の見られ方が全く変わりました（もちろん、この言葉は本来、降霊術に使われるべきであり、ゲラーの行う超能力とは異なることは分かっています）。

　あらゆるメンタリスト、マジシャンは、深いところで必ず彼に影響を受けています。ゲラーの行った現象は、我々の基本の1つになっています。例えば、

彼の能力の１つである"金属曲げ"（スプーン曲げや、銀の食器を曲げるなど）は、もはや超能力者よりもマジシャンが演じることの方が多くなっているでしょう。しかし、一般社会で、それは超能力の象徴です。例えば、映画"マトリックス"がすぐに思い浮かびますが、テレビや、他の媒体が、超能力と言えばスプーン曲げ、というイメージを作り上げています。その基本は、ユリ・ゲラーが作り上げました。そして、マジックとメンタリズムはスプーン曲げを１つの象徴として使用しています。

　私は彼を認めていますが、彼の作り出した現象は行いません。私の演技や私の観客には合わないと思うからです。そして、私自身が楽しんで演じることができないのです。しかし、ゲラーの新しい考え方や、方法論は私に多くの閃きを与えてくれました。

　彼の天才的なところは、彼のチャレンジに人々を巻き込むところです。テレビの前から観客に、"力"を送るといって、なにか不可能なこと、例えば時計を直すなど、シンプルに鮮やかな現象を起こします。

　彼は決して考えることを止めません。そしてある１つの現象が、私の心を強く捕らえています。それはこういったものです。ゲラーは、花の種の入った袋の封を開け、中から数粒の種を手のひらに落とし、そしてその手を握ります。それから彼は深く集中しました。カメラはその間ずっと彼の手を映し続けていたにもかかわらず、数秒後、彼がゆっくりと手を開けると、いくつかの種は芽を出していました！

　私はその瞬間、畏れすら感じました。それは、本当の魔法でした。

ブルース・バーンスタイン（著者）
メンタル・マジックへの傑出した貢献と優れた創造性に対して贈られるサイキック・エンターテイメント協会の「Blackwood賞」を受賞。メンタル・マジックに関する講義は、世界的に高く評価されている。有名な「マジック・キャッスル」にも出演、好評を得ている。

ゲイブ・ファジュリ（英語版編集出版）
マジックの芸術史に関する権威として広く認められている。スクワック出版社の経営及び著者として、25点以上のハウツー物や歴史書を制作。2007年にはマジックのコレクターの世界をリードするPotter & Potter Auctionsを設立。フーディーニの遺産や貴重なポスター、早期の書籍などの発見に寄与している。

寺澤俊成（てらさわ としなり）
1979年埼玉県生まれ。マジックランド主催の箱根クロースアップ祭で見た、ホワン・タマリッツの演技に感銘を受けたことがきっかけで、マジックに没頭する。ロサンゼルス留学時代にビル・グッドウィンとアルフォンソにマジックを学び、帰国後はマジシャン ウィリアムとして活動している。マジック以外の趣味は映画鑑賞と格闘技（少林寺拳法、合気道、詠春拳など）。群馬大学工学研究科卒。

TON・おのさか
1933年生まれ。自称マジック・ヒッピー。マジック・コーディネーター、マジック・コンベンション・プロデューサー、マジック・アドバイザー、イラストレーター、マジック・クリエーター。マジック専門店マジックランドの創立者でもある。マジック・キャッスル（ロスアンゼルス）ライフメンバー。

ブルース・バーンスタイン メンタルマジック UNREAL

2017年3月 1日　初版印刷
2017年3月10日　初版発行

著　者———ブルース・バーンスタイン
訳　者———寺澤俊成
発行者———大橋信夫
ＤＴＰ———小野坂聰
印刷所———図書印刷株式会社
製本所———図書印刷株式会社

発行所———株式会社 東京堂出版
〒101-0051　東京都千代田区神田神保町1-17
電話 03-3233-3741　振替 00130-7-270

ISBN978-4-490-20962-4　C2076　　　©2017
Printed in Japan

書名	著訳者	判型・頁・価格
ボリス・ワイルド Transparency	ボリス・ワイルド著 富山達也訳	A5判244頁 本体4,000円
ジョン・バノン カードマジック	ジョン・バノン著 富山達也訳	A5判196頁 本体3,000円
エリック・ミード クロースアップマジック	エリック・ミード著 角矢幸繁訳	A5判180頁 本体3,200円
ヘルダー・ギマレス リフレクションズ	ヘルダー・ギマレス著 滝沢敦訳	A5判160頁 本体3,200円
ホァン・タマリッツ カードマジック	ホァン・タマリッツ著 角矢幸繁訳・TONおのさか編	A5判368頁 本体3,200円
ロン・ウィルソン プロフェッショナルマジック	リチャード・カウフマン著 角矢幸繁訳	A5判238頁 本体3,200円
ジェイ・サンキー センセーショナルなクロースアップマジック	リチャード・カウフマン著 角矢幸繁訳	A5判184頁 本体2,800円
世界のカードマジック	リチャード・カウフマン著 壽里竜訳	A5判296頁 本体3,600円
世界のクロースアップマジック	リチャード・カウフマン著 TON・おのさか訳	A5判336頁 本体3,500円
ブラザー・ジョン・ハーマン カードマジック	リチャード・カウフマン著 TON・おのさか訳	A5判400頁 本体3,900円
デレック・ディングル カードマジック	リチャード・カウフマン著 角矢幸繁訳・TONおのさか編	四六判432頁 本体3,900円
ラリー・ジェニングス カードマジック	リチャード・カウフマン著 小林洋介訳・TONおのさか編	A5判334頁 本体3,800円
アロン・フィッシャー カードマジック	アロン・フィッシャー著 小林洋介訳・TONおのさか編	A5判172頁 本体2,800円
図解カードマジック大事典	宮中桂煥著 TON・おのさか編纂	B5判700頁 本体6,400円
カードマジック フォース事典	ルイス・ジョーンズ著 土井折敦訳	A5判416頁 本体3,700円

(定価は本体+税となります)